SOB O CÉU DE JUNHO

AS MANIFESTAÇÕES DE 2013 À LUZ DO **MATERIALISMO CULTURAL**

SOB O CÉU DE JUNHO

AS MANIFESTAÇÕES DE 2013 À LUZ DO **MATERIALISMO CULTURAL**

FÁBIO PALÁCIO

2023

AUTONOMIA LITERÁRIA

Título original: Sob o céu de Junho – As manifestações de 2013 à luz do materialismo cultural

Coordenação: Cauê Seignemartin Ameni, Hugo Albuquerque, Manuela Beloni
Revisão de Texto: Ramiro Torres
Diagramação: Danielle Fróes
Capa: Rodrigo Corrêa

ISBN: 978-85-69536-72-7

Dados Internacionais de Catalogação na Publicação (CIP)
(eDOC BRASIL, Belo Horizonte/MG)

P153s Palácio, Fábio.
Sob o céu de junho: as manifestações de 2013 à luz do materialismo cultural / Fábio Palácio; prefácio João Quartim de Moraes. – São Paulo, SP: Autonomia Literária, 2023.
350 p. : 14 x 21 cm

ISBN 978-85-69536-72-7

1. Movimentos de protesto – Brasil – História. 2. Manifestações públicas – Brasil – História. 3. Brasil – Política e governo – 2011-2016. I. Moraes, João Quartim de. II. Título.
CDD 303.620981

Elaborado por Maurício Amormino Júnior – CRB6/2422

Fundação Maurício Grabois
R. Rego Freitas, 192 - República,
São Paulo – SP, 01220-010
Telefone: (11) 3337-1578
https://grabois.org.br/

Autonomia Literária
Rua Conselheiro Ramalho, 945
CEP: 01325-001 – São Paulo – SP
autonomialiteraria.com.br

Gigante orgulhoso, de fero semblante
Num leito de pedra lá jaz a dormir!

[...]

Descansa, ó gigante, que encerras os fados,
Que os términos guardas do vasto Brasil.

Porém se algum dia fortuna inconstante
Puder-nos a crença e a pátria acabar,
Arroja-te às ondas, ó duro gigante,
Inunda estes montes, desloca este mar!

Gonçalves Dias, "*O gigante de pedra*"

SUMÁRIO

PREFÁCIO

João Quartim de Moraes

Dez anos depois, as causas e consequências das manifestações de junho de 2013 continuam a nos interpelar. Desencadeadas no início daquele mês pelos estudantes reunidos no Movimento Passe Livre de São Paulo, lutando contra o aumento do preço das passagens de ônibus, elas foram reprimidas pela Polícia Militar (PM) com espantosa brutalidade. Largamente reproduzidos nas redes sociais, os relatos e imagens das covardes agressões suscitaram indignação, levando muita gente às ruas, no dia 17, em solidariedade aos manifestantes agredidos e em defesa do direito imprescritível de se reunir.

O prefeito de São Paulo era Fernando Haddad; Dilma Rousseff era a presidente do Brasil. Percebendo que as manifestações traziam considerável prejuízo político ao governo federal e ao PT, os barões da intoxicação comunicativa (TV e grande imprensa), que inicialmente tinham justificado a pancadaria indiscriminada promovida pela PM (sob autoridade do governador Alckmin) contra os "desordeiros" e "vândalos", passaram a apoiar o movimento, tentando manipulá-lo. Tiraram o foco das reivindicações justas e concretas (melhores serviços públicos de mobilidade urbana, educação e saúde) para enfatizar os protestos genéricos que condenavam em bloco "a corrupção", "os políticos", "os partidos", como se fossem todos "farinha do mesmo saco".

Em 20 de junho, mais de 100 mil manifestantes percorreram a avenida Paulista para comemorar: na véspera, o governador e o prefeito haviam anunciado a revogação do reajuste das passagens. A extrema direita não deixou passar a ocasião. "Seções de assalto" semelhantes aos *arditi* de Mussolini e às *Sturmabteiling* (SA) de Hitler tentaram tomar conta da festa. Uma jornalista independente assim descreveu a agressão: "Com uma linha de frente composta por duzentos homens, só homens, de cabelo raspado e marombados", os nazifascistas bradavam "Sem partido!", "Sem bandeira!", "Mensaleiros!", agrediam os militantes dos partidos de esquerda, obrigando-os a baixar suas bandeiras, queimando algumas e empurrando-os para as transversais da avenida. Com o apoio ou complacência de manifestantes excitados pela propaganda reacionária, a extrema direita começava a ganhar a disputa das ruas.

Entrementes, a agitação assumia dimensões nacionais: no dia 17 de junho, Brasília, dez capitais estaduais e outras cidades importantes foram teatro de protestos que mobilizaram mais de 200 mil participantes. Como em São Paulo, as justas reivindicações da juventude estudantil e da massa dos trabalhadores foram suplantadas pela manipulação reacionária dos protestos mais genéricos e ambíguos: corrupção, malversação das finanças públicas e outros temas que integrariam o arsenal do lavajatismo. No dia 20, enquanto em São Paulo os esquadrões nazifascistas expulsavam a esquerda da avenida, a contestação atingiu o auge no conjunto do país: perto de 1,5 milhão de manifestantes em mais de cem cidades.

Consideradas no complexo de suas consequências, as manifestações de junho, que prosseguiram ao longo do segundo semestre e foram retomadas em janeiro de 2014 pelo movimento "Não vai ter Copa", provocaram uma inflexão de rota nos rumos da política nacional. Não foi difícil aos ideólogos de plantão da direita utilizar os protestos para atacar o governo federal, abrindo caminho para a mobilização golpista que conduziu à deposição de Dilma Rousseff e à prisão de Lula.

Muitas explicações propostas para as reviravoltas políticas desse perverso imbróglio ideológico não foram além de fórmulas genéricas: "revolta contra o sistema", "resposta à tecnocracia" etc. As mais consistentes reconstituíram a trama dos acontecimentos com razoável precisão e objetividade, analisaram suas diferentes bases sociais, registraram as mudanças de rumo do movimento e se esforçaram por avaliar seus efeitos na traumática história recente de nosso país.

O objetivo de Fábio Palácio é mais ambicioso. Ele inscreve a análise das manifestações de 2013 em uma densa reflexão sobre o lugar da comunicação e da cultura nas lutas políticas contemporâneas. Retomando a categoria de *materialismo cultural* desenvolvida na segunda metade do século passado pelo marxista britânico Raymond Williams, ele procura mostrar como ela dá conta das mudanças na base econômica do capitalismo contemporâneo provocadas pelo desenvolvimento das indústrias intensivas em conhecimento e tecnologia e, consequentemente, pelo aumento inédito da importância da dimensão comunicativa das relações sociais, precipuamente as políticas. Articulando essa fundamentação teórica à observação do movimento histórico concreto, ele mostra como as chamadas *revoluções coloridas* (instrumentalizadas, quando não diretamente organizadas, pelo Ocidente liberal-imperialista) assimilaram as técnicas do ciberativismo, incorporando à luta política, em escala crescente, as novas tecnologias de comunicação. A pertinência da construção conceitual legada por Williams encontrou, pois, plena e cabal confirmação *post-mortem*.

Comemorou-se muito o alegado potencial mobilizador do contato horizontal entre os usuários proporcionado pelo desenvolvimento da chamada *web* 2.0 nos primeiros anos do novo milênio. Sem dúvida, as redes sociodigitais propiciaram a ampliação exponencial da interatividade, notadamente ao viabilizar em escala ilimitada a participação dos usuários em plataformas como Facebook, Instagram, YouTube, Twitter etc. Fábio Palácio, entretanto, criticando com pertinência o "determinismo tecnológico", aponta as ilusões dos que, desconsiderando "a complexidade dos efeitos das redes sociais, sempre contingentes a cada contexto", atribuem aos novos meios da internet efeitos intrinsecamente emancipatórios e democratizantes.

Como em todos os produtos do engenho humano, as utilizações possíveis das redes sociais estão inscritas em suas propriedades técnicas. Mas estas são em si mesmas indiferentes aos fins para os quais são utilizadas. Podem servir tanto ao "bem" quanto ao "mal", dependendo dos interesses de quem as manipula. Em particular, a transmissão em massa de conteúdos, viabilizada pelas redes sociais, pode sustentar causas que são socialmente generosas, culturalmente emancipatórias e politicamente progressistas e outras que lhes são opostas: a lógica antissocial das finanças capitalistas, o obscurantismo intolerante e os métodos fascistas de conquista e exercício do poder.

Consequente com sua defesa e ilustração da dialética materialista da cultura, o livro descreve com precisão histórica a interação da nova base técnica da comunicação com as contradições das sociedades em que ela se implantou. Nada mais estranho a essa dialética do que as descartáveis simplificações teóricas que enfatizam unilateralmente determinado fator para explicar fenômenos complexos. No Brasil, sem dúvida, as ambiguidades ideológicas das manifestações de junho de 2013 facilitaram muito a inflexão à direita do movimento contestatório. Mas caracterizar esse movimento com fórmulas genéricas e frouxas como "sentimento antissistema" ou equivalentes é ocultar as contradições sociais e as lutas políticas subjacentes a suas ambiguidades.

Também simplificadoramente unilateral é atribuir à disseminação das *fake news* papel decisivo na vitória eleitoral da extrema direita em 2018. Certamente, milhões de internautas foram politicamente intoxicados pelas milícias digitais bolsonaristas. Mas exatamente porque os meios técnicos de comunicação não funcionam num vazio, e sim em situações históricas determinadas, seus efeitos concretos dependem da luta política em escala nacional. Se Lula não tivesse sido alijado da disputa presidencial de 2018, a criminosa manipulação das redes sociais pelos fascistas muito provavelmente não teria tido o mesmo êxito. A eleição de Bolsonaro não estava inscrita como uma fatalidade na trama do devir. Ela constituiu o resultado de uma sequência cumulativa, mas contingente, de vitórias da ofensiva reacionária que conduziu ao grande retrocesso civilizatório de 2019-2022. O leitor preocupado em aprofundar a compreensão desse período sombrio de nossa história nacional e extrair lições que contribuam para impedir sua repetição encontrará neste livro de Fábio Palácio subsídios históricos e analíticos indispensáveis.

INTRODUÇÃO

No dia 17 de junho de 2013, eu estava na avenida Paulista quando me ocorreu a ideia de anotar os dizeres escritos nas inúmeras cartolinas que as pessoas exibiam na rua. Não sabia ao certo por que estava fazendo aquilo — da mesma forma que, hoje percebo, muitos não sabiam ao certo por que estavam ali. À época, pensava que minhas anotações eram fruto de mera curiosidade desinteressada. Hoje, olhando retrospectivamente, percebo que já tinha a ideia — ainda difusa à época — de escrever o livro que o leitor agora tem em mãos.

Durante muito tempo procurei aquelas anotações. Debalde. Perderam-se em algum momento dos últimos dez anos, talvez durante minha mudança de São Paulo para São Luís, onde hoje resido trabalhando como professor da Universidade Federal do Maranhão. O que jamais perdi, ao longo de todo esse período, foi a curiosidade para com aquele episódio, que sempre se afigurou a mim tão enigmático quanto as sorridentes máscaras que se tornaram seu principal símbolo.

Em meados de 2022, tomei a decisão de escrever este livro. Sempre tive a impressão de que, passados dez anos das manifestações de junho, nós, sociólogos e demais analistas, ainda devíamos um entendimento mais delineado sobre a natureza daquele fenômeno, que a meu ver condicionou em grande medida — embora por caminhos tortuosos — o processo político posterior. Sempre me perguntava: Após uma década, que novos olhares se podem lançar sobre aqueles acontecimentos? Que motivos espreitam por trás da maior onda de protestos do pós-redemocratização?

Não tem sido fácil, desde então, definir o significado da ebulição social que marcou a vida do país em 2013. Como em uma luta de continuados *rounds*, os sentidos das manifestações seguem ainda hoje em disputa. O Junho brasileiro rompeu o dique de certo imaginário político restrito, fazendo transbordar uma energia utópica acumulada. Que a direita tenha, afinal, tirado maior proveito do episódio é o grande enigma para cujo deciframento as ciências sociais ainda têm muito a contribuir. É preciso investigar como um movimento que prometia uma revolução democrática pôde desaguar numa contrarrevolução conservadora.

No tempo das manifestações, eu era estudante de doutorado na Escola de Comunicações e Artes da USP, sob orientação do professor Celso Frederico. Apenas um mês após os protestos de junho, embarquei para um estágio doutoral na Universidade de Reading, no Reino Unido, onde permaneci por três meses em atividades de pesquisa junto ao saudoso Simon Dentith, meu orientador britânico. Dentith era editor de *Key Words*, o *journal* dedicado ao materialismo cultural, perspectiva teórica consagrada com o sociólogo e teórico da comunicação e da cultura, escritor e crítico galês Raymond Williams (1921-1988).

Aqueles foram meses em que mergulhei no estudo do materialismo cultural. Ao verificar as formas como, especialmente em seu *Marxism and literature*, Williams buscou desenvolver a teoria da hegemonia inicialmente sistematizada por Gramsci, deparei-me com o conceito de *emergência*, usado pelo galês para descrever os processos de reprodução social e renovação cultural. Aos poucos fui percebendo que, ao lado de outros conceitos com grande poder explicativo — como o de *estruturas de sentimento* —, a noção de *formações emergentes* podia fornecer um bom quadro teórico para o entendimento dos eventos de 2013. De fato, na visão que desenvolvo neste livro, as manifestações de junho são definidas como um fenômeno da *emergência*. A categoria pensada por Williams se ajusta tão bem que se poderia até indagar — com uma dose de humor — se não foi criada *ad hoc* para a análise do fenômeno.

As conceituações elaboradas pelo autor de *Culture and society* nascem de uma trajetória intelectual que foi capaz de absorver criticamente as mais diversas influências — não necessariamente fronteiriças. À formação acadêmica no ambiente conservador dos estudos literários ingleses, Williams aliou a vivência política junto a articulações do movimento operário e partidos políticos do campo progressista, como o Labour e o PC da Grã-Bretanha. A principal resultante dessa formação híbrida e multifacetada foi uma nova abordagem teórico-metodológica, a qual viria contribuir para o avanço do marxismo em uma área na qual essa corrente ainda amargava certo déficit: a análise dos fenômenos da consciência. Ao final, é precisamente disso que trata a presente obra: compreender o Junho de 2013 significa, antes de mais, avançar no entendimento da complexidade dos fenômenos da consciência social e política. Para isso traçamos um percurso que busca interpelar aspectos diversos de nosso objeto, como também do método de análise.

No capítulo 1 tecemos uma explicação, tão sintética quanto possível, sobre o materialismo cultural: suas origens e influências, seus postulados e hipóteses principais, sua conexão com o paradigma marxista. Essa seção do livro se encerra com uma explanação sobre duas categorias teóricas que estruturam nossa interpretação sobre os acontecimentos de 2013: *hegemonia* e *estruturas de sentimento*. Ao final do trecho destinado ao primeiro conceito, apresentamos as ideias de Williams sobre *sistemas de hegemonia*, uma formulação que enriquece o conceito gramsciano ao propor que, em situações reais de exercício do poder, não encontramos apenas forças hegemônicas ou dominantes, de um lado, e grupos oposicionistas ou contra-hegemônicos, de outro, mas também elementos intermediários e oscilantes — como as formações alternativas, emergentes e residuais — que interferem de formas variadas nos jogos de poder.

Voltado à descrição da ambiência internacional que emoldura o Junho brasileiro, o capítulo 2 percorre um itinerário que passa, em primeiro momento, pela descrição de movimentos associativos ligados às forças hegemônicas, com foco no modelo dito de *revoluções coloridas*. Em segundo momento abordamos os movimentos do campo contra-hegemônico, destacando o ciclo de protestos globais havido entre os anos de 2011 e 2013, ciclo este no qual se inserem as manifestações de junho. O panorama afunila para reflexões relacionadas à produção e difusão de ideias, modelos e repertórios de ação política — seja por movimentos do campo progressista, seja por articulações do espectro conservador —, e conclui-se com uma análise comparativa sobre as formas como forças oposicionistas e emergentes elaboram seus interesses e visões de mundo.

Intitulado "'Não é pelos vinte centavos' — fenomenologia das manifestações de 2013", o capítulo 3 destina-se à descrição e interpretação dos fatos de Junho. Nele expomos os antecedentes imediatos, a composição, as etapas e as bandeiras do movimento. Discutimos tendências que irrompem fortemente das manifestações, como a crítica aos partidos e à própria política. Oferecemos um quadro das disputas entre distintas orientações e correntes políticas, em particular na segunda e terceira fases do movimento. O capítulo destina-se, sobretudo, a mostrar a fonte dos acertos da direita no processo, assim como as razões dos equívocos e insuficiências da esquerda, numa narrativa que se conclui com os desdobramentos posteriores, visando esclarecer o que as distintas orientações políticas fizeram do episódio.

O capítulo 4 discute, à luz do materialismo cultural, diferentes aspectos da morfologia das manifestações de junho, com destaque para a relação do movimento com as redes sociodigitais. Ali abordo o significado e as implicações políticas dos novos modelos de ação cívico-política que irrompem em 2013, destacando suas potencialidades e insuficiências. Revisito interpretações teóricas sobre os novos métodos de mobilização, dialogando criticamente com autores como Manuel Castells e a dupla Michael Hardt e Antonio Negri. Com base na tradição marxista, teço considerações sobre consciência e espontaneidade, antigas e novas formas de liderança, forma partido e programa político, num debate que conflui para uma crítica à visão autonomista e ideologias congêneres que ecoaram sob o céu de Junho.

Na conclusão, apresento pontos que reforçam e desenvolvem os aspectos centrais do livro, e discuto possibilidades futuras do associativismo civil. Conforme fica claro nessa seção, senão mesmo em todo o trabalho, este não é apenas um livro sobre 2013, mas sobre todo o momento por que passam as articulações associativas nestas primeiras décadas do século XXI. As manifestações de junho são o elo que nos permite, ao agarrá-lo, deslindar um conjunto de compreensões sobre tendências atuais e futuras dos movimentos sociais e da própria política. Junho de 2013 é a esfinge que, uma vez desvendada, permitirá uma ação contra-hegemônica à altura dos desafios apresentados pela quadra histórica atual.

É necessário dizer uma palavra sobre a nomenclatura usada para descrever os acontecimentos que dão ensejo a este livro. Da mesma forma que os outros movimentos nos quais se inspira, Junho não tem um nome que expresse qualquer essência programática. De forma geral, os movimentos do ciclo 2011-2013, que neste livro chamo de *segunda onda* de mobilizações globais, foram nomeados pelo lugar ou pela data que lhes serviu de referência unificadora (praça Tahrir, 15-M), ou por uma emoção característica (Indignados), ou por uma forma de luta ou método de mobilização (Occupy). De forma bastante sintomática, o capítulo brasileiro é ainda mais vago: contém apenas uma referência cronológica ao mês em que começaram os protestos.

Não considero completamente livre de contraindicações nenhum dos termos usados para designar os acontecimentos de junho. Preferi usar, neste livro, a palavra *manifestações*, que me parece mais consagrada pelo uso, embora, como destaca Perez, o termo tenha o inconveniente de dar a entender que tudo se reduziu aos acontecimentos de rua[1]. Usei bastante também a palavra *protestos*, mas ela tem a mesma dificuldade e, além disso, carrega um sentido carrancudo capaz de obnubilar o caráter satírico que, como destaco ao longo do livro, muitos momentos exibiram — em particular no Rio de Janeiro, que já a partir da segunda fase torna-se o centro geográfico dos acontecimentos.

Usei pouco — e confesso que poderia ter usado mais — o termo *revoltas*, que tem o condão de destacar não apenas o descontentamento, mas a própria falta de direcionamento estratégico dessa insatisfação, residindo aqui, a meu ver, a principal diferença entre a mera revolta e a autêntica revolução. Por fim, quase não usei o termo *jornadas*, por entender que a palavra, ao remeter às grandes campanhas grevistas, confere um sentido de unidade

1. PEREZ, Olivia Cristina. Sistematização crítica das interpretações acadêmicas brasileiras sobre as Jornadas de Junho de 2013. *Revista Izquierdas*, Colômbia, n. 50, p. 1-16, jun. 2021.

orgânica e/ou de objetivos que, definitivamente, não é o caso de 2013, a não ser, claro, na primeira fase do movimento. Falando em *movimento*, usei e abusei dessa qualificação, talvez a mais desprovida de inconveniências, por ter sentido mais geral e abstrato do que o denotado por palavras como *manifestações* ou *protestos*. Mas deixo claro, desde já, que não considero inviável a utilização de nenhum desses termos. Mais importante é ter consciência das vantagens e dos limites de cada um deles.

Outra palavra que o leitor encontrará bastante neste livro é *associativismo*, bem como suas derivadas. Esclareço desde já que o termo não se refere apenas a entidades e associações formais, frequentemente ligadas a propósitos de representação. Pode abarcar também todas as formas de coordenação para a ação coletiva, algumas delas bastante flexíveis organicamente. Além disso, o termo envolve tanto a ideia de participação cívica — ligada à produção coletiva de opiniões e posicionamentos sobre temas de interesse comum — quanto a de participação política — aquela que busca influir concretamente na escolha de representantes e gestores e na formulação, definição e implementação de políticas públicas. Pode ser útil, em alguns momentos, fazer distinção entre essas duas formas de participação, embora se deva reconhecer que, como fica sugerido desde a *Retórica* de Aristóteles, ambas abrigam discussões de caráter deliberativo.

Acho importante lembrar, ainda, que o tema do associativismo civil não é algo que conheço de forma livresca, mas da própria experiência associativa. Tenho a convicção de que este é um elemento que faz toda a diferença na escrita deste livro. As manifestações de 2013 não são um episódio que observei à distância ou que conheço de narrativas midiáticas ou das histórias de quem participou. Eu próprio fui às ruas, acompanhei o desenrolar dos fatos — especificamente em São Paulo — e, mais do que isso, desempenhei funções. São poucas as afirmações que faço neste livro sem citar fontes. Quando isso acontece, deve-se ao fato de que a informação mencionada provém de minha própria experiência como partícipe dos acontecimentos.

Um dos problemas chave explorados neste livro, que permeia suas páginas e é abordado frontalmente no capítulo 4, diz respeito às relações entre tecnologia e mudança social. Vivenciamos, hoje, transformações de profundidade na forma como experimentamos os movimentos e processos político-democráticos na era da informação. Em um momento no qual os atos participativos parecem moldados desde o princípio aos espaços comunicacionais, a discussão sobre as tendências da comunicação surge cada vez mais imbricada com o debate sobre o futuro da democracia. Um exame aprofundado do Junho de 2013 pode contribuir para lançar luz sobre esse debate.

Ao analisar o vínculo entre os fenômenos da participação cívico-política e as novas formas de comunicação que irrompem nas últimas décadas, muitos se rendem a relações de causalidade simplistas, consumadas em fórmulas inadmissíveis no pensamento sociológico moderno, como aquela que enxerga "novas tecnologias criando novas sociedades". O que temos, nesse caso, é o truque do isolamento da tecnologia em relação a seus condicionantes sociais. Nessa visão, como descreve criticamente Williams,

> *novas tecnologias são descobertas por um processo essencialmente interno de pesquisa e desenvolvimento, que define as condições para a mudança social e o progresso. O progresso, em particular, é a história dessas invenções que "criaram o mundo moderno". Os efeitos das tecnologias [...] seriam o resto da história. A máquina a vapor, o automóvel, a televisão e a bomba atômica construíram o homem moderno e a condição moderna.*[2]

Essa concepção, que se convencionou denominar *determinismo tecnológico*, é amplamente disseminada e conforma o senso comum sobre as relações entre tecnologia e sociedade. Trata-se da ideia de que as mudanças sociais são uma decorrência natural da tecnologia, a qual, por sua vez, se acha condicionada apenas por sua própria racionalidade interna. Nessa perspectiva, "o destino da sociedade dependeria de um fator não social, que a influenciaria sem sofrer uma influência recíproca. Isto é, o progresso seria

2. WILLIAMS, Raymond. *Television*: technology and cultural form. New York: Routledge, 1990. p. 5, tradução nossa.

uma força exógena que incidiria na sociedade, e não expressão de valores e mudanças culturais."[3]

No direcionamento que orienta este livro, as tecnologias trazem, materializadas em si, as ênfases determinadas pelo contexto mais amplo de sociedades urbano-industriais. Essas sociedades criaram necessidades, mas também novas possibilidades, e as tecnologias de informação e comunicação foram um de seus resultados intrínsecos. Assim, os sentidos das novas tecnologias só podem ser aquilatados à luz de um exame das estruturas sociais mais amplas que determinam essas tecnologias em sua concepção, como também em seus usos.

Nesse sentido, ao contrário do que sugerem metáforas tecnicistas como "os guerreiros do Facebook", tão propaladas pela grande mídia ao longo do ciclo de mobilizações 2011-13, as novas tecnologias não são as "criadoras" dos movimentos sociais modernos. O que existe é uma complexa interação entre novos meios e práticas e o quadro mais geral da construção de identidades e narrativas cuja motivação provém, em última instância, da luta contra as desigualdades estruturais que ameaçam a conquista de uma vida mais próspera e plena. Embora ajudem a moldar os traços morfológicos dos movimentos sociais contemporâneos, as novas tecnologias não os determinam, como se pode constatar desde logo nas diferenças entre os diversos episódios da *segunda onda* de mobilizações globais.

Acho importante dizer, ainda, que não considero este livro acabado. Seu projeto original era mais amplo. A fim de tentar concluir a obra ainda em junho de 2023, quando se completaram os dez anos das manifestações, não tive tempo de fazer tudo o que gostaria. Renunciei a um capítulo inteiro, a meu ver importante, mas não essencial à estrutura do livro. Chamar-se-ia "Causas profundas de 2013". A seção discutiria a problemática mais ampla da crise urbana à luz do conceito de *privatização móvel*, usado por Williams para descrever como se moldaram as novas formas da vida urbana após o advento da Revolução Industrial. A noção tem largo alcance explanatório e ajuda a entender muitos

---

3. DAGNINO, Renato. *Neutralidade da ciência e determinismo tecnológico*. Campinas: Editora da Unicamp, 2008. p. 81.

dos conflitos da vida contemporânea, incluindo aqueles que se encontram na raiz das manifestações de junho.

Lamento, igualmente, não ter tido tempo de ler os livros e artigos sobre 2013 lançados por ocasião da efeméride de uma década. Certamente teriam enriquecido as discussões aqui realizadas. É tarefa que fica para uma segunda edição, ao lado, evidentemente, da correção de eventuais imprecisões e insuficiências — sempre difíceis de evitar em uma obra com tais e tamanhas ambições.

Ao escrever este livro, beneficio-me dos achados da pesquisa "Nas redes e nas ruas: o ciberativismo à luz do materialismo cultural", desenvolvida sob minha coordenação na Universidade Federal do Maranhão (UFMA). O projeto analisou experiências de ativismo digital conduzidas por dois movimentos juvenis: a União da Juventude Socialista — de esquerda — e o Movimento Brasil Livre — de direita. Nosso objetivo foi mapear as formas como essas entidades construíram sua presença nos meios digitais. No caso da UJS, também buscamos verificar como uma organização construída com base em modelos centralizados de participação presencial oriundos dos partidos políticos transitou para os novos métodos de mobilização on-line. Essa transição ocorreu com maior intensidade a partir das manifestações de 2013.

O projeto realizou entrevistas, exame de documentos e análise de postagens em redes sociais. Um questionário sobre práticas de ativismo digital foi aplicado no congresso nacional da UJS, e respondido por 139 militantes — da base à direção nacional. Tentamos aplicar o mesmo questionário no MBL, o que permitiria uma comparação entre os dois movimentos, mas nesse caso não tivemos êxito. De todo modo, da pesquisa saíram dados importantes apresentados neste livro, entre os quais destaco as evidências de que movimentos como o MBL foram construídos a partir da observação atenta das novas morfologias associativas emanadas das manifestações de 2013.

Também tirei proveito de estudos diversos realizados ao longo dos últimos anos. Alguns deles foram publicados em anais de congressos e revistas científicas, ou saíram como capítulos de livros. Para citar alguns exemplos, a seção 4.1.6, intitulada "Um libelo contra o determinismo tecnológico", é um resumo de artigo homônimo de minha autoria publicado na revista *MATRIZes* (USP). Já o capítulo 1 é inteiramente composto de trechos selecionados e aprimorados de minha tese de doutorado, *Marxismo, comunicação e cultura: Raymond Williams e o materialismo cultural*, defendida em 2014 na Escola de Comunicações e Artes da USP. Na seção 4.4.3, o trecho em que explico a noção de autonomia em Kant é composto de excertos ligeiramente reformulados de texto intitulado "Acerca da justificação metaética dos juízos na *Fundamentação da metafísica dos costumes*, de Kant", escrito em parceria com o Cristiano Capovilla e publicado no livro *Rousseau, Kant e diálogos* (Edufma, 2019). Já a seção do capítulo 2 destinada ao modelo de revoluções coloridas é uma versão desenvolvida e aprofundada de *paper* que apresentei em outubro de 2015, em fórum de altos estudos da Academia Chinesa de Ciências Sociais (CASS, na sigla em inglês) ocorrido em Pequim. Ali tive a oportunidade de conversar com especialistas no assunto e acessar fontes das quais dificilmente tomaria conhecimento sem essa proveitosa oportunidade de intercâmbio.

O leitor terá a oportunidade de conferir neste livro que, como jornalista que sou, gosto não apenas de trabalhar *na* imprensa, mas também de trabalhar *com* a imprensa. Ela produz um tipo de informação que, para pensar com Genro Filho[4], podemos classificar como *confiável* e *não arbitrária*. A meu ver, a mera utilização dos jornais como fonte já bloqueia hipóteses e opiniões sem base nos fatos. Muitos equívocos sobre 2013 seriam evitados se se procurasse ler os jornais da época. Esta foi a primeira coisa que eu e minha equipe procuramos fazer: a montagem de um extenso *clipping* com notícias sobre as manifestações. Dispus essas fontes, ao final do livro, em lista bibliográfica separada, por entender que os periódicos desempenham, em relação às fontes propriamente teóricas, papel diferenciado: servem de prova factual das afirmações que faço.

Digo o mesmo em relação às inúmeras pesquisas das quais me servi na produção deste trabalho. Algumas delas, realizadas por

---

4. GENRO FILHO, Adelmo. *O segredo da pirâmide: para uma teoria marxista do jornalismo*. Porto Alegre: Tchê!, 1987.

institutos como Ibope e Datafolha, colheram dados e opiniões dos próprios manifestantes enquanto estes participavam dos protestos. Outras, de institutos governamentais — como o IBGE — e não governamentais — como o Dieese —, apresentam dados sobre a situação socioeconômica do país à época. Utilizei fartamente os achados da Pesquisa Brasileira de Mídia 2014, que, realizada pela Secretaria de Comunicação Social da Presidência da República, foi a campo entre os dias 12 de outubro e 6 de novembro de 2013. Com base nessa sondagem, apresento ao leitor um quadro dos hábitos de consumo de mídia da população brasileira naquele período. Essas e outras pesquisas, somadas aos despachos na imprensa, conformam um caudaloso manancial de dados.

Devo esclarecer, no entanto, que este não é propriamente um livro voltado a apresentar novos dados sobre 2013. Embora isso também não falte, o que a obra tem de original não são tanto as informações inéditas, mas, sobretudo, um novo olhar sobre as manifestações de junho. Nossa intenção principal foi, desde o início, mostrar como o materialismo cultural pode trazer frescor à análise dos acontecimentos, oferecendo uma perspectiva teórica baseada em um marxismo renovado.

Ao falar em marxismo, fica claro, desde já, que não pretendo apresentar uma leitura desinteressada dos acontecimentos. Sou daqueles que enxergam na décima primeira tese sobre Feuerbach[5] a essência do arcabouço teórico que fundamenta cada uma de minhas afirmações. Isso, por outro lado, de forma nenhuma denota ausência de objetividade, senão que me valho da objetividade realmente possível, a única que, nas palavras de Reboul, não constitui mera "máscara da malevolência"[6]: aquela em que se deixa claro desde a partida qual o ponto de vista que orienta a análise. Pois, como afirma Glaser, "o materialismo cultural é, antes de tudo, um conceito político. Sua essência é socialista, seu interesse, colaborar para a articulação das forças sociais progressistas"[7]. As

5. MARX, Karl. Teses sobre Feuerbach. In: MARX, Karl; ENGELS, Friedrich. *Marx e Engels: obras escolhidas*. Lisboa: Avante!; Moscou: Progresso, 1982b. v. 1, p. 1-3.

6. REBOUL, Olivier. *Introdução à retórica*. São Paulo: Martins Fontes, 1998. p. 50.

7. GLASER, André. *Raymond Williams: materialismo cultural*. São Paulo: Biblioteca 24 horas, 2011. p. 11.

categorias dessa abordagem "indicam uma nova articulação na qual se pode assentar uma política transformadora"[8]. Ainda hoje muitos se perguntam como, exatamente, o materialismo cultural pode contribuir para essa "política transformadora". A finalidade principal deste livro é responder a essa questão.

* * *

A obra que o leitor tem em mãos não resulta apenas de meu esforço pessoal, senão também de colaborações individuais e apoios institucionais. Gostaria de externar, aqui, meus mais sinceros agradecimentos a todas essas pessoas e instituições.

Começo por meus pais, José Raimundo e Maria Benedita, por tudo o que me deram, inclusive a formação intelectual, moral e — por que não — política sem a qual este livro não seria possível. Estendo esse agradecimento a meus avós, *in memoriam*, a meus irmãos e todas as demais pessoas que comigo partilham a convivência familiar.

Sou grato a meu filho, Luquinha, pelo mero fato de existir e me inspirar com o desprendimento e a inventividade próprios das crianças. Sou grato a ele por me fazer lembrar o infante que um dia fui, e que de alguma forma ainda mora em mim. A meu filho — que outro dia perguntou: "Papai, qual vai ser o nome do seu livro?" — devo não apenas gratidão, mas também um pedido de desculpas pelos momentos de convivência que nos foram subtraídos por minha dedicação a esta obra.

Agradeço aos amigos e amigas de todas as horas, sem citar nomes para não correr o risco de alguma injustiça, mas também sem esquecer as conversas com essas pessoas — muitas delas em locais bem pouco "institucionais". Conversas sempre agradáveis e muito frutíferas, das quais brotaram muitas das ideias deste livro.

Faço um agradecimento especial à minha assistente de pesquisa, Maria Júlia Sousa, que trabalhou com denodo na busca de informações e em outras tarefas indispensáveis. Sem ela este livro jamais poderia ser finalizado no tempo que me propus. Maju, saiba que este livro também é seu! Digo o mesmo a Dayse Martins,

8. CEVASCO, Maria Elisa. *Para ler Raymond Williams*. São Paulo: Paz e Terra, 2001. p. 159.

colega no Programa de Pós-Graduação em Psicologia da UFMA cuja colaboração foi de inestimável importância. Estendo meus protestos de gratidão às ex-alunas Ester Costa e Mirela Nunes, esta última também minha orientanda. Todas elas colaboraram de diferentes formas e em diferentes momentos, operando como extensão de meus olhos e ouvidos na consulta a fontes e na busca de muitas das informações apresentadas neste livro.

Meu agradecimento ao professor Márcio Carneiro, coordenador do mestrado profissional em Comunicação da UFMA, que leu a parte sobre redes sociais, ofereceu indicações e contribuiu para a melhoria do trabalho. Ricardo Abreu "Alemão", dirigente político e pessoa de grande experiência nos movimentos sociais e na área internacional também o fez. Ele leu o capítulo 2 e fez importantes apontamentos — alguns dos quais exigiriam acréscimos de maior fôlego que ficaram para a segunda edição. Minha gratidão a Ana Maria Prestes pelas inúmeras "consultorias" que me prestou, ela que também conhece de perto as articulações associativas e hoje se destaca como comentarista internacional. Outra amiga de longa data que eu não poderia deixar de mencionar é Manuela d'Ávila, que dirigiu, na TV Grabois, os quadros sobre comunicação e cultura que apresentei entre 2021 e 2022. Num caso inusitado daquilo que hoje se chama *transmidiação*, dos roteiros que fiz para a TV Grabois brotaram alguns dos mais vivazes trechos deste livro.

Agradeço ao professor João Quartim de Moraes, que gentilmente se dispôs a ler o livro inteiro no intervalo de alguns poucos dias para escrever um prefácio que muito me honra. Minha igual gratidão ao professor Celso Frederico, que só não escreveu mais um prefácio por conta de óbices pessoais incontornáveis. *My acknowledgements* ao professor Simon Dentith, *in memoriam*. Os nomes que cito neste parágrafo são de sábios autênticos. Sábios não apenas pela densidade de seus saberes, mas também pela simplicidade que é, afinal, o signo mais aparente dessa densidade.

No plano institucional, agradeço, primeiramente, ao apoio da Fundação Maurício Grabois, nas pessoas do ex-presidente, Renato Rabelo, e do atual presidente, Adalberto Monteiro. Rabelo foi uma das primeiras pessoas com quem conversei assim que tomei a decisão de escrever o livro. Ele compreendeu de imediato a importância do trabalho e me estimulou a empreendê-lo: "Fábio, essa é uma grande contribuição que você pode dar." Mas os estímulos não foram apenas verbais: se traduziram também em apoios concretos, inclusive financeiros, que contribuíram para cobrir parte dos custos da pesquisa.

Outro agradecimento especial vai para os meus editores, Hugo Albuquerque, Cauê Ameni e Manuela Beloni, que acreditaram e apostaram no meu trabalho, imprimindo nele o selo da inovadora Autonomia Literária, que vem conquistando prestígio e espaço entre as editoras de esquerda. Estendo esse agradecimento a Ramiro Torres, o mais competente e empenhado revisor que já tive a oportunidade de conhecer, ele que assina a revisão deste trabalho.

Agradeço, ainda, ao editor do caderno "Ilustríssima" da *Folha de S.Paulo*, Marcos Augusto Gonçalves, outra pessoa que valorizou meu trabalho e ajudou a promovê-lo. Os artigos publicados na *Folha* contribuíram, embora indiretamente, para muitas das formulações deste livro. Mais do que isso, contribuíram para que muitas pessoas de todo o país soubessem do trabalho que se produz além do Sul-Sudeste, naqueles estados e regiões do chamado *Brasil profundo*.

Finalmente, minha mais profunda gratidão à instituição na qual me construí desde os tempos de estudante, e na qual sigo hoje como intelectual de carreira: a Universidade Federal do Maranhão, que me proporcionou as condições institucionais indispensáveis à realização deste trabalho. Lembro de uma crônica que escrevi nos tempos de estudante, publicada no jornal *O Imparcial*, intitulada "Corredores do Bacanga" (bairro onde se situa o *campus* da UFMA). O texto convidava o leitor a escutar os corredores da Universidade, acrescentando que tinham vida e que até mesmo em silêncio tinham algo a dizer. Sim, a UFMA fala de muitas formas, através de muitas bocas e vozes, inclusive através de mim, pelas páginas deste livro.

PROLEGÔMENOS TEÓRICO-METODOLÓGICOS: O MATERIALISMO CULTURAL

As manifestações de junho de 2013 revelam muito sobre o lugar da comunicação e da cultura nas lutas políticas contemporâneas. No mundo em que vivemos, a instância do imaginário invade a vida real. A cultura adquire, em muitos sentidos, poder constituinte. Habilita-se a exercer poderosa interferência catalisadora nas dinâmicas contraditórias de integração, adequação e segmentação social, como também em suas coagulações políticas.

O termo *materialismo cultural* nasce como tentativa de codificar teoricamente a nova situação, que se torna mais nítida com as mudanças na base econômica do capitalismo contemporâneo. Este transita do predomínio da indústria pesada, intensiva em matérias-primas e mão de obra de baixa e média qualificação, para a realidade das chamadas *indústrias criativas*, ultraleves, intensivas em conhecimento e tecnologia. Ao mesmo tempo, acompanhando o crescimento das lutas sociais, ocorrem melhorias nas condições de vida, gerando mudanças na relação entre períodos de trabalho e não trabalho, ampliando o tempo livre de extensos contingentes populacionais.

É certo que essa realidade se processa sob certas pressões e limites, e não ocorre de modo linear. Os avanços não chegam a todos os países ou segmentos sociais com a mesma velocidade e da mesma maneira. Ainda assim, a nova situação conduz a cultura a uma mudança de estatuto: ela sai da esfera do "transcendente" e invade a vida cotidiana, tornando-se componente destacado da ordem econômico-social. Como explica Williams:

> *As últimas fases de uma cultura de mercado são muito diferentes de suas fases iniciais. Suas instituições, crescentemente*

centralizadas, passaram para uma situação na qual se poderia dizer, uma vez mais (porém com a diferença qualitativa de uma mudança de época), que as instituições culturais são partes integrantes da organização social geral. Numa economia capitalista moderna, com seu tipo característico de ordem social, as instituições culturais [...] não são mais marginais ou sem importância, como nas fases iniciais de mercado. Porém, tanto em si mesmas como por seu frequente entrelaçamento e integração com outras instituições produtivas, são partes da organização social e econômica global de maneira bastante generalizada e difundida.[1]

Os campos da comunicação e da produção simbólica assumem assim, nesta nova etapa do desenvolvimento capitalista, condição de relativa centralidade, a ponto de muitos conceberem o atual período como uma *era da cultura.*[2] Este seria um tempo caracterizado pela ascensão econômica das indústrias criativas; pelo crescimento do número de trabalhadores empregados na produção simbólica; pela expansão quantitativa e qualitativa da comunicação midiatizada; pelas transformações espaço-temporais que acompanham a emergência das redes midiáticas, implicando novos modos de experienciar a realidade e a vida,[3] e pela progressiva feição simbólica assumida pelos conflitos ético-políticos.[4]

Trata-se de uma sociabilidade transformada pela emergência das comunicações e da cultura como questões sociais e políticas de primeira ordem. A esfera dos significados assume proeminência e passa a condicionar todos os espaços da sociedade de modo jamais experimentado. A cultura termina por se refletir mesmo nos movimentos político-democráticos, que passam a assumir colorações "identitárias". Toda uma gama diversa de movimentos sociais contemporâneos, como o feminista, o juvenil, o

---

1. WILLIAMS, Raymond. *Cultura.* Rio de Janeiro: Paz e Terra, 2000. p. 53-54.
2. CEVASCO, Maria Elisa. *Dez lições sobre estudos culturais.* São Paulo: Boitempo, 2003.
3. RUBIM, Antonio Albino Canelas. *Políticas culturais e novos desafios. Matrizes*, São Paulo, v. 2, n. 2, p. 93-115, jan./jun. 2009.
4. CEVASCO, 2003.

antirracista e o LGBTQIA+, não apenas apelam para a cultura e as artes em suas estratégias de comunicação. Mais do que isso, esses e outros movimentos se *autodefinem* a partir de questões socioculturais. Sua organização não se dá apenas em torno de motivações econômicas, mas também de reivindicações simbólicas, relacionadas a políticas de reconhecimento.

Esse lugar destacado da cultura, sua proeminência econômica e política, foram percebidos de diferentes formas, em conformidade com as distintas perspectivas teóricas dos que se debruçaram sobre a questão. Samuel Huntington, intelectual ligado ao ex-presidente dos Estados Unidos George Bush, desenvolveu essa percepção em chave marcadamente conservadora, propondo a ideia de um *choque de civilizações*. Em seu célebre artigo na *Foreign Affairs*, referindo-se a um futuro que hoje parece atualizar-se, Huntington vaticinava: "As grandes oposições entre as espécies humanas e a fonte dominante dos conflitos serão culturais."[5]

Seguindo outra linha, a interpretação de Castells vê o período atual como *sociedade informacional*, pela multiplicação de fluxos de informação, agora organizados em rede, num tempo em que "a geração, o processamento e a transmissão da informação tornam-se as fontes fundamentais de produtividade e poder".[6] O conceito, se exala certo ranço de unilateralismo — pois que basear no conceito de *informação* o entendimento dos complexos processos que marcam a vida contemporânea pode levar a explicações reducionistas —, nem por isso deixa de apresentar relevantes percepções.

O marxismo também buscou desenvolver-se a fim de dar respostas às necessidades suscitadas pela luta social e política, em um contexto marcado por novos fenômenos do capitalismo. Esse desenvolvimento, onde e quando ocorreu de fato, não se deu pela negação dos pilares teóricos firmados pelos clássicos, mas por meio do enriquecimento dessas linhas mestras. Referindo-se aos

5. HUNTINGTON, Samuel P. *The clash of civilizations?*. *Foreign Affairs*, New York, v. 72, n. 3, 1993. p. 22, tradução nossa.

6. CASTELLS, Manuel. *A sociedade em rede*. Tradução Roneide Venancio Majer. São Paulo: Paz e Terra, 2009. p. 65.

Estudos Culturais, Eagleton[7] assegura que muito desse inovador campo disciplinar "nasceu de um diálogo extraordinariamente criativo com o marxismo". A concepção materialista da história manteve, assim, sua condição de centralidade. Com aportes teóricos que revelam inesgotável fertilidade, o marxismo se apresenta, nestes albores do século XXI, como uma das mais originais, influentes e críticas correntes no campo da análise cultural.

Se isso é possível, deve-se, antes de mais, ao fato de o materialismo histórico oferecer, desde os clássicos, elementos metodológicos inelutavelmente capazes de lançar luz sobre os importantes fenômenos e conflitos de cunho cultural que marcam o mundo contemporâneo. As intuições originais dos clássicos foram desenvolvidas ao longo das últimas décadas por variadas gerações de estudiosos do campo marxista. Um desses desenvolvimentos ganhou o nome de *materialismo cultural*. Essa perspectiva se insere no quadro conceitual do materialismo histórico, do qual retira não apenas seus princípios teóricos, mas sua inspiração política. O materialismo cultural é um bulbo do marxismo que cresceu e se desenvolveu impulsionado por necessidades teóricas emanadas das lutas contemporâneas. Trata-se de "uma teoria das especificidades da produção material de cultura e literatura no campo do materialismo histórico", conforme define Williams, principal nome ligado a essa perspectiva.[8]

1.1. RAYMOND WILLIAMS E SEU TEMPO

Sociólogo e teórico da comunicação e da cultura, crítico de arte, contista e novelista, Raymond Williams (1921-1988) nasceu em Llanvihangel Crucorney, um vilarejo do País de Gales. Filho de família ferroviária assentada em áreas rurais, travou contato desde cedo com o movimento operário e os partidos do campo progressista.[9] Manteve vínculos políticos com o Partido Comunista

7. EAGLETON, Terry. *Depois da teoria: um olhar sobre os estudos culturais e o pós-modernismo.* Tradução Maria Lucia Oliveira. Rio de Janeiro: Civilização Brasileira, 2005b. p. 58.

8. WILLIAMS, Raymond. *Marxism and literature*. Oxford: Oxford University Press, 1977. p. 5, tradução nossa.

9. SMITH, Dai. *Raymond Williams: el retrato de um luchador*. Valencia: Publicacions de la

da Grã-Bretanha e com o Partido Trabalhista britânico. Integrou ainda o movimento intelectual denominado New Left, que reuniu segmentos oriundos do Partido Comunista insatisfeitos com os rumos da União Soviética, mas igualmente descontentes com a guinada à direita do Partido Trabalhista, com o elitismo da intelectualidade britânica e com os socialistas "fabianos", que advogavam a ascensão da classe trabalhadora por meio da educação.[10]

Pensador de formação política e cultural híbrida, a qual revela as marcas de múltiplas influências, Williams iniciou sua trajetória intelectual nos ambientes do movimento operário inglês. Ainda na adolescência, frequentou o Left Book Club, um anexo cultural do Partido Trabalhista voltado à troca de ideias entre seus militantes através da circulação de livros e da organização de debates. Após esse contato primordial com o movimento operário, Williams ingressaria mais tarde nos círculos acadêmicos, passando a conviver com o ambiente conservador dos estudos literários ingleses, no qual pontificavam nomes como Ivor Armstrong Richards (1893-1979), um dos fundadores dos estudos contemporâneos de literatura inglesa. Richards, ao lado do crítico literário Frank Raymond Leavis (1895-1978), seria responsável pela institucionalização do método conhecido como *crítica prática*, que conferiu novas perspectivas à crítica literária de então.

No período entreguerras, Leavis se torna figura central na promoção dos estudos de literatura inglesa. Em 1932 ele funda a revista *Scrutiny*, que iria promover uma cruzada moralista contra o embrutecimento praticado pelos meios de comunicação e pela publicidade. O movimento liderado por Leavis via a grande literatura inglesa como antídoto contra a manipulação publicitária, a pobreza linguística da imprensa popular e, enfim, contra a dita "degradação cultural". Sua *crítica prática* propunha o afastamento de conceitos e contextualizações históricas em nome do foco em uma "experiência" direta com o texto, para o qual o leitor precisava apresentar uma resposta emocional e interpretativa. Esse método ligava-se a um esforço de cunho formativo: era uma forma de ativar no leitor valores humanos considerados essenciais.

Universitat de València, 2011.

10. CEVASCO, 2003.

A categoria "experiência" assume, nessa perspectiva, um caráter subjetivista, ligado ao cultivo da "vida" e à disseminação dos valores que teriam sido dispensados da vivência cotidiana no mundo urbano-industrial. A crítica literária incorporava "um consenso de valores a partir do qual seria possível julgar os rumos incertos da civilização contemporânea — no dizer de Leavis, a civilização da máquina: contra seus males se levantava a literatura, encarnação dos valores da cultura"[11].

Essa tendência apresentava traços de um romantismo tardio, porém forte o suficiente para deitar escola em pleno século XX. O movimento romântico surge da crítica aos males da Revolução Industrial e à institucionalização burguesa da vida social. Reúne formas diversas de recusa da civilização urbano-industrial, vista como "mecânica" e "inautêntica". Na Alemanha essa visão se liga, de modo seminal, aos trabalhos do filósofo Johann Gottfried von Herder (1744-1803).

Herder abre caminho ao projeto romântico de conceber a natureza como totalidade orgânica e viva, em profunda conexão com o mundo espiritual, e não mais como um mecanismo frio e sem alma, constituído apenas por matéria em movimento mecânico e geométrico, como viam os materialistas franceses. Na perspectiva de Herder, crítica da separação entre homem e natureza, o que interessa ao pensamento é conhecer a totalidade das coisas. A estrutura da natureza não pode estar dissociada da imaginação humana.

Segundo a *Stanford encyclopedia of philosophy*, "Herder fez mais do que qualquer outro para estabelecer a concepção geral e a metodologia interpretativa da moderna antropologia".[12] O pensador alemão, no tempo mesmo em que aceitou o desenvolvimento histórico positivo da humanidade, ponderou que esse conceito, nas palavras de Williams:[13]

---

11. CEVASCO, 2003, p. 35.

12. FORSTER, Michael. Johann Gottfried von Herder. In: ZALTA, Edward N. (Ed.). *The Stanford encyclopedia of philosophy*. Stanford: Fall 2008 Edition, 2007, tradução nossa. Disponível em: <http://plato.stanford.edu/archives/fall2008/entries/herder>. Acesso em: 8 maio 2013.

13. WILLIAMS, 1977, p. 17, tradução nossa.

era demasiado complexo para ser reduzido à evolução de um princípio único, em especial a alguma coisa tão abstrata quanto a "razão". E mais, que era demasiado variável para ser reduzido a um desenvolvimento progressivo unilinear que culminasse na "civilização europeia". Era necessário, argumentou ele, falar de "culturas"[...] levando-se em conta a variabilidade, e no âmbito de qualquer cultura reconhecer a complexidade e a variabilidade de suas forças modeladoras. As interpretações específicas que ele ofereceu, em termos de povos e nações "orgânicas", e contra o "universalismo externo" do Iluminismo, são elementos do movimento romântico de pouco interesse para nossa época. Mas a ideia de um processo social fundamental que modela "estilos de vida" específicos e distintos está na origem efetiva do sentido social comparativo de "cultura".

As concepções de Herder sobre a natureza e as funções da poesia e da cultura ecoariam por todo o mundo pós-iluminista. Na Inglaterra, essa crítica — que se volta contra a mercantilização da vida e o "lixo" cultural — pode ser conferida na obra dos poetas românticos Samuel Coleridge (1772-1834) e William Wordsworth (1770-1850). Na visão deste último, a cultura é o "espírito encarnado de um povo"[14]. Essa dimensão espiritual estaria ameaçada pela civilização da máquina. O século XIX foi muitas vezes visto, através dessas lentes, como aquele em que triunfou a pobreza cultural e o "mau gosto" da sociedade de massa.

Essas concepções seriam retomadas pelo poeta e crítico Matthew Arnold (1822-1888). Tido como o pai da crítica literária, esse pensador orgânico das elites vitorianas enxergava na poesia o melhor remédio contra os males da civilização industrial. Entretanto, para que a atividade literária cumprisse seu papel de elevar moralmente a vida do povo e reforçar a coesão social, ela precisaria se separar da política e da economia.

14. WORDSWORTH apud CEVASCO, 2003, p. 15.

> *Essa separação funciona como repressão e dissolução da política: a civilização, o mundo real, é vista como perdida, algo por que não vale a pena lutar. A única luta que vale a pena é a da esfera espiritual da cultura, onde o discurso da mobilização contra as estruturas sociais realmente existentes não faz sentido*[15].

A separação entre cultura (espiritual) e civilização (material) proposta por Arnold faz da primeira uma dimensão essencialista, um domínio abstraído das relações reais[16]. Cria-se dessa forma, como aponta Williams, uma dissociação de base entre cultura e sociedade[17]. A primeira é o mundo dos valores humanos supremos; a segunda, o mundo da desgraça, dos conflitos e da "civilização", incapaz de produzir valores a não ser "de troca". Uma visão que podemos reputar comum a todo o pensamento romântico. Porém, na Alemanha a "civilização" combatida é a francesa, fonte de sua opressão nacional. Na Inglaterra, a "civilização" rejeitada é o mundo da Revolução Industrial. Arnold pretende purificar o ser humano separando-o da "vulgaridade" filistina que ascende socialmente com os novos endinheirados do industrialismo britânico.

É verdade que a defesa dos "nobres valores da cultura" pode ser vista como uma reação ao materialismo burguês mais estreito, com sua promoção de uma sociedade "coisificada", animada por um *ethos* consumista. Por outro lado, conceber como "vulgar" o esforço de ascensão social e o desejo de adentrar a esfera do consumo é também, em si mesmo, algo não apenas pueril, mas elitista, ainda mais se considerarmos que muito dessa condenação da busca pelo bem-estar é feita por pessoas a quem o bem-estar já é dado.

O tipo de crítica literária representada por Arnold contribuiu, na Inglaterra, para a despolitização da sociedade e a formação de uma *intelligentsia* conservadora. Essa linhagem elitista se estenderia até o século XX, alcançando, embora com nuanças,

---

15. CEVASCO, 2003, p. 40.
16. ARNOLD, Matthew. *Culture and anarchy and other selected prose*. London: Penguin, 2015.
17. WILLIAMS, Raymond. *Culture and society*. New York: Columbia University Press, 1983.

figuras como Thomas Stearns Eliot (1888-1965) e os já mencionados Richards e Leavis, todos eles defensores de uma introjecção de valores através da literatura. Essa tendência tinha como pano de fundo a preocupação em manter amalgamada uma sociedade cujo tecido comunitário se esgarçava. A literatura era chamada a cumprir um papel de coesão social que a religião, em declínio na sociedade industrial, já não podia desempenhar como antes. O que fizeram intelectuais como Richard e Leavis foi desenvolver, com sua "crítica prática", uma concepção de literatura como último refúgio dos nobres valores e ideais que estariam sendo esvaziados pela civilização de massa. Nas palavras do escritor marxista britânico John Strachey:

> *Eles [os críticos tradicionais] representam a arte e a literatura como uma unidade enorme e sacrossanta, alheia a qualquer outra coisa na vida, não contaminada com os assuntos sujos e sórdidos do homem, flutuando em algum lugar no alto, talvez não no ar, pois isso seria muito material, mas em uma espécie de belo vácuo.*[18]

Essa concepção de literatura como reino de valores e formas idealizadas que existem a par da vida real remete ao mito romântico da comunidade orgânica, uma sociedade prototípica plenamente integrada, pertencente a um passado remoto. Essa sociedade seria retomada algum dia, mas enquanto isso não acontecesse ela permaneceria viva e acessível apenas por meio da cultura e dos textos literários. Trata-se, como assevera Williams,[19] de uma visão não apenas idealista, mas francamente autoritária e elitista:

> *A interpretação específica dada então foi, naturalmente, a de um declínio cultural; o isolamento radical da minoria crítica foi, nesse sentido, tanto o ponto de partida quanto a conclusão.*

---

18. STRACHEY, John. *Literature and dialectical materialism*. New York: Haskell House Publishers, 1974. p. 20, tradução nossa.

19. WILLIAMS, Raymond. *Cultura e materialismo*. Tradução André Glaser. São Paulo: Editora da Unesp, 2011. p. 25.

> *Mas qualquer teoria do declínio cultural ou, colocando de forma mais neutra, da crise cultural [...] adquire, inevitavelmente, uma explicação social mais ampla: nesse caso, a destruição de uma sociedade orgânica pelo industrialismo e pela civilização de massa.*

A tradição da crítica prática encontrou no marxismo seu arqui-inimigo. Se aquela propunha uma concentração em valores extraterrenos dispensados pela sociedade industrial, pretendendo-se a legítima guardiã do que restava de "digno" na humanidade, este propugnava o contrário: a humanidade genuína se encontrava na vida material, nas relações econômicas, no operariado industrial e na realidade incontornável da luta de classes.

Mas esse materialismo marxista, em suas piores versões, enredou-se em impasses e becos sem saída ao analisar os problemas da literatura e da cultura. Isso porque, na visão da crítica marxista, o texto literário assumia um caráter de mero reflexo. Suas causas últimas residiam sempre em uma realidade social preexistente, contra a qual o modelo literário precisava apenas ser contrastado. Bastava essa comparação, na verdade uma remissão, e todas as características do texto surgiriam cristalinas.

Embora tivesse conhecido variações — algumas delas alcançando maior sofisticação —, essa tendência permaneceria por muito tempo como premissa básica do pensamento marxista. Esse materialismo pouco apurado muitas vezes transformou a análise literária em puro sociologismo, engendrando consideráveis obstáculos à análise de autores como James Joyce, Franz Kafka, William Faulkner, Marcel Proust e demais modernistas. Nessa situação, afirma Williams, "certo *mainstream* do marxismo ficou emperrado. Tudo o que ele poderia assumir como a realidade social a que esse tipo de ficção correspondia era certo estado de alienação descrito como decadência. [...] Não se pode seguir utilmente esse caminho."[20]

De fato, tal não era um caminho profícuo. Ele conduzia à ideia de que grandes autores como, digamos, Ernest Hemingway

20. WILLIAMS, Raymond. *Politics and letters*. London: New Left Books, 1979. p. 349-350, tradução nossa.

não ofereciam nada além de niilismo. Eles seriam meras expressões da "crise do capitalismo". Esse tipo de visão não conduzia ao entendimento pormenorizado do autor. Ao contrário: levava muitas vezes à dispensa da análise de sua obra. Com isso, nuanças significativas, importantes para a compreensão da consciência real, terminavam eclipsadas na análise. A excessiva concentração na dimensão econômica levou os críticos marxistas a traçarem linhas de causalidade muito diretas, desprovidas de maiores mediações, entre a base produtiva e o plano propriamente cultural. Por conta dessa tendência, segundo Williams, a crítica literária inglesa derrotou o marxismo. *Scrutiny*, a revista de literatura editada por Leavis, foi superior nesse campo. Por que isso aconteceu?

> *Devido aos críticos de Scrutiny serem muito mais próximos da literatura, não se adequando às pressas a uma teoria concebida a partir de outros tipos de evidência, sobretudo da evidência econômica? Creio que foi por isso, mas a razão real era mais fundamental. O marxismo, como comumente entendido, foi fraco justamente na área decisiva em que a crítica prática foi forte: na sua capacidade de oferecer explicações precisas, detalhadas e razoavelmente adequadas para a consciência real — não apenas um esquema ou uma generalização, mas obras reais, cheias de uma experiência rica, significativa e específica.*[21]

Na visão de Williams, não era difícil encontrar a razão da fraqueza do marxismo nessa área: ela derivava das insuficiências do raciocínio dual que opunha a infraestrutura (ou base econômica) à superestrutura ideológica. Essa dualidade, em mentes pouco treinadas, converteu-se rapidamente em uma interpretação da superestrutura como mero reflexo ou representação secundária, sem qualquer autonomia relativa. Não surpreende que o marxismo, em seus estágios embrionários, tenha caído nesse tipo de armadilha. Equívocos como esse são comuns no processo de desenvolvimento de uma nova visão de mundo.

21. WILLIAMS, 2011, p. 26.

A interpretação economicista levou muitas vezes a sectarismos e reducionismos. A criação simbólica humana era, digamos, encaixotada em conceituações que sempre encontravam seu significado em outro lugar, ou seja, na realidade econômica exterior à própria esfera das ideias. Para Williams, isso não era suficiente: era necessário explicar as ideias em seus próprios termos. Como isso muitas vezes não era feito, o campo ficou aberto a qualquer pessoa que desse uma explicação às obras literárias capaz de corresponder à dimensão humana como realmente vivenciada por pessoas reais.

Em síntese, diferentemente da crítica literária tradicional, de base romântico-idealista — para a qual o espaço da cultura existe a par da vida social, contemplando valores transcendentes e atemporais —, na visão de Williams os processos intelectuais têm base na sociedade. Porém, ao contrário do que se acostumou a pensar certa tradição marxista, esses processos não se comportam em relação à sociedade como mero "reflexo". Ao contrário, assumem caráter constituinte e funcionam como vetores, conferindo forma concreta aos processos econômicos, políticos e sociais mais gerais.

Situado entre dois mundos— o movimento operário, com seu marxismo, e a academia, com sua crítica prática —, Williams pôde perceber com clareza as vantagens e insuficiências de cada um deles. No que respeita ao marxismo, deu-se conta de que a teoria revolucionária ainda não tinha alcançado a necessária destreza na lida com os fenômenos da consciência — uma habilidade já revelada em grau elevado pelas correntes burguesas. Tal percepção seria decisiva para Williams na elaboração de uma nova síntese do pensamento marxista: o materialismo cultural.[22]

---

22. Essa síntese inovadora se gestava concomitantemente à construção de uma nova abordagem (inter)disciplinar sobre as questões da cultura, que envolveria outros nomes além de Williams — em particular Richard Hoggart (1918-2014), Edward Thompson (1924-1993) e Stuart Hall (1932-2014) — e se concretizaria com o nascimento dos Estudos Culturais. A nova disciplina concebe a cultura como campo de luta em torno da significação social. Sua fundação representou um momento de grande importância para a cultura humanística do século XX. A fim de garantir a este trabalho maior foco, não trataremos aqui dos Estudos Culturais, cuja trajetória comporta desenvolvimentos mais amplos, nem sempre em sintonia com o materialismo cultural de Williams.

1.2. O MATERIALISMO CULTURAL E A TRADIÇÃO MARXISTA

Raymond Williams repele, em sua abordagem dos fenômenos culturais, a tradição da crítica literária tradicional, com sua visão dicotômica da relação entre cultura e vida social. O combate a esse tipo de concepção — herdada do idealismo romântico — apresenta-se em consonância com o projeto marxista de conceber a cultura como força material da sociedade. Esse projeto é o cerne do materialismo renovado de Williams. Sua obra traz para o primeiro plano um realismo filosófico que concebe os projetos e artefatos culturais como resultado de meios materiais de produção. Esses meios vão dos inatos ou constitucionais, como a fala e a mímica corporal, aos tecnológicos, como a escrita e os modernos sistemas eletrônicos e digitais. Conforme expõe Williams, mesmo nos marcos de uma separação entre o "material" e o "espiritual", não é preciso pensar muito para dar-se conta de que, "sejam quais forem os objetivos a que vise a prática cultural, seus meios de produção são indiscutivelmente materiais".[23]

Esses e outros traços do pensamento de Williams fazem de seu materialismo cultural um legítimo herdeiro da tradição marxista — mesmo que essa herança se tenha transmitido por caminhos tortuosos. Como explica o próprio Williams, no tratamento dos problemas da cultura a teoria marxista erigiu-se sobre duas proposições basilares: a) a de que o ser social determina a consciência; b) a de que a base econômica da sociedade determina sua superestrutura política, jurídica e ideológica. Segundo o autor, "a proposição de base e superestrutura, com o seu elemento figurativo e com sua sugestão de uma relação espacial fixa e definida, constitui, ao menos nas mãos de alguns, uma versão bastante especializada e, às vezes, inaceitável da outra proposição".[24]

A dualidade base-superestrutura, ou infraestrutura-superestrutura, sempre esteve no cerne das análises culturais inspiradas no materialismo histórico. A formulação modelar desses conceitos está no célebre prefácio de Marx a um livro comumente

23. WILLIAMS, 2000, p. 87.

24. Id., 2011, p. 43.

traduzido em português sob o título *Para a crítica da economia política*, que reúne textos preparatórios a *O Capital*. Nesse prefácio Marx afirma que, na produção social da própria vida, os homens contraem relações determinadas, necessárias e independentes de sua vontade. São relações materiais, de trabalho, que sempre correspondem ao estágio de desenvolvimento das forças produtivas que temos em cada momento. A totalidade dessas relações de produção forma a infraestrutura econômica da sociedade, base sobre a qual se ergue uma superestrutura que compreende as formas de consciência a representar, na mente dos indivíduos, suas situações concretas de vida e trabalho. A passagem se conclui da seguinte forma: "O modo de produção da vida material condiciona o processo em geral de vida social, política e espiritual. Não é a consciência dos homens que determina o seu ser, mas, ao contrário, é o seu ser social que determina sua consciência."[25]

A história da superestrutura liga-se, portanto, à da base material da sociedade. Transformações históricas nos diversos campos da superestrutura (política, religião, direito, comunicação, filosofia, artes) não podem ser interpretadas como fenômenos internos a esses mesmos campos. Elas derivam, em última instância, daquilo que se passa no mundo da produção material. Sublinhe-se o termo "em última instância", pois todas as esferas da superestrutura possuem intrincadas leis próprias. Marx e Engels nunca negaram a autonomia dessas áreas. É uma autonomia relativa, mas por demais efetiva, já que se funda objetivamente na divisão social do trabalho. "A divisão do trabalho só se torna realmente divisão a partir do momento em que surge uma divisão do trabalho material e espiritual", expõem Marx e Engels.[26] Uma vez dada essa condição, a consciência "emancipa-se" da vida real e assume um aspecto de teoria "pura" nas mais diversas formas: teológica, filosófica, ética, jurídica, artística etc., todas contando com complexas leis e conexões internas. Como esclarece Lukács,

---

25. MARX, Karl. Para a crítica da economia política. In: ______. *Para a crítica da economia política; Salário, preço e lucro; O rendimento e suas fontes*. São Paulo: Abril Cultural, 1982a. p. 25.

26. MARX, Karl; ENGELS, Friedrich. *A ideologia alemã (Feuerbach)*. In: ______. *Obras escolhidas*. Lisboa: Avante!; Moscou: Progresso, 1982. v. 1, p. 23.

Marx e Engels jamais negaram a relativa autonomia de desenvolvimento dessas áreas:

> *Jamais ignoraram, por exemplo, o fato de que o pensamento filosófico, singularmente considerado, se liga a outro pensamento filosófico que o precedeu e do qual ele é um desenvolvimento, uma correção, uma refutação etc. Marx e Engels negam apenas que seja possível compreender o desenvolvimento da ciência ou da arte com base exclusivamente, ou precipuamente, nas suas conexões imanentes. Tais conexões imanentes existem, sem dúvida, na realidade objetiva, mas só como momentos da tessitura histórica, como momentos do conjunto do desenvolvimento histórico, no interior do qual, através do intrincado complexo das interações, o fato econômico [...] assume o papel principal.*[27]

Se houve equívocos nesse ponto, eles não podem ser debitados a erros de origem, relacionados aos escritos seminais de Marx e Engels. Ambos sempre fizeram questão de destacar o papel tanto da política quanto das ideias, combatendo concepções equivocadas sobre as condições econômicas como fator exclusivo de causação das dinâmicas sociais. Em carta de 1893 a Mehring, afirma Engels:

> *Com o que acabei de dizer relaciona-se ainda esta ideia estúpida dos ideólogos: como recusamos às várias esferas ideológicas, que representam um papel na história, um desenvolvimento histórico independente, recusamos-lhes também toda e qualquer eficiência histórica. Chama-se a isso partir de uma concepção banal, não dialética, partir da causa e do efeito como polos opostos um ao outro de maneira rígida, ignorando completamente a sua ação recíproca.*[28]

---

27. LUKÁCS, Georg. Introdução aos escritos estéticos de Marx e Engels. In: ______. *Ensaios sobre literatura.* Rio de Janeiro: Civilização Brasileira, 1968. p. 15.

28. MARX, Karl; ENGELS, Friedrich. *Sobre literatura e arte.* 4. ed. São Paulo: Global, 1986. p. 23.

Infelizmente, mesmo com advertências desse tipo, uma concepção reducionista floresceu, apoiada na ideia de uma superestrutura inteiramente subordinada, condicionada e determinada pela base econômica da sociedade. Isso conduziu a equívocos teóricos e políticos. Preso às ferrenhas determinações da economia, o marxismo muitas vezes falhou em examinar adequadamente a complexidade de um campo que lida com hábitos, percepções, experiência, valores. Na esfera da crítica literária, ocupada com descrições de trabalhos reais — repletos de sentidos específicos, oriundos de experiências singulares —, o trabalho se teria debilitado, pois em muitos momentos a tradição marxista terminou por reduzir a complexidade do conteúdo literário para adequá-la a modelos preconcebidos.

É claro que a tendência reducionista não surgiu de qualquer vontade entendida em sentido abstrato, mas de circunstâncias históricas concretas, relacionadas a condicionamentos impostos pela luta política e ideológica. Em particular, na batalha contra o idealismo romântico ou religioso, certas proposições tiveram de ser enfatizadas. Além disso, na ânsia em difundir o pensamento marxista, elementos de teoria foram rapidamente convertidos em tópicos de doutrina. Williams parece ter consciência desse problema ao afirmar que um conceito como o de superestrutura, que não passava a princípio de um termo metafórico, tornou-se posteriormente uma categoria abstrata ou, mesmo, uma área concreta de exame. Com isso, o sentido profundamente dialético das intuições de Marx e Engels muitas vezes se perdeu.[29]

Vale dizer: na batalha contra o idealismo, também o materialismo marxista saiu ferido. Ao se embrenhar pelos labirintos da luta ideológica, o marxismo terminou por aceitar, de maneira tácita, a concepção de relação cultura-sociedade nos termos apresentados pelo idealismo, cuidando apenas de invertê-los. Assim, enquanto no Romantismo o termo "cultura" é entendido em oposição à sociedade real — quase como um refúgio contra seus infortúnios —, na tradição marxista a dicotomia foi por vezes aceita nos mesmos termos, com a diferença de que a sociedade, e não a cultura, é que era o polo positivo da relação.

29. WILLIAMS, 1977.

Ambas as concepções acabaram se revelando os dois lados de uma mesma moeda. Como adverte Cevasco, a interpretação reducionista, não obstante tenha surgido para combater formulações idealistas, deixa a porta aberta para o retorno dessas mesmas formulações. Isso porque a metáfora da relação entre base e superestrutura, se entendida em sentido dogmático, acaba por abrir espaço para "a colocação das artes em um domínio separado, obscurecendo o fato de que a produção artística é ela mesma material, não só no sentido de que produz objetos e notações, mas também no sentido de que trabalha com meios materiais de produção".[30]

Na visão de Williams, certas ênfases de Marx e Engels podem ter contribuído para incompreensões posteriores sobre o *status* das ideias e da consciência na totalidade da vida social. Um dos efeitos imprevistos do emprego de termos como "superestrutura" teria sido o de sugerir que as ideias têm caráter secundário, dada a prioridade ontológica atribuída à produção material. O léxico utilizado em obras da juventude de Marx e Engels, como *A ideologia alemã*, também pode ter contribuído para essa tendência. Williams critica, às vezes de forma dura, alguns trechos dessa obra, como se vê abaixo:

> *Que a "ideologia" deve ser privada de sua "aparência de independência" é completamente razoável. Mas a linguagem de "reflexos", "ecos", "fantasmas" e "sublimados" [que há em A ideologia alemã] é simplista, e tem sido repetidamente desastrosa. Ela pertence ao dualismo ingênuo do "materialismo mecânico", em que a separação idealista entre "ideias" e "realidade material" foi repetida, mas com as prioridades revertidas.*[31]

Essa crítica pode ser um tanto impiedosa, principalmente se considerarmos que *A ideologia alemã* foi um ensaio em que Marx e Engels buscavam apenas afinar algumas concepções. Cabe

30. CEVASCO, 2003, p. 67.

31. WILLIAMS, 1977, p. 59, tradução nossa.

lembrar que a obra jamais chegou a ser publicada durante a vida dos fundadores do marxismo. Em todo caso, a crítica de Raymond Williams não deixa de fazer sentido. Ao fazer referência ao materialismo cultural, Terry Eagleton, um ex-aluno de Williams, lembra que o fator distintivo do gênero humano é "o fato de que ele se move em um mundo de significados; e esses significados são constitutivos de suas atividades, e não secundários a elas. As ideias são internas a nossas práticas sociais, e não meros produtos destas"[32].

Não é possível dizer que essa forma de ver as coisas já não estivesse presente nos clássicos do marxismo. Para citar um exemplo, é bem conhecida a chamada alegoria da abelha, que Marx desenvolve em *O Capital*. Vale a pena retomarmos suas próprias palavras:

> *Uma aranha executa operações semelhantes às do tecelão, e a abelha supera mais de um arquiteto ao construir sua colmeia. Mas o que distingue o pior arquiteto da melhor abelha é que ele figura na mente sua construção antes de transformá-la em realidade. No fim do processo do trabalho aparece um resultado que já existia antes idealmente na imaginação do trabalhador. Ele não transforma apenas o material sobre o qual opera; ele imprime ao material o projeto que tinha conscientemente em mira, o qual constitui a lei determinante do seu modo de operar e ao qual tem de subordinar sua vontade. E essa subordinação não é um ato fortuito.*[33]

Esse trecho já confundiu a cabeça de muitos materialistas que não entenderam bem a concepção renovada proposta por Marx e, ao ler a alegoria da abelha, perguntam: então o que distingue os seres humanos dos animais é a capacidade de idealizar e planejar os objetos? Ou seja, o que distingue os seres humanos é a consciência, e não o trabalho?

---

32. EAGLETON, Terry. *Ideologia*. São Paulo: Editora Unesp; Boitempo, 1997. p. 73.

33. MARX, Karl. *O capital*: crítica da economia política. Livro primeiro — O processo de produção do capital. Rio de Janeiro: Civilização Brasileira, 1975.

Ocorre que o materialismo de Marx não se confunde com o ingênuo materialismo burguês anterior, marcado por um empirismo vulgar que via a consciência como mero eflúvio secundário da matéria. Mas esse empirismo por demais difundido muitas vezes terminou por imiscuir-se na tradição marxista. Isso levou, conforme explica Williams, à separação e abstração da "consciência e seus produtos" como um processo "refletido" ou de segundo estágio, resultando numa idealização da própria consciência, situada nesse nível secundário.

O fato é que, em certas vertentes economicistas do marxismo, uma série de processos ideológicos, todos eles materiais, e mesmo físicos, foram idealizados como "produtos da consciência", o que contribuiu para obscurecer a percepção de seus efeitos na vida social. A crítica a essa tendência é esmiuçada num trecho que contém, a nosso ver, uma das melhores sínteses do materialismo cultural:

> *O que essa versão do marxismo negligencia especialmente é que "pensar" e "imaginar" são, desde o início, processos sociais [...;] eles só se tornam acessíveis por meio de modos indiscutivelmente físicos e materiais: vozes, sons feitos por instrumentos, escrita manuscrita ou impressa, pigmentos dispostos em tela ou gesso, em mármore ou pedra trabalhados. Excluir esses processos sociais materiais do processo social material é tão errado quanto reduzir todos os processos sociais materiais a meros meios técnicos para alguma outra "vida" abstrata.*[34]

Na contramão dessa tendência, a interpretação do materialismo cultural resgata a "seiva" da concepção histórica de mundo, ao enfatizar que a consciência e seus produtos são parte inseparável do processo social material. Isso comparece de forma visível naquilo que Marx classificou como o necessário elemento de "imaginação" no processo de trabalho — como ele próprio destaca na alegoria da abelha. Isso para já nem mencionar as condições necessárias do trabalho que encontramos na língua e em

34. WILLIAMS, 1977, p. 62, tradução nossa.

outros elementos de natureza simbólica que são parte inseparável da produção da vida material.

(Cabe aqui um parêntese para mencionar o termo *práxis*, enfatizado na obra do pensador marxista italiano Antonio Gramsci (1891-1937) — na qual Williams se inspirou fartamente. O conceito de práxis traz consigo uma forma de expressar a indissociabilidade da ação histórica em seus múltiplos aspectos, teóricos e práticos, e tem ainda o mérito de ressaltar o caráter prático da própria consciência.)

Seguindo a trilha aberta por nomes como Gramsci, Williams adensou teoricamente o debate marxista sobre os problemas da comunicação e da cultura. Ele introduziu aprimoramentos capazes de refinar a abordagem marxista sobre as questões da consciência. Ao descrever a cultura como produto de forças materiais de natureza comunicacional, Williams combateu tanto a ideia romântica de cultura como instância autônoma dos mais elevados valores humanos quanto, no polo oposto, a visão reducionista, pautada por um materialismo pobre, que percebe a cultura como dimensão reflexa e sobreposta à base econômica da sociedade, esta sim "material".

Nos dias de hoje, a proposição reducionista que concebe a cultura como circunscrita a relações de segunda ordem em relação à economia e à política não contribui para uma compreensão adequada daquilo que se passa no mundo da propaganda e da imprensa, da TV, do cinema e da internet, no qual se tornou impossível separar as questões culturais das ditas econômicas e políticas.

Nesse terreno, compreensões inadequadas levam, frequentemente, ao espontaneísmo na luta ideológica. Quem não entende a materialidade das ideias, quem as coloca em um domínio apartado — regredindo à perspectiva romântica que opõe cultura e sociedade — também não irá perceber que as ideias são fruto de meios materiais de produção e de iniciativas deliberadas. Ideias não brotam espontaneamente. Não basta resolver os problemas ditos "materiais" — emprego, salário, transporte, alimentação e moradia — para que ideias avançadas brotem por si mesmas. Vimos, na história recente do Brasil, que as coisas não se passam dessa forma. O florescimento de certas ideias requer meios e planejamento próprios. A negligência nessa área pode ser fatal, como temos visto desde 2013.

No ciclo de governos progressistas que, em nosso país, perdurou de 2003 a 2016, importantes carências foram solucionadas. Mas não havia o mesmo investimento na necessária conscientização sobre o que estava sendo feito. Como veremos em capítulos posteriores, isso abriu terreno para que a direita reacionária, investindo com força nos novos meios digitais, oferecesse sua própria interpretação, despolitizando as conquistas, identificando-as como fruto do mérito e da iniciativa individual, e não de um projeto político deliberado.

Mirando impasses desse tipo, Williams dedicou muito de seus esforços intelectuais à elaboração de uma concepção renovada, capaz de impactar as lutas políticas contemporâneas. O materialismo cultural pode iluminar perspectivas táticas e estratégicas, servindo também como referência conceitual para as batalhas pela democratização da comunicação e da cultura. A abordagem sistematizada por Williams possui o frescor necessário à superação dos impasses em que se envolveu a tradição marxista ao lançar mão de modelos reducionistas. Contribui, dessa forma, para o avanço da concepção materialista histórica, permitindo uma notável ampliação de horizontes na análise das relações entre cultura e poder. É o que pretendemos mostrar ao longo deste trabalho.

O marxismo é uma teoria viva, uma formação conceitual que se tempera na luta cotidiana. A história dessa corrente de pensamento tem sido também a história de como modelos teóricos inadequados podem contribuir para descaminhos na prática política. Mas essa é também uma história de superação desses mesmos descaminhos, através do exame autocrítico da experiência pregressa. Afinal, como pontua o próprio Williams, uma tradição marxista que se pretenda de fato dialética precisa ser "autorrenovável" — ou não será marxista, apenas mais uma tradição.[35]

35. WILLIAMS, 2011, p. 68.

1.3. CATEGORIAS DO MATERIALISMO CULTURAL

Em breves palavras, podemos definir o materialismo cultural como a abordagem histórica renovada dos fenômenos da cultura. Trata-se da tentativa de unir dois conceitos de vocação totalizante — história e cultura — na elaboração de uma visão teórica de conjunto acerca dos novos e complexos problemas impostos pela evolução do capitalismo, bem como por suas contratendências. A nova abordagem teórico-metodológica se articula a partir de alguns conceitos chave, nem todos eles elaborados pioneiramente por Williams[36]. Passamos a expor, a seguir, dois desses conceitos, os quais se mostram de capital importância para a análise das manifestações de 2013.

1.3.1. Hegemonia

No conjunto das formulações teóricas do marxismo pós-clássico, uma noção ganhou proeminência nos debates da segunda metade do século XX. Trata-se do conceito de *hegemonia*, elaborado pioneiramente pelo pensador marxista italiano Antonio Gramsci. Seu trabalho segue a linha de valorização do político inaugurada por Marx e Engels e desenvolvida com o leninismo. A hegemonia se insere, no conjunto da visão gramsciana, como o ponto focal de uma estratégia politicamente matizada de abordagem dos problemas da cultura. Como define Williams, "a 'hegemonia' vai além da 'cultura' [...] em sua insistência em relacionar 'o processo social global' com distribuições específicas de poder e influência".[37]

O termo se origina do grego. Nessa língua, *hegemonia* significava a direção suprema de um exército: hegemônico era quem comandava um destacamento. Note-se, portanto, a origem militar do termo. Da esfera militar, ele foi transplantado para a política a fim de semantizar formas de dominação ou de exercício

36. Apesar de o termo *materialismo cultural* ser uma criação de Raymond Williams, a orientação que carrega compõe um eixo de esforços intelectuais que remete, quando menos, a Antonio Gramsci, se não mesmo ao marxismo clássico, como ficará claro na subseção destinada ao conceito de hegemonia.

37. WILLIAMS, 1977, p. 108, tradução nossa.

do poder nas relações entre Estados. Importado para o marxismo, o conceito passou a ser aplicado às relações políticas entre classes e segmentos sociais. Quando do I Congresso da Internacional Comunista, em 1919, a palavra *hegemonia* seria usada para indicar a direção política da classe operária sobre o conjunto das camadas trabalhadoras.

A noção já podia ser encontrada desde 1903 nos debates do *Iskra*, antigo órgão do Partido Operário Social-Democrata Russo (POSDR), o antecessor do Partido Comunista. Dos debates naquele periódico o termo chegou a textos do pensador e líder russo Vladímir Ilitch Lênin (1870-1924). Nas primeiras vezes em que foi empregado por Lênin, no contexto da Rússia pré-Revolução de 1917, o termo servia para designar a direção do partido operário na luta democrática contra o regime despótico dos czares — o chamado czarismo. Lênin emprega o conceito de hegemonia pela primeira vez no artigo intitulado "A democracia operária e a democracia burguesa", publicado no jornal *Avante* em 1905, no contexto da primeira revolução russa. O conceito é usado para defender uma aliança entre o partido operário e os liberais, com o propósito de derrotar a autocracia dos czares.

> *O liberalismo, seja de que tipo for, serve para que a social-democracia o apoie na exata medida em que ele, na prática, avança na luta contra a autocracia. É justamente nesse apoio aos democratas inconsequentes (ou seja, burgueses) pelo único democrata consequente até o fim, ou seja, o proletariado, que se efetiva a hegemonia.*[38]

Naquela oportunidade Lênin debatia com os mencheviques, que ele define como uma corrente pequeno-burguesa do movimento operário. Os mencheviques defendiam a tese de que se deviam fazer acordos apenas com a parte mais progressista do liberalismo, e mesmo assim cobrando alguns acordos e declarações de princípio. Lênin critica essa visão. Diz que não existe uma medida abstrata de qual liberalismo devemos apoiar e qual não

38. LÊNIN, Vladímir Ilitch. Working-class and bourgeois democracy. In: ______. *Collected works*. Moscow: Foreign Languages Publishing House, 1962. v. 8, p. 80-81, tradução nossa.

devemos. Essa medida é político-prática: todo liberalismo que for, na prática, contra o czarismo merece o apoio do partido operário na exata medida dessa sua oposição à autocracia e à servidão. E, criticando os mencheviques, diz Lênin:

> *A ala proletária combate por meio de uma análise de conteúdo de classe do democratismo. A ala da intelligentsia [menchevique] busca condições para um acordo verbal. A proletária exige a luta conjunta de fato. A ala da intelligentsia estabelece os critérios da burguesia boa, benevolente e digna de que se chegue a um acordo com ela. A proletária não espera nenhuma bondade da burguesia, mas apoia qualquer burguesia, ainda que seja a pior, à exata proporção que ela realmente combata o czarismo.*[39]

Esse excerto mostra grande atualidade, ainda mais em tempos de luta contra as tendências visceralmente autoritárias que crescem em todo o mundo, impulsionadas pela persistência da crise. Completando sua crítica aos mencheviques, afirma Lênin:

> *Apenas a concepção pequeno-burguesa e mercantilista de hegemonia vê sua essência no acordo de reconhecimento mútuo e nas condições verbais. Do ponto de vista proletário, a hegemonia na guerra pertence àquele que luta de forma mais enérgica, que nunca perde a chance de golpear o inimigo, aquele cujas palavras não diferem dos fatos, que é, portanto, o líder ideológico das forças democráticas, que critica as políticas hesitantes de todos os tipos. O novo Iskra [o jornal nessa época era dirigido pelos mencheviques] se engana tristemente ao pensar que a indecisão é uma qualidade moral, e não político-econômica, da burguesia*[40].

Não é difícil perceber no trecho acima tanto uma reminiscência das origens militares do termo (Lênin fala em "hegemonia na

---

39. LÊNIN, 1962, p. 77-78, tradução nossa.

40. Ibid., p. 81, tradução nossa.

guerra") quanto uma alusão a certos significados posteriores, que seriam fixados em definitivo por Gramsci, como a questão da liderança ideológica do proletariado sobre outras classes, incluindo segmentos da burguesia, da pequena-burguesia urbana e do campesinato.

Porém, é importante lembrar que nem sempre quando fala da direção política e ideológica da classe operária sobre outras classes e segmentos Lênin usa abertamente o termo hegemonia. Às vezes ele adota formulações que, embora sem utilizar essa palavra, antecipam algumas de suas referências posteriores, como a gramsciana. É o que vemos, por exemplo, em textos como "Uma grande iniciativa", em que Lênin afirma: "A ditadura do proletariado [...] não é só a violência sobre os exploradores, nem sequer é principalmente a violência."[41] Formulação semelhante pode ser localizada em *O Estado e a revolução*, momento no qual a questão é apresentada do seguinte modo:

> *Aspirando ao socialismo, estamos convencidos de que ele se transformará em comunismo e, em ligação com isto, desaparecerá toda a necessidade da violência sobre os homens em geral, da subordinação de um homem a outro, de uma parte da população a outra parte dela, porque os homens se habituarão a observar as condições elementares da convivência social sem violência e sem subordinação.*[42]

Como se vê, Lênin concebia o poder como um amálgama de violência e persuasão, coerção e consenso, subjugação pela força e dominação pelas ideias. O revolucionário russo estabeleceu as bases teóricas e políticas do conceito, com destaque para: (1) a importância da propaganda e do trabalho teórico; (2) a importância do partido na formação dos intelectuais e na organização

41. LÊNIN, Vladímir Ilitch. Uma grande iniciativa. In: ______. *Obras escolhidas em três tomos*. Lisboa: Avante!; Moscou: Progresso, 1982d. v. 3, p. 149.

42. ______. *O Estado e a revolução: a doutrina marxista sobre o Estado e as tarefas do proletariado na revolução*. In: ______. ***Obras escolhidas em três tomos***. Lisboa: Avante!; Moscou: Progresso, 1981d. v. 2, p. 278.

da luta política; e (3) o conceito de hegemonia como direção de uma aliança de classes.

Esses sentidos serão retomados e desenvolvidos mais tarde por Antonio Gramsci. O teórico e líder político italiano viveu a realidade de um país que passava por rápido processo de industrialização, com o fortalecimento dos sindicatos e das lutas operárias. Estava bem posicionado para visualizar as complexas mutações que se operavam na política dos países de capitalismo avançado, as quais apontavam para novas e mais eficazes formas de dominação política.

Gramsci ocupa-se, então, com o rastreamento dessas mudanças, em busca das origens das formas modernas da política burguesa. O processo remeteria, segundo ele, à década de 1870, marcada pelo levante operário que passou à história como Comuna de Paris. Nesse período, após sua ascensão definitiva ao poder, a burguesia revela enfim sua face conservadora. Se antes houvera liderado amplas camadas da cidade e do campo na luta progressista pela superação do *Ancien Régime*, agora se mostrava resoluta na missão de reprimir duramente o levante dos operários de Paris. É nessa situação, em que transita de revolucionária a conservadora, que a classe burguesa testa novos modelos políticos, diferentes daqueles de que lançara mão no período mais radical da luta contra a nobreza e as velhas oligarquias agrárias.

Nesse período de radicalidade contra as elites do Antigo Regime, a ação política da burguesia havia seguido, segundo Gramsci, o modelo da *revolução permanente*.[43] De fato, nas primeiras décadas do século XIX, como sabemos, Napoleão varreu a Europa com seu exército, levando, na ponta das baionetas, os princípios iluministas da Revolução Francesa. Lutando contra uma série de alianças de nações, o estadista e líder militar francês conquistou boa parte da Europa até ser derrotado em 1814, numa tentativa malsucedida de invadir a Rússia.

Assim, o conceito político de revolução permanente é próprio da primeira metade do século XIX, como podemos perceber nas

43. GRAMSCI, Antonio. *Quaderni del carcere*: edizione critica dell'Istituto Gramsci a cura di Valentino Gerratana. 2a. edizione. Torino: Giulio Einaudi Editore, 1977. Volume terzo (cuaderni 12-29), p. 1566.

ações de Napoleão. O período de predominância desse modelo político-militar vai até a Primavera dos Povos — um conjunto de revoluções liberais ocorridas na Europa em 1848. Mas a fórmula de revolução permanente, que atinge seu ápice nesse período, começou a ser gestada bem antes. Como explica Gramsci, esse conceito surge como expressão cientificamente elaborada da experiência jacobina de 1789 até o chamado Termidor, ou seja, o contragolpe de julho de 1794, que pôs fim à fase mais radical da Revolução Francesa, liderada por Maximilien de Robespierre (1758-1794). Em outras palavras, como explica Gramsci, a fórmula de "revolução permanente"

> *é própria de um período histórico em que não existiam ainda os grandes partidos políticos de massa e os grandes sindicatos econômicos e a sociedade estava ainda, por assim dizer, em estado de fluidez sob muitos aspectos [...]. No período após 1870, com a expansão colonial europeia, todos esses elementos mudam, as relações organizativas internas e internacionais do Estado tornam-se mais complexas e maciças e a fórmula da década de 1840 da "revolução permanente" vem elaborada e superada na ciência política na fórmula de "hegemonia civil"*[44].

Na visão gramsciana, o período percorrido entre a Primavera dos Povos, de 1848, e a Comuna de Paris, de 1871, teria sido decisivo. Ali a burguesia, após consolidar sua posição como classe dominante, busca formas mais estáveis de exercício do poder. O radicalismo jacobino já não serve, mesmo porque a agitação que caminha junto com o jacobinismo não é compatível com a estabilidade exigida pelos novos ambientes de negócios que estão se desenvolvendo.

Com essa nova situação, a técnica política se moderniza. Fazem parte desse fenômeno não apenas o crescimento das organizações civis, mas também a expansão de regimes parlamentaristas, o reforço das estruturas estatais, com a formação de vasta burocracia (não só pública, mas também privada) e de

44. GRAMSCI, 1977, p. 1566, tradução nossa.

um sistema de organizações estatais voltado ao controle político e econômico da sociedade conforme as diretrizes dos setores dominantes. "Nesse sentido, partidos políticos inteiros e outras organizações econômicas ou de outro gênero devem ser considerados organismos de polícia política, de caráter investigativo e preventivo".[45]

Essa nova situação surge primeiro nos países centrais, mas vai se tornando crescentemente uma realidade mundial. Realidade política inédita, em que complexas superestruturas políticas, jurídicas e ideológicas vão tornar a sociedade civil um elemento mais resistente a crises e irrupções econômicas catastróficas. Ganham então importância, como problemas chave dos tratados de ciência política, a questão dos valores e da ideologia e o conjunto das entidades e instituições que, na sociedade civil, fazem o papel das trincheiras e acautelamentos na guerra. Sucede dessa forma, no terreno da política, o que já havia se passado no terreno militar: o que Gramsci chama de *guerra de movimento* torna-se, cada vez mais, *guerra de posição*.

> *A estrutura maciça das democracias modernas, seja como organizações estatais, seja como complexo de associações na vida civil, constitui para a arte política o que são as "trincheiras" e as fortificações permanentes do front na guerra de posição: estas fazem apenas "parcial" o elemento do movimento que antes era "toda" a guerra etc.*[46]

Na arte militar, o fenômeno traduz-se em modalidades de confronto mais "mediadas", capazes de envolver não apenas o aparato bélico *stricto sensu*, mas também todo o sistema logístico e industrial que apoia um exército e, mesmo, a situação econômica e demográfica de um país, seu prestígio em escala internacional etc. Não que a guerra de movimento tenha se tornado inválida. Apenas ocorre que, segundo Gramsci, nos conflitos entre grandes Estados, entre nações avançadas do ponto de vista

45. GRAMSCI, 1977, p. 1620-1621, tradução nossa.

46. Ibid., p. 1567, tradução nossa.

civil-industrial, esse tipo de guerra tornou-se mais apto a finalidades táticas de curto prazo, e não a finalidades estratégicas.

A mesma conclusão vale para a arte e a ciência política. Pelo menos no que tange aos Estados mais avançados, nos quais superestruturas complexas tornaram a sociedade civil um elemento mais resistente a irrupções econômicas catastróficas, a guerra de posição cresceu de importância em relação à guerra de movimento. Isso não significa que, após o desastre de uma crise ou depressão econômica, as coisas permaneçam inalteradas. Mas as forças opositoras deixam de contar com aquele elemento da rapidez, do ritmo acelerado e fulminante, da marcha progressiva até o objetivo final que marcava uma política de tipo mais marcial, militar. Ou seja: o poder se torna mais mediado.

Na prática, a burguesia teria conjugado o exercício do poder de Estado às instituições dirigentes da ação política (partidos, movimentos, campanhas) e às instituições responsáveis pela produção e reprodução dos significados e valores sociais. Conformam-se, dessa maneira, formas ampliadas de exercício do poder político, capazes de incorporar não apenas aspectos político-jurídicos, mas também intelectuais e morais, envolvendo as superestruturas de modo global.

No pensamento de Gramsci, a "superestrutura" distribui-se entre dois grandes planos ou momentos principais: o Estado (sociedade política) e a sociedade civil (que reúne o conjunto de organismos comumente considerados "privados"). Percebe-se que, nessa visão, Gramsci evita um equívoco que pode acabar sendo sugerido por modelos piramidais de "base e superestrutura", em que a base está embaixo e a superestrutura, em cima. Gramsci não vê a superestrutura como uma abstração de segunda ordem, mero reflexo da base econômica da sociedade. Ao contrário, a superestrutura está no Estado, mas também na sociedade civil. Esta não é só o mundo das relações econômicas. Ali também há política, ideologia, cultura. É essa a concepção que será mais tarde desenvolvida por Williams.

Na visão gramsciana, Estado (ou sociedade política) e sociedade civil compõem a superestrutura. Essas duas esferas correspondem aos dois lados, à dupla dimensão da hegemonia: coerção e consenso; dominação e comando (ou direção). Sobre esses dois grandes "planos superestruturais", afirma Gramsci que

> *correspondem à função de "hegemonia" que o grupo dominante exerce em toda a sociedade e àquela de "domínio direto" ou de comando que se expressa no Estado e no governo "jurídico". Essas funções são precisamente organizativas e conectivas. Os intelectuais são os "comissários" do grupo dominante para o exercício das funções subalternas da hegemonia social e do governo político, isto é: 1) do consenso "espontâneo" dado pelas grandes massas da população à orientação impressa pelo grupo fundamental dominante à vida social, consenso que nasce historicamente do prestígio (e, portanto, da confiança) que o grupo dominante obtém, por causa de sua posição e de sua função no mundo da produção; 2) do aparato de coerção estatal que assegura "legalmente" a disciplina dos grupos que não "consentem", nem ativa nem passivamente, mas que é constituído para toda a sociedade, na previsão dos momentos de crise no comando e na direção, nos quais falha o consenso espontâneo.*[47]

Portanto, uma classe não é realmente hegemônica apenas se detém a direção sobre seus aliados estratégicos (dimensão da hegemonia enfatizada por Lênin), ou mesmo se é já detentora do poder de Estado. Tudo isso é importante, mas a hegemonia implica também a mobilização de eixos de consensualidade — não necessariamente unânimes, mas amplamente majoritários — capazes de galvanizar o conjunto da sociedade por meio da imposição de significados e estilos de vida por parte do grupo social dominante.

A verdadeira hegemonia se compõe, portanto, de elementos de distintas naturezas. E é nesse ponto que Gramsci resgata uma ideia formulada antes por Maquiavel: a da duplicidade das estruturas de poder. É bem conhecido o trecho em que, no capítulo

---

47. GRAMSCI, 1977, p. 1518-1519, tradução nossa.

18 de *O Príncipe*, Maquiavel resgata a antiga lenda do centauro Quíron. O centauro é um ser híbrido — metade homem, metade cavalo. Na visão maquiavélica, esse personagem mitológico daria boa descrição da anatomia do poder:

> *A um príncipe torna-se necessário saber bem empregar o animal e o homem. [...] Antigos escritores [...] descrevem como Aquiles e muitos outros príncipes antigos foram confiados à educação do centauro Quíron. Isso não quer dizer outra coisa, o ter por preceptor um ser meio animal e meio homem, senão que um príncipe precisa saber usar uma e outra dessas naturezas: uma sem a outra não é durável*[48].

Da mesma forma que Maquiavel, Gramsci pensa que o poder e a política têm uma natureza dual. Ele chamará esse fenômeno de "dupla perspectiva" na ação política e na vida estatal. Essa duplicidade se desdobra em vários níveis, os quais podem, contudo, em última instância, ser agrupados em dois grandes planos. Eles correspondem à dupla natureza do centauro maquiavélico, uma natureza que é "selvagem e humana, da força e do consenso, da autoridade e da hegemonia, da violência e da civilidade, do momento individual e daquele universal (da 'Igreja' e do 'Estado'), da agitação e da propaganda, da tática e da estratégia etc."[49].

É preciso registrar que, como se pode depreender dessa última citação, Gramsci às vezes usa o termo hegemonia para indicar a liderança discursiva que deve embasar qualquer projeto de poder; outras vezes ele usa o termo para denotar a unidade entre consenso e coerção. Nas palavras de Gruppi, "Gramsci — quando fala de hegemonia — refere-se por vezes à capacidade dirigente, enquanto outras vezes pretende referir-se simultaneamente à direção e dominação"[50].

---

48. MAQUIAVEL, Nicolau. *O Príncipe*. 4. ed. Rio de Janeiro: Civilização Brasileira, 1976. p. 102.

49. GRAMSCI, op. cit., p. 1576, tradução nossa.

50. GRUPPI, Luciano. *O conceito de hegemonia em Gramsci*. 4. ed. Rio de Janeiro: Graal, 1991. p. 11.

A noção de hegemonia iria se tornar cara ao marxismo posterior. Inúmeros pensadores voltariam a se debruçar sobre esse conceito, procurando desenvolvê-lo e extrair dele suas consequências legítimas. Um desses pensadores é Raymond Williams. Sua obra, que deu novo impulso à ideia de hegemonia, representa, sob muitos aspectos, um desenvolvimento do pensamento gramsciano, a ponto de podermos identificar um *eixo Gramsci-Williams* na abordagem dos problemas da cultura. Esse eixo codifica, no plano teórico, uma convergência histórico-social: tanto Gramsci quanto Williams só podiam ser filhos de nações centrais, ou não teriam conhecido as formas modernas de dominação do capitalismo. Mas eles igualmente só podiam ser naturais de regiões de seus respectivos países onde se pudesse ver também os flagelos da desigualdade. Gramsci é da Sardenha, sul pobre da Itália; Williams é de Gales, nação dominada no interior da Grã-Bretanha.

Um dos pontos em que esse diálogo intelectual se mostra mais produtivo é o debate sobre como operam os processos hegemônicos em conexão com formações não hegemônicas. Conforme esclarece o próprio Williams, as bases para pensar a questão já estavam nos trabalhos de Gramsci:

> *A ênfase de Gramsci sobre a criação de uma hegemonia alternativa, pela conexão prática de muitas formas diferentes de luta, inclusive as que não são facilmente identificáveis como "políticas" e "econômicas", conduz assim a um senso de atividade revolucionária muito mais ativo e mais profundo [...]. As fontes de qualquer hegemonia alternativa são realmente difíceis de definir. Para Gramsci elas provêm da classe operária, mas não dessa classe como construção ideal ou abstrata. O que ele vê, em vez disso, é uma classe trabalhadora que tem [...] de se tornar uma classe, e uma classe potencialmente hegemônica, contra as pressões e limites de uma hegemonia existente e poderosa*[51].

51. WILLIAMS, 1977, p. 110-111, tradução nossa.

O conceito de hegemonia revela, assim, grande poder explicativo, contribuindo para o entendimento das formas de dominação e subordinação como algo mais real e próximo do processo normal de organização nas sociedades contemporâneas. Não se trata apenas de um nível superior e mais articulado da "ideologia", e tampouco de formas meramente "impostas". Trata-se, ao contrário, de um sistema de significações experimentado na vida cotidiana, o qual acaba por constituir um "senso de realidade" para as pessoas. A hegemonia apresenta-se como um horizonte de experiência além do qual é muito difícil entender a sociedade... e movimentar-se nela.

> *Uma hegemonia vivida é sempre um processo. Não é, exceto analiticamente, um sistema ou uma estrutura. É um complexo percebido de experiências, relações e atividades, com pressões e limites específicos e mutáveis. Isto é, na prática a hegemonia não pode jamais ser singular. Suas estruturas internas são altamente complexas, como pode ser prontamente visto em qualquer análise concreta*[52].

Na visão de Williams, a hegemonia diz respeito a um "sistema central de práticas, significados e valores que podemos chamar apropriadamente de dominante e eficaz".[53] Esse sistema de práticas e significados — que sempre aparecem confirmando-se mutuamente — fornece as coordenadas mais amplas de determinada ordem social. Tais coordenadas, embora abstratas, constituem-se em uma idealidade vivida, experimentada concreta e cotidianamente pelos membros de uma sociedade em um período determinado. É por isso que a hegemonia não pode ser entendida no plano da mera opinião ou manipulação. Trata-se de toda uma gama de práticas e expectativas; de um investimento de energias; de nossas compreensões ordinárias sobre a vida e o mundo.[54] Como narra Escosteguy, essa concepção acaba-

52. WILLIAMS, 1977, p. 112, tradução nossa.

53. Id., 2011, p. 53.

54. Ibid.

ria por influenciar visões sobre os meios de comunicação que se construíram em torno da tradição dos Estudos Culturais:

> *Discordando do entendimento dos meios de comunicação de massa como simples instrumentos de manipulação e controle da classe dirigente, os Estudos Culturais compreendem os produtos culturais como agentes da reprodução social, acentuando sua natureza complexa, dinâmica e ativa na construção da hegemonia. Nesta perspectiva, [...] os meios de comunicação de massa sustentam e reproduzem a estabilidade social e cultural. Entretanto, isto não se produz de forma mecânica, senão se adaptando continuamente às pressões e às contradições que emergem da sociedade*[55].

A ênfase, aqui, não está mais na cultura como algo idealizado, como um conjunto de "nobres valores", como tínhamos na tradição neorromântica de reflexões sobre cultura e sociedade. A ênfase agora está na cultura como efetivamente vivida em experiências reais, sublinhando-se a forma como os atores definem por si mesmos as condições em que vivem. O foco não está mais na "tradição", mas no espaço do cotidiano em que os significados são produzidos e transformados. A cultura não está mais apenas nos produtos, nas "obras", mas no modo de vida global que os produz. Busca-se entender a complexidade das condições em que ocorre a produção de sentidos, destacando-se o contexto histórico e as estruturas de poder, mas também o plano das iniciativas concretas de indivíduos e coletivos, frequentemente responsáveis por mudanças de rota imprevistas.

O conceito de hegemonia concretiza, assim, a noção de cultura. Afinal, não existem, em sociedades reais, processos culturais desvinculados de estruturas de poder, sejam elas institucionalizadas ou difusas. Por isso a noção de hegemonia é mais adequada à complexidade das lutas políticas nas sociedades contemporâneas, não mais regidas apenas pelos mecanismos tradicionais de

---

55. ESCOSTEGUY, Ana Carolina. Estudos culturais: uma introdução. In: SILVA, Tomaz Tadeu da. *O que é, afinal, estudos culturais?*. Belo Horizonte: Autêntica, 2000.

exercício do poder. O conceito originalmente desenvolvido por Gramsci permite entender a cultura no seu sentido mais vivo e concreto, e não como abstração vazia, a exemplo daquela que encontramos em versões reducionistas do conceito de superestrutura.

1.3.1.1. Sistemas de hegemonia: forças dominantes, alternativas, residuais, emergentes e oposicionistas

Ao buscar dar um passo adiante nas elaborações sobre o conceito de hegemonia, partindo das férteis indicações de Gramsci, Williams tem como primeira motivação combater concepções ossificadas de "dominação" ou ideias estereotipadas de "manipulação". Na visão do pensador galês, o conceito de hegemonia permite compreender que não se trata de formas passivas de dominação, mas de algo constantemente disputado, negociado e alterado. Uma hegemonia nunca se estabelece de maneira tácita, sem resistências e pressões de todo tipo. Williams chama atenção para o fato de que nenhuma ordem hegemônica pode alcançar, em suas tentativas de cooptação e incorporação, todo o conjunto das práticas sociais. Como ele próprio explica,

> *nenhum modo de produção e, portanto, nenhuma ordem social dominante e, portanto, nenhuma cultura dominante, nunca, na realidade, inclui ou esgota toda a prática humana, toda a energia e toda a intenção humana [...;] é um fato sobre os modos de dominação que eles selecionam e, consequentemente, excluem elementos entre toda a gama da prática humana.*[56]

Nessa compreensão, uma hegemonia jamais é "total ou exclusiva"[57]. Por outro lado, os processos hegemônicos de incorporação e cooptação não podem ser concebidos de modo abstrato. Precisam ser concretizados historicamente. Esses processos mudam, se desenvolvem com o avanço da sociedade, podendo diminuir ou

56. WILLIAMS, 1977, p. 125, tradução nossa.

57. Ibid., p. 113, tradução nossa.

ampliar sua eficácia. No capitalismo avançado, conforme acredita Williams, a dominância habilita-se a cobrir áreas mais vastas da experiência. Isso ocorre devido a mudanças no ordenamento político e no sistema da comunicação social. Sistemas de ideias e práticas até então mais "reservados"—definidos como "privados", "técnicos", "marginais", "naturais" ou "metafísicos" — passam a ser interpelados pela ordem dominante, que se torna capaz de dirigir o processo social e cultural de forma muito mais profunda e abrangente.

Uma contribuição importante de Raymond Williams para o desenvolvimento do conceito de hegemonia é a percepção de que, quando fazemos uso dessa noção, devemos antes pensar em um *sistema hegemônico*, composto de elementos distintos, porém interligados. Williams chama atenção para o fato de que, em uma situação de hegemonia, não encontramos só o hegemônico ou o dominante, de um lado, e o oposicionista ou contra-hegemônico, de outro, mas também uma série de elementos intermediários e oscilantes que interferem de formas variadas nos jogos de poder. É preciso observar e analisar também esses outros elementos para que possamos compreender as formas concretas pelas quais se processa uma hegemonia.

Entre esses elementos precisamos distinguir, primeiramente, entre formas *alternativas* e elementos diretamente *oposicionistas*. O oposicionista é o contra-hegemônico em sentido estrito. Já as formas alternativas são aquelas que expressam o hegemônico de uma maneira diferente daquela pela qual ele costuma ser normalmente reconhecido. Pensemos nos *hippies:* eles não expressam a forma típica da dominância capitalista, que reconheceríamos mais facilmente em um magnata de cartola e casaca, talvez fumando charutos. Mas os *hippies* também não podem ser considerados "contrários à ordem". Eles apenas vivem alguns dos valores dominantes de outra forma — de uma forma "alternativa".

Por isso o alternativo não pode ser confundido, em si mesmo, com uma forma diretamente contra-hegemônica. No entanto, formações alternativas podem eventualmente, dependendo da situação, assumir caráter oposicionista. Foi o que aconteceu com alguns grupos socioculturais presentes no Maio de 1968. Além disso, vale destacar que nem o alternativo nem o oposicionista importam em si mesmos: se pensamos realmente de maneira sistêmica, ambas as formas representam importantes indicadores da qualidade de uma hegemonia. Nas palavras de Williams,

> *em qualquer momento, formas de política e cultura alternativas, ou diretamente oposicionistas, existem como elementos significativos na sociedade [...,] como formas que têm tido um efeito significativo no próprio processo hegemônico. Ou seja, formas políticas e culturais alternativas, e as muitas formas de oposição e luta, são importantes [...] como características indicativas daquilo que o processo hegemônico procurou, na prática, controlar. Uma hegemonia estática, do tipo que é indicado por definições abstratas totalizantes de uma "ideologia" ou "visão de mundo" dominante, pode ignorar ou isolar tais alternativas e oposições, mas, na medida em que elas são significativas, a função hegemônica decisiva é controlá-las, transformá-las ou mesmo incorporá-las.*[58]

Nessa perspectiva, mesmo as iniciativas oposicionistas mais firmes e convictas encontram-se, também elas, conectadas de formas variadas ao sistema hegemônico. Uma cultura dominante hábil e eficaz é aquela que "ao mesmo tempo produz e limita suas próprias formas de contracultura".[59] A admissão desse fato, contudo, não necessariamente conduz a ideias de "dominância absoluta". Como mostram os processos mais diretamente políticos, formas de negociação e concertação são às vezes impostas não pelos elementos dominantes, mas pelos elementos dominados, como caminho para a extração de concessões e conquistas.

Em outras palavras, nem sempre negociar e "incorporar" são práticas de interesse de quem manda. Às vezes são as próprias formações hegemônicas que interrompem os mecanismos normais de negociação e, mesmo, de "incorporação", quando não mais lhe interessam. Partem, então, para o conflito aberto. Por

58. WILLIAMS, 1977, p. 113, tradução nossa.

59. Ibid., p. 114, tradução nossa.

isso, ao considerar o mútuo condicionamento entre formas hegemônicas, de um lado, e elementos alternativos ou oposicionistas, de outro, devemos sempre pensar na questão concreta de quem comanda o jogo em cada momento. Senão vejamos o caso da crítica romântica à civilização industrial. Se ela atesta que, por um lado, uma verdadeira hegemonia comanda suas próprias formas de oposição, também mostra, por outro lado, que esse processo envolve riscos genuínos. Pois a crítica utópico-romântica era mais ou menos tolerada como uma forma de *oposição autorizada*. Mas foi exatamente do caldo de cultura legado pelas formas românticas de crítica anticapitalista que brotou o marxismo, a forma mais consequente dessa crítica. Se as formas românticas, inconsequentes que eram, podiam ser toleradas, com o marxismo é diferente: ele incomoda muito mais.

Comandar suas próprias formas de oposição não quer dizer, portanto, ter pleno controle delas. Onde existe oposição, por mais tolerável que seja, sempre vai haver riscos. E aí pode surgir a questão: por que correr riscos? Por que tolerar uma oposição, qualquer que seja? O problema é que dispensar esses riscos não é uma opção. Tentar sufocar toda e qualquer forma de oposição ou alternativa seria ainda mais arriscado. Qualquer dominância, para usar as palavras de Marx, sempre viverá com uma *espada de Dâmocles* sobre a cabeça.[60]

Mas a tipologia construída por Williams em seu esforço de alargamento da compreensão gramsciana dos processos hegemônicos não compreende apenas o alternativo e oposicionista. Ela inclui ainda as categorias *residual* e *emergente*. Elas são de grande valia na operacionalização de análises históricas mais concretas e específicas, diferentes daquelas que Williams classifica como "epocais" (macro-históricas). Essas categorias permitem a identificação de movimentos, etapas e variações mais tópicas e efêmeras, mas nem por isso menos importantes. Uma vez mais, o residual e o emergente só podem ser definidos de maneira relativa, isto é, em relação com a totalidade de um sistema hegemônico. Nesse sentido, essas categorias não podem ter sua importância

---

60. MARX, Karl. *O 18 brumário de Luís Bonaparte*. São Paulo: Boitempo, 2011.

aquilatada em si mesmas, devendo ser consideradas também naquilo que revelam a respeito da qualidade de uma dominância.

O emergente, como o próprio nome indica, refere-se a novos significados, que podem apresentar-se na forma de práticas, trabalhos, ideias, sentimentos ou valores renovados. O emergente não se relaciona apenas ao surgimento de formações culturais substancialmente novas, no sentido de formas alternativas ou oposicionistas. É necessário lembrar que também uma cultura dominante jamais é estática: ela se renova todo o tempo, em maior ou menor medida. E nunca é fácil distinguir se elementos políticos e culturais em estado de emergência representam a nova fase de um processo hegemônico ou se se trata de relações radicalmente novas, de tipo alternativo ou oposicionista.

Ou seja, tanto as formas dominantes quanto as oposicionistas precisam se renovar. Esse é um elemento que complica todo o jogo da hegemonia, pois uma formação emergente nem sempre se define "de véspera" como oposicionista ou dominante; a própria emergência de novas ideias e valores, de uma nova formação político-cultural, pode ser objeto de disputa. Como veremos mais à frente, é este o caso das movimentações de 2013: elas podem ser definidas como sendo essencialmente um fenômeno da emergência.

Já o residual não deve ser confundido com o *arcaico*. Este último é totalmente reconhecido como um elemento passadista, frequentemente em sentido nostálgico ou elegíaco. No presente, as formações arcaicas não têm força real. Quando são "revividas", isso se dá de maneira especializada, à guisa de observação de um "passado que se foi". Podemos classificar como formações arcaicas certas seitas que tiveram força no passado, mas hoje existem apenas como testemunho. É o caso dos chamados "cavaleiros templários", ligados às cruzadas cristãs. É uma formação meramente testemunhal — embora haja pessoas que ainda hoje se reivindicam "cruzados".

Já o residual formou-se no passado, mas mantém-se ativo e, mesmo, forte no presente. É o caso da Igreja Católica: ela nasceu há cerca de 2 mil anos, mas segue conservando eficácia política e cultural. "Assim, certas experiências, significados e valores que não se podem expressar, ou verificar substancialmente, em termos da cultura dominante, ainda são vividos e praticados à base do resíduo [...] de uma instituição ou formação social e cultural anterior".[61]

Vale notar, contudo, que o residual não necessariamente exprime sempre alguma forma de dominância. Ele também pode se aproximar do alternativo ou mesmo do oposicionista. Isso porque a prioridade das formações residuais é a própria sobrevivência. Esses grupos se batem por continuar exercendo papel efetivo do ponto de vista político e simbólico, o que pode conduzi-los a diferentes soluções de compromisso com as forças da ordem hegemônica, de um lado, ou com grupos contra-hegemônicos, de outro. De todo modo, é importante a advertência de Williams: "A cultura dominante não pode permitir demasiadas experiência e prática residuais fora de si mesma, pelo menos não sem risco."[62]

Evidentemente, se pensamos não apenas na hegemonia em si, mas em um sistema hegemônico do qual fazem parte o alternativo, o oposicionista, o residual e o emergente, a questão inteira se torna mais complexa. Os efeitos podem ser variados, podendo incluir a maior ou menor proximidade entre elementos alternativos, emergentes e residuais, de um lado, e formações oposicionistas, de outro. Isso vai exigir certa dose de habilidade dos atores hegemônicos e contra-hegemônicos para lidar com toda essa sorte de elementos intermediários. Como lembra Williams referindo-se ao alternativo, mas em afirmação extensível ao emergente e ao residual, esses elementos podem ser vistos, em muitos casos, como formas de oposição.[63]

O problema é que, se uma dominância — nesse caso inábil — enxerga sempre o alternativo, o emergente e o residual como formas oposicionistas, isso pode se tornar a chamada *profecia autorrealizável.* Ou seja: se uma formação não é propriamente oposicionista, mas é tratada como se o fosse, pode acabar compelida a juntar-se ao campo contra-hegemônico, ainda que por uma pressão vinda de fora.

61. WILLIAMS, 1977, p. 122, tradução nossa.

62. Ibid., p. 123, tradução nossa.

63. Ibid.

Evidentemente, é possível constatar a existência de variações e inconstâncias em um tecido hegemônico comum, no sentido de obras mais "abertas" que outras, ou de trabalhos mais distantes ou mais próximos da polaridade que se estabelece entre o hegemônico e o contra-hegemônico. O campo da arte, como lembra o próprio Williams, é pródigo em evidências dessa natureza.

De todo modo, a forma encontrada por Williams para desenvolver e redefinir o problema da hegemonia permite uma visão mais concreta de como ocorrem os processos de dominação, com seus movimentos, etapas e variações dinâmicos, que estão o tempo todo em processo de transição e redefinição. A hegemonia é isso: esse complexo conjunto que relaciona sistemas simbólicos com outros elementos — econômicos, políticos etc. — do ordenamento social. O conceito de hegemonia é uma conquista do marxismo cuja importância e significado vão muito além de sua funcionalidade para o próprio marxismo. É uma contribuição dessa corrente ao patrimônio do pensamento político universal. Como veremos, essa contribuição serve à ampliação de nosso entendimento sobre o que aconteceu no Brasil de 2013.

1.3.2. Estruturas de sentimento

Em *Preface to film* [Prefácio ao filme], escrito em parceria com Michael Orrom, Williams cunha o inovador conceito de *estrutura de sentimento* [*structure of feeling*]. Ele será mais tarde retomado em *The long revolution* [A longa revolução]. Uma estrutura de sentimento é então definida como algo tão firme e preciso quanto sugere a noção de estrutura, porém ao mesmo tempo operante em um nível mais delicado e menos tangível da atividade humana. Em certo sentido, a estrutura de sentimento é a cultura real de um período — o resultado vivo particular de todos os elementos da organização social.

A trajetória rumo à definição do conceito passa pela constatação de que é apenas em nosso próprio tempo e lugar que podemos esperar conhecer, em qualquer sentido substancial, a organização social geral. Podemos aprender uma grande porção da vida de outros tempos e lugares, mas certos elementos serão sempre irrecuperáveis. Mesmo aqueles que podem ser recuperados o são, em larga medida, apenas em abstração.

> *Conhecemos cada elemento como precipitado, mas na experiência viva do tempo cada elemento estava em solução, uma parte inseparável de um todo complexo. A coisa mais difícil de apreender, no estudo de qualquer período passado, é essa noção sentida da qualidade de vida em um determinado lugar e tempo: um sentido dos modos em que as atividades particulares se combinaram em uma maneira de pensar e de viver.*[64]

Podemos melhor compreender o problema, como explica Williams, se pensarmos em qualquer análise similar de um modo de vida do qual nós próprios compartilhamos. Achamos aqui um sistema de significados bastante particular, uma comunidade de experiência "dificilmente necessitando do tipo de expressão através da qual as características do nosso modo de vida que um analista externo poderia descrever sejam de alguma forma passadas".[65] Notamos isso com maior clareza quando pensamos no contraste entre gerações (uma geração dificilmente entenderá por completo a experiência de outra), ou na descrição de nossas vidas por alguém de fora de nossa comunidade, ou nas pequenas diferenças de estilo, de fala ou de comportamento em alguém que aprendeu nossos estilos mas não foi criado neles. "Quase toda descrição formal seria muito crua para expressar esse que é, não obstante, um sentido muito distinto de um estilo particular e nativo".[66] É nessa posição que nos encontramos quando estudamos qualquer período passado, fato nada trivial quando pensamos na questão de uma metodologia para as ciências humanas.

Podemos nos fazer mais conscientes dessa dimensão por meio das artes. Quando as examinamos em comparação com as características externas de um período, mesmo admitindo diferenças e

---

64. WILLIAMS, Raymond. *The long revolution*. Peterborough: Broadview Press, 2001. p. 63, tradução nossa.

65. WILLIAMS, 2001, p. 64, tradução nossa.

66. Ibid., loc. cit., tradução nossa.

variantes individuais, é sempre possível que ainda haja algum elemento comum importante que não podemos facilmente apreender. Mesmo assim, é inegável que temos na produção artística — incluindo "abordagens e tons característicos em discussão"[67] — uma das únicas possibilidades de acesso substancial à experiência como efetivamente sentida e vivida. Pois aqui, em um dos únicos exemplos que temos de comunicação registrada que sobrevive a seus portadores, temos um espaço de expressão desse sentido vivo real, um lugar em que essa dimensão mais profunda da comunidade provavelmente foi expressa, no mais das vezes de forma não inteiramente consciente.

Segundo Williams, podemos percorrer outros caminhos na tentativa de restaurar os contornos de uma particular organização de vida.[68] Podemos recuperar o que Erich Fromm denomina o "caráter social" ou, Ruth Benedict, o "padrão de cultura". O caráter social — um sistema valorado de comportamentos e atitudes — é ensinado formalmente e informalmente, ou seja, é ao mesmo tempo um ideal e um modo. O padrão de cultura é uma seleção e configuração de interesses e atividades, e uma valoração particular deles, produzindo uma organização distinta, um "estilo de vida". Contudo, mesmo esses agregados são abstratos. O que propõe Williams é a busca de um elemento comum adicional, que não é o "caráter" nem o "padrão", mas a experiência difusa através da qual estes foram realmente vividos.

Essa dimensão irredutível de uma experiência particular é a fonte última daquilo que Williams denominou *estrutura de sentimento*. Embora ela não seja possuída — mais do que o caráter social, por exemplo — de forma idêntica por todos os indivíduos em uma comunidade, trata-se de uma possessão muito profunda e muito ampla, mesmo porque é dela que a comunicação depende. Ela não é ensinada ou aprendida em qualquer sentido formal. Uma geração pode treinar sua sucessora com razoável sucesso no caráter social ou no padrão cultural geral, mas ainda assim a nova geração terá sua própria estrutura de sentimento, que não parecerá ter vindo de qualquer lugar determinado. Aqui, distintamente,

67. Ibid., p. 65, tradução nossa.

68. Id., 2001.

a organização em mudança surge como que "encenada" pelo próprio organismo social: a nova geração responde de suas próprias formas ao mundo singular que está herdando, assumindo muitas continuidades e reproduzindo a organização em muitos aspectos, porém sentindo o modo de vida de maneira diversa, e modelando sua resposta criativa em uma nova estrutura de sentimento.

Uma vez que os portadores de tal estrutura morrem, o mais perto que podemos ficar desse elemento vital é através da cultura documentada. Isso de nenhuma forma significa que documentos são autônomos, mas simplesmente que o significado de uma atividade deve ser buscado em termos da organização social global, a qual é mais que a soma de suas partes separadas. O que estamos procurando, sempre, é a vida real cuja qualidade distintiva só pode ser encontrada nessa organização global. O significado da cultura documental é que, mais claramente que qualquer outra coisa, ela expressa aquela vida para nós em termos diretos, quando as testemunhas viventes estão silenciosas. Ao mesmo tempo, se refletimos sobre a natureza de uma estrutura de sentimento, e vemos o quanto ela pode falhar em ser completamente entendida mesmo por pessoas viventes e em contato fechado com ela, com amplo material à sua disposição, incluindo as artes contemporâneas, não nos deve surpreender que não possamos fazer mais que uma abordagem, uma aproximação, buscando os canais apropriados.

Podemos compreender o quanto a ideia de estrutura de sentimento é tributária da ênfase da crítica literária inglesa — em particular a de Leavis — sobre a "experiência". Williams foi claramente influenciado, na elaboração do novo conceito, pela noção de experiência tomada de empréstimo à *Scrutiny*. Porém, enquanto o significado da noção em Leavis restringia-se a reproduzir, interpretar e vivenciar o conteúdo de um livro, Williams conferiu-lhe conteúdo marcadamente histórico, desprovido de colorações subjetivistas. Operou essa mudança por meio de sua experiência com as obras literárias, trabalhando a partir das mudanças históricas em suas convenções e formas.

A questão pode ser mais facilmente compreendida quando retornamos a um dos primeiros exemplos sobre os quais trabalhou

Williams na construção do novo conceito: a ficção produzida pelos escritores da primeira classe média vitoriana. Sobre os padrões daquela literatura, afirma Williams:

> *Essa era uma estrutura no sentido de que se podia perceber seu funcionamento em um trabalho após o outro, que não estavam de alguma forma ligados — as pessoas não estavam aprendendo isso umas com as outras; era uma questão de sentimento muito mais do que de pensamento — um padrão de impulsos, restrições, tons, para os quais a melhor evidência eram muitas vezes as convenções reais de escrita literária ou dramática.*[69]

Se encontra no texto literário uma possibilidade de evidência concreta, a estrutura de sentimento constitui, em si própria, também uma evidência privilegiada do modo concreto como operavam, em determinado período, estruturas sociais e históricas mais amplas.

> *Em outras palavras, a chave para a noção, tanto para tudo o que ela pode fazer quanto para todas as dificuldades que ainda deixa, é que ela foi desenvolvida como um procedimento analítico para obras escritas reais, com uma forte ênfase sobre as suas formas e convenções. É uma ideia muito mais franca quando se limita a isso. Contudo, a pressão do argumento geral estava continuamente me levando a dizer, e eu acho que corretamente, que tais obras eram o registro articulado de algo que era uma bagagem muito mais geral. Eram a área de interação entre a consciência oficial de uma época — codificada em suas doutrinas e legislação — e todo o processo de realmente viver suas consequências. Eu podia ver que aqui poderia estar muitas vezes uma das fontes sociais da arte.*[70]

69. WILLIAMS, 1979, p. 159, tradução nossa.

70. Ibid., loc. cit., tradução nossa.

É importante notar, como pensamos ficar claro no excerto acima, que experiência — ainda que no sentido social, e não meramente individual — e estrutura de sentimento não significam a mesma coisa. Embora Williams tenda a ver o conceito de ideologia em disjuntiva com a noção de estrutura de sentimento, talvez fosse melhor conceber esta última como aquela região ideológica definida como zona de tensão entre os significados mais articulados e sistemáticos — por vezes designados, em senso estrito, como "ideologia" — e a experiência primária. Trata-se de uma área difusa, na qual razão, sentimento e valores misturam-se em um modo particular de intelecção bastante mais próximo da realidade concreta. "Não sentimento contra pensamento, mas pensamento como sentido e sentimento como pensado: consciência prática de um tipo presente, em uma continuidade viva e inter-relacionada."[71]

O significado político da ideia de estrutura de sentimento reside, em última instância, no fato de que uma experiência excede, necessariamente, os significados mais sistemáticos que possamos construir sobre ela. Ou, como argumenta Williams, seguindo os passos de Bakhtin,[72] "consciência prática é quase sempre diferente de consciência oficial".[73] Entre as duas produz-se uma zona de cultura que poderá ou não ser recordada, mas que sempre será mais larga do que aquilo que foi realmente alcançado pelo registro e/ou pela intelecção mais articulada.

> *A estrutura de sentimento é fundamental para um analista da cultura interessado não só em formas estruturadas e consagradas, mas especialmente na emergência do novo, do que pode articular mudança na cultura e na sociedade, no significante e no referente. O fato de que não estamos encurralados por uma ideologia que tudo domina, ou por uma base material que efetivamente determina mas que pode*

71. WILLIAMS, 1977, p. 132, tradução nossa.

72. BAKHTIN, Mikhail. *A cultura popular na Idade Média e no Renascimento: o contexto de François Rabelais*. 4. ed. São Paulo: Hucitec; Brasília: Editora UnB, 1999.

73. WILLIAMS, op. cit., p. 130, tradução nossa.

ser mudada, com efeito já foi mudada na história, alterando radicalmente nosso modo de vida, está comprovado também na análise da cultura.[74]

Portanto, como corrobora Williams, "é primeiramente com formações emergentes que a estrutura de sentimento, como solução, relaciona-se".[75] Uma nova estrutura de sentimento sempre precede as transformações do pensamento e da crença formais que compõem a história habitual da consciência humana, mudanças estas que costumam acompanhar de perto as alterações mais reconhecíveis em instituições e relações sociais. Trata-se de uma formação que, embora dotada de estrutura, situa-se "às bordas da disponibilidade semântica", assumindo assim um caráter pré-formativo, pelo menos até que "articulações específicas — novas figuras semânticas — sejam descobertas na prática material".[76] Isso pode ocorrer, como muitas vezes ocorre, por meio de caminhos isolados, que só mais tarde serão percebidos como compondo um mesmo conjunto, uma mesma geração.

A noção de estrutura de sentimento constitui, assim, a pedra de toque da compreensão de Williams sobre o conceito gramsciano de hegemonia. No entendimento de ambos, a hegemonia surge, em cada momento, como algo negociado e necessariamente instável. Uma formação dominante jamais consegue abranger a totalidade de uma experiência social, até porque, por definição, sua forma de operar dá-se sempre por exclusão e limitação.

Questão importante, sobre a qual vale a pena nos determos, diz respeito às relações entre estrutura de sentimento, geração e classes sociais. Como fica nítido desde o primeiro momento, a principal referência do conceito é geracional. O ponto principal reside na estrutura de sentimento de um período como evidência disponível para a análise daquilo que surge como um novo trabalho cultural. Williams menciona, como um dos campos de aplicação do novo conceito, a nova geração de escritores ingleses surgida nos anos 1930, a qual, embora tenha seguido com seus

74. CEVASCO, Maria Elisa. *Para ler Raymond Williams*. São Paulo: Paz e Terra, 2001. p. 157.

75. WILLIAMS, op. cit., p. 134, tradução nossa.

76. Ibid., loc. cit., tradução nossa.

trabalhos até pelo menos os anos 1960, ficou retrospectivamente identificada com aquela década[77]. A estrutura de sentimento permite, dessa forma, identificar a geração que está operando em cada momento um trabalho de renovação cultural, em substituição a estruturas de sentimento de períodos anteriores.

A questão que fica, então, é a seguinte: se se trata de um conceito de natureza geracional, poderíamos afirmar, igualmente, que estamos diante de uma noção poli ou supraclassista — como, aliás, deve ser considerada a própria juventude como categoria sociológica? Em *Politics and letters* [A política e as letras], Williams debruça-se sobre a questão. Há sociedades em que as contribuições de classe para o tipo de escrita de que ele trata são altamente diferenciadas. Isso não teria sido suficientemente enfatizado em *The long revolution*, livro no qual a noção de estrutura de sentimento é realmente descrita em termos bastante temporais (geracionais). Mas o fenômeno é historicamente variável. Entre os anos 1660 e 1670, por exemplo, ele afirma identificar a existência de duas estruturas de sentimento contrastantes e paralelas, mesmo em situação de limitadas classes sociais contribuindo ativamente para o trabalho cultural. Em outros períodos, como os anos 1840, uma única estrutura parece estar bastante difundida. Pois nesse período, embora a estrutura de sentimento tivesse um caráter marcadamente de classe — construída por escritores de classe média e de classe média baixa —, ela era compartilhada pelos escritores operários que estavam começando a contribuir. "Contudo", pondera Williams, "pode-se objetar que a noção infere ilegitimamente dessa série de evidências a existência de uma estrutura que é muito mais ampla e não expressa. Eu sinto a força dessa crítica."[78]

Williams afirma que muitas vezes a emergência de uma nova estrutura de sentimento pode ser mais bem compreendida como o sinal, no plano da cultura, da ascensão de uma nova classe, e menciona como exemplo a Inglaterra dos anos 1700-1760. Trata-se, contudo, de um exemplo em que se ganha por um lado e se perde por outro. Pois o período é muito amplo, e ao longo dele

77. WILLIAMS, 1979.

78. WILLIAMS, 1979, p. 158, tradução nossa.

pelo menos três gerações se mantiveram atuantes. Em seu trabalho sobre o drama, algo semelhante ocorre: Williams usa o conceito de estrutura de sentimento para designar o impasse liberal entre indivíduo e coletivo, estrutura que cobre toda uma época histórica, podendo ser visualizada pelo menos entre Ibsen e Brecht, se não além. Novamente, um processo plurigeracional parece operar. Poder-se-ia dizer, então, que havia sucessivas estruturas de sentimento geracionalmente distintas, mas correlacionadas, cada uma representando uma modulação da anterior?

Na visão de Williams, o período entre 1700 e 1760 é bastante complexo, porque abarca duas estruturas de sentimento — que ele denomina classicismo augustino e realismo burguês.[79] Elas eram radicalmente opostas, mas ainda assim estavam relacionadas à ascensão de uma mesma classe. A questão pode ser parcialmente clarificada pela distinção entre diferentes frações de classe.

> *Aquele é um momento de composição cultural consciente da nova classe. [...] Certamente, no intervalo de uma geração havia um classicismo dominante e um realismo emergente, mas é um dos fatos extraordinários sobre o período de 1760 em diante que um realismo muito vigoroso é finalmente retido e deslocado, por uma geração posterior e mesmo além. Uma forma de rastreamento daquilo estaria nos limites de cada estrutura de sentimento anterior. O problema de metodologia é semelhante ao de outros campos. Isola-se, através da análise, uma estrutura particular, mas quando ela é verdadeiramente dominante, influenciando ou mesmo determinando períodos posteriores, movemo-nos, quase sem perceber, de um momento apreendido da análise estrutural para o que é, naturalmente, o tempo todo, também um movimento e desenvolvimento histórico. Mas então, ao passo que se reconhece que há ainda outros movimentos, há um grande valor em detectar [...]*

79. Ibid.

> *sucessivas modulações em uma estrutura de sentimento, até alcançar o ponto em que há uma ruptura qualitativa.*[80]

Questão não menos embaraçosa diz respeito a como delimitar uma geração particular em qualquer sociedade dada. Essa é uma delicada questão metodológica, que comparece de maneira frequente não apenas em estudos de corte erudito, mas na própria vida ordinária. Equacioná-la sempre pode envolver algum grau de arbitrariedade. Williams afirma que o problema é realmente difícil.[81] Há períodos como os anos 1840, com uma nova geração de escritores que não eram apenas fisicamente da mesma idade — eles eram também contemporâneos no sentido de que partilhavam percepções, preocupações e, mesmo, estilos de trabalho. Mas há outros períodos em que um conjunto de escritores contemporâneos não parecem compor a mesma geração, tamanhas são as diferenças entre seus trabalhos. Caso ainda mais curioso ocorre quando intelectuais biologicamente contemporâneos publicam seus trabalhos a certa distância temporal um do outro, mesmo assim com estreitas conexões internas. É o que teria acontecido, segundo Williams, com Thomas Hobbes (1588-1679) em relação aos dramaturgos jacobinos John Webster (1580-1634) e Cyril Tourneur (1575-1626)[82]. Todos eles partilharam uma estrutura de sentimento comum, marcada pela ideia, que contradizia a consciência oficial da época, de uma *guerra de todos contra todos*. Hobbes, porém, toma as hipóteses dos citados dramaturgos em seu ponto inicial e trabalha essas hipóteses até uma nova resolução, com uma nova definição de autoridade. De onde se depreende que a dimensão geracional das estruturas de sentimento é manhosa no plano metodológico, devendo ser abordada com o cuidado devido. A solução talvez esteja, como sugere Williams, em fugir das armadilhas de uma categorização biológica, concebendo o conceito de geração como relativo ao trabalho cultural, e não necessariamente ao nascimento.

---

80. Ibid., p. 160-161, tradução nossa.

81. WILLIAMS, 1979.

82. Ibid.

Outro aspecto importante da relação entre a estrutura de sentimento como conceito geracional e a noção de classes sociais diz respeito ao fato de que um conjunto determinado de formas e convenções pode representar um bloqueio profundo para grupos subordinados da sociedade, sobretudo classes oprimidas. Nesses casos, é muito perigoso presumir que uma estrutura de sentimento mais articulada é necessariamente equivalente a certo volume de experiências inarticuladas.

Williams lembra o período de ascensão do proletariado, em particular entre os anos de 1790 e 1830, quando a classe trabalhadora inglesa parecia lutar para expressar sua experiência. Porém, por causa da subordinação de classe e da falta de acesso aos meios de produção cultural, como também da dominância de certos modos e convenções de expressão, isso nunca foi completamente articulado. O que é ainda mais surpreendente é que a classe trabalhadora inglesa daquele período mostrava boa compreensão de outros tipos de escrita, expressos em autores românticos como Shelley e Byron. Estes podem ter representado no máximo, segundo Williams, aproximações ou substitutos para a estrutura de sentimento própria dos trabalhadores, mesmo porque o Romantismo é uma corrente burguesa, que abriga formas autorizadas de crítica (ou de autocrítica). Há, portanto, "experiências históricas que nunca encontram suas figuras semânticas. [...] Embora haja muito mais expressão literária do que é normalmente admitido, ainda há vastas áreas de silêncio. Não se pode preencher esse silêncio com estruturas de sentimento de outras pessoas."[83]

Tais ponderações falam diretamente às crescentes preocupações contemporâneas para com a preservação da memória das classes excluídas. Com efeito, como pretender que uma classe social emergente possa construir qualquer visão de mundo mais articulada, capaz de contribuir para a projeção de novas relações sociais e de uma nova cultura, se essa classe tem bloqueada qualquer possibilidade de descrição mais direta de sua experiência?

De maneira geral, podemos afirmar que a noção de estrutura de sentimento elaborada por Williams representa grande contribuição para um entendimento mais concreto da cultura, que não

83. WILLIAMS, 1979, p. 165, tradução nossa.

se restrinja às abstrações vazias de conteúdo real. Autores como Georg Lukács e Lucien Goldmann, antes mesmo de Williams, já esboçavam preocupações semelhantes, relacionadas à tentativa de uma compreensão mais viva e concreta dos fenômenos da consciência social. Sobre o "estruturalismo genético" de Goldmann e sua tentativa de elucidar as conexões entre o escritor e seu grupo social, Williams defende a ideia de que o autor francês buscava "as categorias que organizam simultaneamente a consciência empírica de um determinado grupo social e do mundo imaginário criado pelo escritor"[84]. O pensador galês afirma ainda:

> *Esse foi um estruturalismo genético necessariamente preocupado não só com a análise de estruturas, mas com a sua formação e o seu processo histórico: tanto o modo como elas mudam quanto o modo como elas são constituídas. O fundamento dessa abordagem é a crença em toda atividade humana como uma tentativa de oferecer uma resposta expressiva a uma situação objetiva particular. Quem oferece essa resposta? De acordo com Goldmann, nem o indivíduo nem qualquer grupo abstrato, mas indivíduos em relações sociais reais e coletivas. [...] Uma correspondência de conteúdo entre um escritor e seu mundo é menos importante do que essa correspondência de organização, de estrutura. A relação de conteúdo pode ser mero reflexo, mas uma relação de estrutura, muitas vezes ocorrendo quando não há uma relação aparente de conteúdos, pode mostrar-nos o princípio organizador pelo qual uma visão específica do mundo e, em decorrência disso, a coerência do grupo social que a mantém realmente atuam na consciência.*[85]

Tanto Goldmann quanto Lukács apoiam-se, em sua tentativa de compreender as relações autor-obra-grupo social, na distinção entre consciência real e consciência possível: a primeira, rica, viva e múltipla, "mas incoerente"; a segunda, "com o seu grau máximo

84. Id., 2011, p. 32.

85. Ibid., loc. cit.

de adequação e coerência".[86] Quando dizemos que um grupo social é limitado por sua própria consciência, referimo-nos, nessa perspectiva, à consciência real, a qual existe de maneira razoavelmente desarticulada, conformando os modos mais cotidianos de pensar. Esses modos, como seria de esperar, contêm diversos tipos de ilusões e incorreções, ou seja, elementos de uma falsa consciência que podem ser percebidos na literatura.

Há, contudo, a par dessa consciência ordinária, uma modalidade mais elevada e sistemática: a consciência possível. Ela representa "a visão de mundo erguida ao seu patamar mais elevado e coerente, limitada apenas pelo fato de que ir além significaria que o grupo teria de superar a si mesmo e transformar-se em um novo grupo social, ou ser substituído"[87]. Boa parte da sociologia da literatura, lembra Williams resenhando Goldmann, está preocupada com as relações entre a literatura mais difundida e a consciência real. Já a nova sociologia da literatura que surge com o estruturalismo genético de Goldmann preocupa-se, antes, com a consciência possível, pois parte do princípio de que as grandes obras literárias são aquelas que ajudam a edificar formas de consciência mais coerentes e articuladas. Nessa perspectiva, devem-se estudar nessas obras as categorias que as estruturam e que são, afinal, o que lhes confere qualidade literária. Essas categorias revelam, ao mesmo tempo, "o grau mais elevado possível da consciência de um grupo social — em termos reais, de uma classe social — que, afinal, criou-as nos seus autores individuais, bem como por meio deles".[88]

Por outro lado, a dualidade *consciência real—consciência possível* também pode revelar dificuldades na análise das mudanças contínuas e graduais. Isso porque o par de categorias ainda possui caráter excessivamente estático, abstrato. Uma noção como a de consciência possível é mais afeita à consideração das grandes mudanças de períodos históricos.

86. WILLIAMS, 2011, p. 33.

87. Ibid., loc. cit.

88. Ibid., loc. cit.

> *A consciência possível é o limite objetivo que pode ser atingido por uma classe antes que ela se torne outra classe ou seja substituída. Mas creio que isso conduza, de forma mais ou menos evidente, a uma espécie de macro-história [...] frequentemente muito ampla em suas categorias para uma aproximação que seja suficiente, exceto em alguns momentos significativos, quando há uma conjuntura radical e fundamental de substituição de uma classe por outra. [...] Mudanças aparentemente pequenas, mas não menos importantes dentro de uma sociedade burguesa, têm de ser abordadas a partir do que pode ser chamado de análise microestrutural.*[89]

O tipo de análise macro possibilitado por categorias como consciência real e consciência possível conduziu ao conceito de gênero ou tipo, que enfrentou, por conta de seu caráter abstrato, diversos problemas. Nos marcos de certa tradição idealista, o épico, o drama ou a tragédia se tornaram como que arquétipos com propriedades invariáveis. No entanto, como explica Williams, uma forma como o romance viveu muitas transformações internas bastante significativas, que representavam não mudanças de toda uma época histórica, mas alterações mais tópicas da experiência vivida.[90]

Tanto Goldmann quanto Lukács tinham preocupações semelhantes às que moviam o trabalho de Williams. Contudo, as diferenças de formação intelectual entre os dois primeiros, mais afeitos à sociologia, e Williams, que, sem desconhecer a tradição sociológica, vinha da tradição britânica dos estudos literários, conduziram a resultados distintos. O que animava Williams quando da criação do conceito de estruturas de sentimento era, precisamente, fugir das limitações determinadas por um tipo de análise baseada em grandes abstrações. Era preciso captar não apenas os grandes agregados da consciência, mas também as mudanças menores de pontos de vista, as transformações nas relações mais cotidianas. Essas transformações podiam ser

---

89. WILLIAMS, 2011, p. 36.

90. Ibid.

diretamente "demonstradas como formas da organização literária e, em seguida, por envolverem mais do que soluções individuais, poderiam ser positivamente relacionadas a uma história social real".[91]

Foi o que tentou Williams ao desenvolver o conceito de estruturas de sentimento. A análise de convenções e formas literárias parecia estar ainda em seus primórdios. Era necessário avançar mais, penetrar na materialidade da experiência artística e literária, da experiência comunicacional concreta. As grandes abstrações sociológicas, com seus gêneros e tipos, ainda pareciam guardar certa distância dessa dimensão mais viva.

> *Desenvolvi minha própria ideia de estruturas de sentimento justamente em resposta a essa noção de uma certa distância. Houve relações sociais e naturais reais, e houve formações dessas relações relativamente organizadas e coerentes nas instituições contemporâneas e nas crenças. Mas o que me pareceu acontecer, em algumas das maiores obras da literatura, foi simultaneamente uma simulação de e uma resposta a essas estruturas subjacentes e formativas [...;] a criação de uma ficção em que os elementos constitutivos reais da vida social e das crenças foram simultaneamente atualizados e, de forma importante, vividos de modo diverso, a diferença residindo no ato criativo, no método imaginativo e na organização imaginativa específica.*[92]

Preocupado com as grandes mudanças de época, talvez tenha faltado ao marxismo anterior, no terreno da análise cultural, esse sentido fugidio de um tempo vivido, capaz de informar práticas de expressão e luta mais concretas e fugazes. Acreditamos ser essa a principal contribuição do conceito de estruturas de sentimento à renovação da teoria cultural marxista. O conceito contribui, adicionalmente, para o desenvolvimento da noção de *formação social*, permitindo usar a literatura e as artes como poderosas aliadas

91. Ibid., p. 37.

92. WILLIAMS, 2011, p. 34-35.

nesse esforço, que passa por desmontar as armadilhas do sociologismo na busca de um conteúdo real de "tipo presente e afetivo, que não pode ser reduzido sem perda a sistemas de crença, instituições ou relações gerais explícitas, embora possa incluir tudo isso como vivido e experimentado, com ou sem tensão".[93]

O conceito de estruturas de sentimento filia-se à tradição materialista de busca daquilo que existe a par e além dos formalismos estreitos, do *cogito* cartesiano; aquilo que, nas palavras de Bakhtin, vai contra "toda operação e decisão circunscritas ao domínio do pensamento e à concepção de mundo"[94]. O materialismo vincula-se, em última instância, ao mundo do trabalho, à cultura popular, ao modo de vida do povo. Compreende esse sentido ativo e criativo de expressão e prática realística que só a vivência comunitária pode garantir. O problema é que o termo, com o passar do tempo e o lento mas persistente avanço das formas oficiais de consciência, perdeu esse significado — foi incorporado pela erudição. O materialismo tornou-se, nessa perspectiva, uma fria expressão filosófica, mera declaração de princípios muitas vezes sem correspondência real com aquilo que deveria exprimir e inspirar. Em um momento no qual se faz imperiosa a renovação do marxismo e de sua perspectiva teórico-metodológica, é necessário resgatar o verdadeiro materialismo das brumas de uma consciência morta. O conceito de estruturas de sentimento pode dar grande contribuição nesse sentido. E as manifestações brasileiras de 2013, como veremos adiante, podem ser um campo privilegiado para a aplicação desse conceito, flor vicejante que brota de um materialismo renovado.

93. Id., 1977, p. 133, tradução nossa.

94. BAKHTIN, 1999, p. 2.

2

“DESCULPE O INCÔMODO, ESTAMOS MUDANDO O MUNDO”: A AMBIÊNCIA INTERNACIONAL.

Pistas importantes para o desvelamento do sentido das manifestações de 2013 podem ser obtidas quando passamos em revista a ambiência internacional. Uma análise focada nesse plano revela que o alvorecer do século XXI trouxe novidades no que tange a métodos e fórmulas de ação política. Mais complexos e voláteis tornaram-se os ecossistemas de mobilizações e lutas que contribuem para moldar sistemas de poder.

Após a derrota estratégica sofrida pelo campo socialista — com o fim da União Soviética, no final do século XX —, as lutas sociais passaram por período de “renascimento”, com a renovação de estratégias, repertórios e modelos de ação. Se à esquerda tivemos a exuberância de movimentos e articulações focados na denúncia dos efeitos deletérios do neoliberalismo, o espectro político à direita, nucleado pelo imperialismo estadunidense, também revelou capacidade de aprendizado e reciclagem. É o que veremos adiante, através de uma análise dos movimentos que corporificam, no plano do associativismo civil, os objetivos das forças hegemônicas, de um lado, e das forças contra-hegemônicas (ou não hegemônicas), de outro. Por motivos relacionados à economia da exposição, comecemos pela análise das articulações ligadas aos interesses de conservação da ordem.

2.1. MOVIMENTOS LIGADOS ÀS FORÇAS HEGEMÔNICAS

Não só da presença na máquina do Estado vivem as forças hegemônicas. Mais do que ingênuo, seria conceitualmente equivocado pensar dessa maneira. Sabemos, à luz da noção de hegemonia — esmiuçada no capítulo anterior —, que o poder político tem um duplo caráter. Jamais se compõe apenas da coerção estatal; compreende também a articulação de elementos de consenso sem os quais a manutenção do poder de Estado fica comprometida, caso não de imediato, pelo menos no médio-longo prazo. É assim que as forças dominantes precisam apoiar seu poder na agitação de ideias, na propagação de visões de mundo e na criação de correntes mais ou menos vincadas, capazes de solidificar seus interesses e pontos de vista na sociedade civil. Esse esforço inclui o fomento a movimentos reivindicatórios diversos, cujas bandeiras se mostram alinhadas aos objetivos sistêmicos de reforço e atualização das estruturas de poder.

Uma análise da morfologia desses movimentos revela traços comuns. Do ponto de vista das bandeiras, eles se limitam a reivindicações por "mais democracia", "contra a corrupção" e o "burocratismo" estatal, sem jamais questionar a desigualdade galopante, o consenso neoliberal, as estruturas iníquas do poder global ou, enfim, as injustiças do sistema capitalista. No mesmo sentido, é possível identificar nos movimentos ligados à ordem hegemônica a recorrência de fórmulas de mobilização e ação política. Podemos visualizar melhor essas tendências por meio da análise do conjunto de movimentos contrarrevolucionários coligidos sob a alcunha de *revoluções coloridas*.

2.1.1. O modelo de *revoluções coloridas*

O termo "*revoluções coloridas*" começa a ser empregado entre os anos de 2003 e 2005, quando três ex-repúblicas soviéticas foram palco de mobilizações de massa aparentemente espontâneas que serviram de cobertura para golpes políticos orquestrados por forças oposicionistas de matiz liberal e pró-ocidental. Os três episódios — a Revolução das Rosas, na Geórgia (2003), a Revolução

Laranja, na Ucrânia (2004)[1], e a Revolução das Tulipas, no Quirguistão (2005) — resultaram na derrubada de governos enfraquecidos por meio de campanhas não violentas motivadas por denúncias de "fraude" em processos eleitorais.

As estratégias de ação política e mobilização de massas consagradas nas três ocasiões acabaram por configurar um modelo padrão, estudado e reproduzido pelas forças do espectro conservador. Uma vez bem-sucedido, esse modelo foi aperfeiçoado e exportado para outros países e regiões. Conforme veremos adiante, os resultados desse investimento nem sempre corresponderam ao esperado, mas é certo que deram origem, no plano das relações internacionais, a novas formas de exercício da "fórmula da hegemonia civil".[2]

Embora a chamada Revolução das Rosas tenha sido a primeira, e talvez a mais paradigmática, entre as revoluções coloridas, é possível afirmar que o modelo de ação política subjacente às rupturas desse tipo já vinha sendo testado anteriormente. A estratégia remete mais diretamente à chamada Revolução Bulldozer, que resultou na derrubada de Slobodan Milošević na Sérvia, no ano 2000.[3] Antes disso, fórmulas semelhantes já podiam ser detectadas nos acontecimentos que resultaram no fim de regimes do Leste Europeu não mais apoiados por Gorbachev, como os da Alemanha Oriental e da Tchecoslováquia, este último posto a pique com a chamada Revolução de Veludo (1989).

Se por um lado o modelo de revoluções coloridas remete a fatos que antecedem a Revolução das Rosas, por outro se estende além dos eventos que a sucederam imediatamente — a Revolução Laranja e a Revolução das Tulipas. O método seguiu em aplicação e logo foi exportado para outros países e situações ao redor do mundo. Em uma lista não exaustiva, são mencionáveis

1. A Revolução Laranja encontra-se nas origens remotas da atual guerra da Ucrânia. Ali tem início o processo de "ocidentalização" que terminaria por opor Rússia e Ucrânia. O que começa na esfera do consenso, através de uma contrarrevolução pacífica, desdobra-se ao longo de anos até alcançar o estágio bélico.

2. GRAMSCI, 1977, pp. 1507-2362.

3. Novamente, temos aqui um processo que começou na esfera do consenso e terminou no terreno militar, com o bombardeio de 78 dias da Otan sobre a então Iugoslávia.

a Revolução dos Cedros, no Líbano (2005), a Revolução do Açafrão, em Mianmar (2007), e a Revolução Verde, no Irã (2009). Podemos incluir nesse grupo episódios ocorridos em 2005 na Bielorrússia e em países da África Subsaariana, a exemplo do Zimbábue, assim como os movimentos de caráter intermitente no Tibete, embora esses casos não tenham alcançado êxito.

Da Ásia o modelo foi exportado para a África e o Oriente Médio, desencadeando (ou tirando proveito de) o conjunto de sublevações que ficou conhecido como "Primavera Árabe". No Egito e na Tunísia, levantes com sólidas raízes, e de extração realmente popular — ligados, em primeiro plano, a reivindicações por democracia, e em última instância a pressões sociais, econômicas e demográficas —, derrubaram um conjunto de regimes políticos desgastados, muitos deles até então apoiados pelos Estados Unidos, como era o caso da ditadura de Hosni Mubarak no Egito[4].

Em outros países da região (Síria, Líbia, Irã, Iêmen), a tática de revoluções coloridas foi usada para apresentar movimentos antipopulares como sendo parte da mesma onda de protesto popular — a "Primavera Árabe" — com o objetivo de eliminar governos hostis aos objetivos imperialistas na região. Sobre a Líbia, Castells deixa claro que o evento "mais decisivo" foi a intervenção de França, Reino Unido e Itália, interessados nas riquezas naturais (petróleo e gás) da nação liderada pelo nacionalista Muammar al-Gaddafi[5]. Coisa semelhante é dita sobre a Síria de Bashar al-Assad: "O fator decisivo para a revolução síria foi o ambiente geopolítico, já que o país ocupa uma posição-chave nos intrincados jogos de poder do Oriente Médio."[6] Importa sublinhar, ademais, que "um aspecto da máxima

---

4. AMIN, Samir. O Egito em movimento. *Princípios,* São Paulo, n. 112, p. 9-15, mar./jun. 2011.

CASTELLS, Manuel. *Redes de indignação e esperança*: movimentos sociais na era da internet. Rio de Janeiro: Zahar, 2013.

COHEN, Roger. *Working with the Muslim Brotherhood.* New York Times, New York, October 22, 2012. Disponível em: <www.nytimes.com/2012/10/23/opinion/roger-cohen-working-with-the-muslim-brotherhood.html>. Acesso em: 25 mar. 2023.

5. CASTELLS, 2013, p. 82.

6. CASTELLS, 2013, p. 85.

relevância [...] levantado pela Primavera Árabe é a utilização explícita da estratégia de mudança de regime (*regime change*) das chamadas 'revoluções coloridas', [então] um novo elemento das relações internacionais".[7]

Na América Latina, podemos mencionar as iniciativas antichavistas na Venezuela e as manifestações de massa contra o governo da presidenta Dilma Rousseff no Brasil, em 2015-16, entre outros casos. Todos eles trazem vestígios do modelo de revoluções coloridas, incluindo as denúncias de "autoritarismo", "corrupção" e "intervencionismo estatal", assim como os métodos de ação política que serão descritos logo à frente. No caso latino-americano, porém, cabe notar que tais movimentos, embora exalem nítidas conotações de *regime change*, não contemplam todas as variáveis do paradigma em exame. Em particular no caso brasileiro, uma importante diferenciação sistêmica deve ser observada: a maior complexidade da tessitura da sociedade civil, boa parte dela sob hegemonia de forças democráticas e de esquerda, fator que torna muito mais instável e imprevisível a aplicação pura e simples dos métodos de não violência consagrados no *script* de revoluções coloridas.

Parece claro, de todo modo, que na atualidade podemos falar em *revoluções coloridas* em dois sentidos. Há, em primeiro lugar, um sentido estrito, relativo aos três movimentos que tiveram lugar em países da antiga União Soviética. Mas também podemos usar o termo em sentido amplo, incluindo nesse caso não apenas os antecedentes imediatos desses movimentos no Leste Europeu (como na Tchecoslováquia e na Iugoslávia), mas também algumas situações posteriores, que revelam a continuidade — e o aperfeiçoamento — de expedientes políticos e métodos de luta testados e desenvolvidos no período anterior.

2.1.1.1. Expedientes e fórmulas de ação política

Diversos traços fazem das revoluções coloridas, no sentido estrito do termo, um conjunto mais ou menos homogêneo. Em primeiro

7. VISENTINI, Paulo et al. *O Verão Árabe: guerra civil e intervenção internacional na Líbia, Síria e Iêmen*. Ciências & Letras, Porto Alegre, n. 51, jan./jun. 2012. p. 72.

lugar, as experiências paradigmáticas ocorreram em países da ex-União Soviética. Todas elas utilizaram episódios eleitorais como elemento desencadeador de ações de massa, usadas para contestar, através de denúncias de "fraudes", governos pró-russos — ou pelo menos, como no caso da Geórgia, vacilantes. Os três movimentos propugnavam objetivos idênticos: instaurar processos de "democratização" de sentido liberal e iniciar aproximações com o Ocidente — embora a diretriz ocidentalizante tenha sido mais explícita nos processos georgiano e ucraniano, e menos clara no caso do Quirguistão.[8] Uma nuança que pode ser atribuída a opções limitadas pela geografia do país.

Outro traço comum às revoluções coloridas — que será detalhado mais à frente — é o envolvimento aberto de atores estrangeiros, principalmente governos e ONGs ligados ao Ocidente geopolítico, dotados de estreitas conexões (já existentes ou criadas a partir do zero) com movimentos e articulações nativos. Nos três casos clássicos acima citados, essas organizações e seus financiadores externos engajaram-se tanto na preparação dos processos eleitorais quanto nos ulteriores protestos de massa liderados por forças oposicionistas em defesa de eleições "limpas".

Contudo, uma das semelhanças mais importantes entre as diversas revoluções coloridas reside no emprego de idênticas estratégias de agitação e propaganda, levadas a cabo por ONGs e movimentos sociais — em geral de caráter estudantil e juvenil. Essas estratégias acabaram por configurar padrões comuns de mobilização materializados no emprego de técnicas de ação política não violenta. O modelo, amplificado pela ação de governos e mídia, é prodigioso em denotar "pureza" de ação e "transparência" de propósitos (embora estes sejam, na verdade, opacos). A impressão do observador médio é a de estar diante de movimentos cândidos e incorruptíveis, desprovidos de motivações político-partidárias. Com efeito, o senso comum que se formou acerca desses movimentos costuma concebê-los como erupções

8. ORTEGA, Felipe Afonso. *Cores da mudança?*: as revoluções coloridas e seus reflexos em política externa. 2009. 139 f. Dissertação (Mestrado em Relações Internacionais) — Universidade Estadual Paulista; Universidade Estadual de Campinas; Pontifícia Universidade Católica de São Paulo, São Paulo, 2009.

espontâneas de uma sociedade civil ativa e irrequieta, agora tornada global.

Essa pretensa espontaneidade é, no entanto, uma miragem. Como afirmam Sussman e Krader, as revoluções coloridas resultam de "extensa energia e planificação — muito delas originado no Ocidente". Para esses autores, "os Estados Unidos, em particular, e seus aliados exerceram sobre os Estados pós-comunistas uma impressionante gama de pressões e utilizaram financiamentos, além de técnicas e tecnologias de campanha, a serviço do 'apoio à democracia'"[9]. Ponderação semelhante é feita por Visentini *et alli*:

> *Pode-se pensar que se trata de uma forma espontânea de luta política, possibilitada pela tecnologia da informação. Mas chama atenção que os slogans, logos, a adoção de uma cor ou flor padrão (com um kit completo que inclui camisetas, bandeiras, faixas e balões, que lembram as convenções partidárias dos Estados Unidos) e uma conexão comum com a grande mídia global possuem um padrão incrivelmente idêntico.*[10]

Nos últimos anos, o modelo subjacente às revoluções coloridas alcançou novo impulso com a incorporação crescente do ciberativismo — a utilização, em campanhas e mobilizações políticas, de novas tecnologias de informação e comunicação materializadas em plataformas como Facebook, Instagram, YouTube e Twitter, entre outras. O uso dessas ferramentas, além de elevar a produtividade das ações de mobilização, também possibilita o monitoramento de iniciativas assemelhadas, facilitando o espalhamento de repertórios e fórmulas de ação política, como veremos adiante.

As novas tecnologias também ajudaram na construção de uma imagem positiva acerca desses movimentos. A narrativa de jovens desprendidos e inovadores, munidos de modernas

9. SUSSMAN, Gerald; KRADER, Sascha. Template revolutions: marketing U.S. regime change in Eastern Europe. *Westminster Papers in Communication and Culture*, London, v. 5, n. 3, 2008. p. 91, tradução nossa.

10. VISENTINI et al., 2012, p. 73.

ferramentas interativas, foi reforçada pelos meios de comunicação por meio de expressões como "os guerreiros do Facebook". Trata-se, evidentemente, de visões eivadas de tecnicismo, que contribuem para ocultar as reais intenções políticas desses movimentos. Como afirma Gladwell, não sem uma pitada de escárnio, "se antes os ativistas eram definidos por suas causas, agora são definidos pelas ferramentas que empregam"[11].

A ideia de difusão de um modelo bem-sucedido remete àquela que tem sido apontada como uma das características definidoras das revoluções coloridas: a atuação enérgica de movimentos, entidades, articulações e demais atores da sociedade civil. São esses grupos ativos, por vezes bastante influentes, que conferem não apenas o caráter emulativo, mas também a aura de legitimidade que costuma incensar esse tipo de movimento. Uma análise atenta das experiências modelares revela como, a partir de ligações transnacionais, movimentos juvenis com propósitos de "transparência eleitoral" retroalimentaram-se uns aos outros. Nas palavras de Beissinger:

> *Ativistas da sociedade civil na Geórgia estabeleceram ligações com a Otpor [organização sérvia atuante na Revolução Bulldozer] na primavera de 2003. [...] Dias após retornarem, haviam criado a Kmara [movimento juvenil protagonista da Revolução das Rosas]. [...] Ativistas da Otpor na Sérvia continuaram a interagir com a Kmara nos meses que precederam a Revolução da Rosas, treinando-os em técnicas de resistência não violenta, e foram, como nota um dos fundadores da Kmara, uma "enorme fonte de inspiração" para o grupo. [...] O braço local da Fundação Soros na Geórgia ajudou a apoiar a Kmara a partir de seu programa de apoio eleitoral orçado em 350 mil dólares, e a Kmara e outros grupos oposicionistas receberam significativo apoio organizacional e financeiro do National Democratic Institute. [...] Na Ucrânia, o movimento*

11. GLADWELL, Malcolm. *Small change: why the revolution will not be tweeted.* The New Yorker, New York, September 27, 2010, tradução nossa. Disponível em: <www.newyorker.com/magazine/2010/10/04/small-change-malcolm-gladwell>. Acesso em: 15 abr. 2023.

jovem Pora, que teve papel central na Revolução Laranja, teve como modelos as organizações da Sérvia e da Geórgia. [...] Um grande número de jovens quirguizes foram à Ucrânia durante a Revolução Laranja como observadores eleitorais; eles voltaram para casa para criar um novo movimento, KelKel, baseado na Otpor e na Pora.[12]

Uma característica saliente desses movimentos juvenis é sua curiosa relação com causas específicas, principalmente aquelas ligadas ao cotidiano das escolas e universidades. Como fazem notar Bunce e Wolchik, nos movimentos estudantis dos anos 1960, como se pode observar em países como França, Estados Unidos e Brasil, a ação militante partia de queixas específicas, relacionadas a questões educacionais e culturais.[13] "Tudo começa com a luta pelo bebedouro", diz um famoso chavão do movimento estudantil. É assim que os ativistas de movimentos como o Maio de 1968 se politizaram no debate sobre temas relacionados às carências e limitações enfrentadas no interior das instituições educacionais; a partir daí chegaram às "grandes causas" — as lutas por direitos civis, o enfrentamento do autoritarismo, a oposição à guerra do Vietnã, entre outras.

Ora, esse padrão de mobilização que parte de questões imediatas para causas mais gerais não se verifica nos movimentos que impulsionaram as revoluções coloridas. Embora lideranças da Otpor tenham participado de lutas pela autonomia das instituições universitárias em seu país[14], isso se deu anteriormente à fundação da organização, que, uma vez criada, já surge na luta contra "fraudes eleitorais" e por uma democratização nos moldes ocidentais. O caso da Geórgia é ainda mais explícito. Segundo

12. BEISSINGER, Mark R. *Structure and example in modular political phenomena: the diffusion of Bulldozer/Rose/Orange/Tulip Revolutions.* Perspectives on Politics, Cambridge, v. 5, n. 2, June 2007. p. 262, tradução nossa.

13. BUNCE, Valerie J.; WOLCHIK, Sharon L. *Youth and electoral revolutions in Slovakia, Serbia and Georgia.* The SAIS Review of International Affairs, New York, v. XXVI, n. 2, p. 55-65, 2006c.

14. BUNCE; WOLCHIK, 2006c.

Bunce e Wolchik[15], nas iniciativas promovidas pela Kmara "os jovens foram mobilizados primeiramente em torno de questões e preocupações mais amplas".[16]

Todas essas organizações de juventude adotaram como forma principal de luta o monitoramento de pleitos. Entre suas ações tornou-se notória a realização de apurações paralelas, cujos resultados serviam à denúncia de "desvios" eleitorais. O modelo como um todo envolve estratégias de cooptação e formação de quadros — em geral, jovens de bom nível educacional e cultural. Estratégias políticas e simbólicas também foram compartilhadas e aperfeiçoadas ao longo do tempo. Isso abrange o uso de recursos sonoros — com destaque para a música rap — e visuais — incluindo camisetas, adesivos, balões e outros instrumentos de agitação e propaganda. Não admira que os movimentos Otpor (Resistência), Kmara (Basta), Pora (Está na hora) e KelKel (Renascença) tenham todos a mesma marca: um punho cerrado, ícone de rebeldia e combatividade provavelmente decalcado da antiga organização militante norte-americana Panteras Negras.

Mais importante, porém, que o intercâmbio desses grupos entre si são suas ligações com ONGs e instituições governamentais dos Estados Unidos e da Europa, de onde provêm o apoio técnico e midiático, a solidariedade política e as fontes de financiamento indispensáveis ao exercício de suas atividades. As ações dessas ONGs, *think tanks* e agências de Estado não se restringem a definir políticas. Para além disso, buscam modelar a atmosfera cultural, interferindo na formação de percepções e preferências[17]. Fomentam, dessa forma, um imaginário capaz de favorecer as soluções de interesse das plutocracias que governam o sistema. Como afirma Jessop em análise que parte dos pressupostos do materialismo cultural, "imaginários econômicos [e, também,

---

15. Ibid., p. 63, tradução nossa.

16. Note-se que esse padrão de equacionamento entre questões gerais e específicas é o mesmo que verificaremos mais tarde em organizações juvenis que lutaram pelo impeachment de Dilma Rousseff no Brasil, como o Movimento Brasil Livre (MBL) e o Vem pra Rua.

17. MORAES, Reginaldo C. *A organização das células neoconservadoras de agitprop: o fator subjetivo da contrarrevolução*. In: CRUZ, Sebastião Velasco e; KAYSEL, André; CODAS, Gustavo (Org). *Direita volver!: o retorno da direita e o processo político brasileiro*. São Paulo: Editora Fundação Perseu Abramo, 2015. p. 231-246.

podemos acrescentar, políticos] relativamente bem-sucedidos dispõem de sua própria força performativa e constitutiva no mundo material".[18]

Entre as ONGs e *think tanks* que projetam a influência dos Estados Unidos no cenário mundial destacam-se FreedomHouse, National Endowment for Democracy (NED) e International Republican Institute (IRI), além de fundações ligadas ao magnata George Soros, todas elas bastante atuantes tanto nas revoluções coloridas quanto na dita "Primavera Árabe". Não menos dignas de menção são National Democratic Institute for International Affairs (NDI), Open Society Institute, Fair Elections — que forneceu assistência técnica e quadros para o monitoramento de eleições — e, no campo governamental, a célebre Usaid[19], agência estadunidense de apoio ao "desenvolvimento internacional" que despendeu 1,5 milhão de dólares apenas para informatizar as "confusas" listas de votação da Geórgia.[20]

Essas e outras instituições despenderam, em períodos imediatamente anteriores às revoluções coloridas, centenas de milhões em financiamentos para os países que serviram de palco a esses episódios. Mais do que isso, de acordo com Bunce e Wolchik, "há substancial evidência de que a região pós-comunista se destaca como a área onde o apoio americano foi o mais consistente ao longo do tempo e o mais generoso, especialmente em termos *per capita* e por Estado"[21]. Visentini *et alli*, por sua vez, recordam que não é necessário ser nenhum "espião" para ter acesso a informações sobre esses financiamentos: elas podem ser obtidas

18. JESSOP, Bob. *Análise semiótica crítica e economia política cultural*. Liinc em Revista, Rio de Janeiro, v. 6, n. 2, set. 2010. p. 201.

19. Para um quadro dos apoios da Usaid, mostrando inclusive como os países do antigo bloco soviético representaram uma clara prioridade, cf.: BUNCE, Valerie J.; WOLCHIK, Sharon L. *Favorable conditions and electoral revolutions*. Journal of Democracy, Washington, DC, v. 17, n. 4, p. 5-18, October 2006a.

20. FAIRBANKS, Charles H. *Georgia's Rose Revolution*. Journal of Democracy, Washington, DC, v. 15, n. 2, April 2004. p. 114.

21. BUNCE, Valerie J.; WOLCHIK, Sharon L. *International diffusion and postcommunist electoral revolutions*. Communist and Post-Communist Studies, California, v. 39, n. 3, October 2006b. p. 298, tradução nossa.

nos próprios sites das organizações[22]. Os mesmos autores revelam que:

> *Na Jordânia, o ciberdissidente Oraib al-Rantawi foi financiado pela NDI; no Iêmen, a jornalista Tawakel Karman recebeu apoio da NED e da ONG Women Journalists without Chains; na Argélia, a Coordenação Nacional pela Mudança Democrática recebeu recursos da NED e do sindicalismo norte-americano; e, na Síria, Tal al-Mallouin, uma blogueira de 20 anos, que teve papel ativo no início do movimento [contra Bashar al-Assad], fez uma viagem de preparação no exterior. [...] Desde 2005, 10 mil egípcios participaram de programas e estágios sobre democracia e governança, financiados pela Usaid e organizados pela NDI, pela IRI e por mais 28 organizações.*[23]

Os europeus não são menos ativos nessa área, e atuam tanto através de tradicionais fundações de estudos e formação da opinião quanto por meio de ONGs de agitação política[24]. Há ainda o papel desempenhado por organizações multilaterais como a OSCE (Organização para a Segurança e Cooperação na Europa), voltada à promoção da "democracia" e do liberalismo econômico no Velho Continente. A OSCE reúne, além de 57 países europeus (incluindo a Rússia), Canadá, Estados Unidos e alguns países da Ásia Central. É reconhecida como organismo regional conforme o capítulo VIII da Carta das Nações Unidas. A OSCE marcou presença em todos os sufrágios ocorridos nos países pós-soviéticos, mobilizando quase sempre — como na Geórgia — numerosas missões de observadores eleitorais. Em um procedimento que se repetia caso a caso, logo após a divulgação dos primeiros resultados oficiais esses observadores denunciavam rapidamente supostas irregularidades, legitimando queixas e protestos das forças oposicionistas.[25]

---

22. VISENTINI et al., 2012, p. 74.
23. Ibid., p. 75.
24. Ibid.
25. ORTEGA, 2009.

2.1.1.2. *Técnicas pacíficas de "mudança de regime"*

As formas de atuação de ONGs e outras organizações internacionais incluem não somente o acompanhamento de campanhas e eleições, mas também a promoção de cursos sobre "governança", "democracia", "direitos humanos" e temas correlatos, além de outras atividades voltadas à capacitação técnica e política de quadros. Entre essas iniciativas encontra-se a produção de manuais de ação política não violenta. O mais conhecido deles é a obra *Da ditadura à democracia: uma estrutura conceitual para a libertação*, disponível em mais de 30 idiomas. O livro é de autoria do cientista político Gene Sharp, um dos mais conceituados especialistas em técnicas pacíficas de "mudança de regime". Sharp (1928-2018), professor da Universidade de Massachusetts e pesquisador em Harvard, foi um dos criadores da Albert Einstein Institution, organização voltada ao estudo e à sistematização de fórmulas de "resistência não violenta"[26].

É inevitável lembrar o manual Gene Sharp quando remontamos ao episódio que deflagrou a Revolução das Rosas na Geórgia, e que acabou por dar o nome aos acontecimentos naquele país. No dia 22 de novembro de 2003, colunas oposicionistas lideradas por Mikheil Saakashvili invadiram o parlamento enquanto o então presidente Eduard Shevardnadze dava posse aos deputados eleitos semanas antes. Protestando contra fraudes eleitorais, os manifestantes traziam consigo rosas. Diante do contingente numeroso de manifestantes, o presidente abandonou o parlamento e decretou estado de emergência no país. No dia seguinte, forças policiais relutaram em reprimir o protesto. Pressionado e desautorizado pelas próprias forças sob seu comando, Shevardnadze não teve outra alternativa senão renunciar ao cargo[27]. No caso em questão, o uso de rosas sugere a formação

26. Em esforço que revela grande sinergia com o trabalho de intelectuais como Gene Sharp, o Departamento de Estado dos Estados Unidos também produziu seus próprios manuais de ação política não violenta. Para conhecer um deles, cf.: Estados Unidos da América. Departamento de Estado. Bureau de Programas de Informações Internacionais. Jornal USA — *Caminhos não violentos de mudança social*, v. 14, n. 3, mar. 2009.

27. "A oposição georgiana seguiu o exemplo [da Sérvia] nas eleições parlamentares de 2003, embora isso tenha produzido, é importante reconhecer, um golpe de Estado da oposição, uma

pacífica de um consenso como forma de enfrentamento da ilegitimidade do regime constituído. Essa forma de luta encontra-se entre as recomendações de Sharp:

> *No início de uma nova campanha para enfraquecer a ditadura, as primeiras ações, mais especificamente políticas, podem ter escopo limitado. Elas devem ser projetadas em parte para testar e influenciar o humor da população, e prepará-la para continuar a luta através da não cooperação e desafio político. A ação inicial é susceptível de assumir a forma de protesto simbólico [...;] o ato inicial pode, por exemplo, envolver a colocação de flores em um local de importância simbólica.*[28]

Sharp propõe ainda que os militantes pautem sua ação por "um tema cujo mérito será amplamente reconhecido e difícil de rejeitar"[29]. Segundo Beissinger, as táticas de desobediência civil propostas por Sharp foram decisivas para a queda do regime de Slobodan Milošević após inúmeras tentativas fracassadas de derrubá-lo na antiga Iugoslávia[30]. O "manual Sharp" foi particularmente influente junto ao grupo estudantil dissidente Otpor. Essa organização tomou a frente da Revolução Bulldozer, com grande protagonismo e autonomia, recusando mesmo submeter-se às lideranças políticas da oposição tradicional.[31]

Vale notar que, após o desfecho das revoluções coloridas, muitos desses grupos fecharam as portas. A Kmara georgiana, que segundo Bunce e Wolchik fora apoiada e financiada pelo National Democratic Institute no esforço de criar células em universidades e escolas, não deu continuidade a esse promissor trabalho,

---

vez que Shevardnadze foi levado à renúncia, mas nem sequer era de fato candidato à reeleição" (BUNCE; WOLCHIK, 2006b, p. 292, tradução nossa). Cf. também Fairbanks (2004) e Ortega (2009).

28. SHARP, Gene. *Da ditadura à democracia: uma estrutura conceitual para a libertação*. 4. ed. Tradução José A. S. Filardo. São Paulo: The Albert Einstein Institution, 2010. p. 42.

29. SHARP, 2010, p. 41.

30. BEISSINGER, 2007.

31. BUNCE; WOLCHIK, 2006c.

e deixou de existir como movimento após a Revolução das Rosas[32]. Já os ativistas da Otpor reduziram drasticamente suas articulações no próprio país e, antes de encerrarem as atividades, em 2004, "tornaram-se, como disse um analista sérvio, 'um tipo moderno de mercenários', viajando pelo mundo, muitas vezes por conta do governo dos Estados Unidos ou de ONGs, a fim de treinar grupos locais em como organizar uma revolução democrática"[33].

Fica clara a importância do apoio ocidental para o sucesso das revoluções coloridas, impulsionadas como contrapeso à influência russa e chinesa em toda a região[34]. O conjunto de ferramentas usado pelo imperialismo estadunidense mostra claramente a evolução de uma estratégia. Estamos diante de novas formas de intervenção, estabelecidas por meio de intrincadas colaborações transnacionais que incluem esforços de distintas naturezas: não apenas pressões militares e diplomáticas, não apenas financiamento direto e indireto, mas também experiências de difusão cultural e ideológica, formação de quadros em distintas áreas de competência, entre eles ativistas dispostos a correr riscos, e, não menos importante, mobilização da opinião pública interna e internacional.

Podemos caracterizar as revoluções coloridas como um modelo hegemônico bem-sucedido, apropriado às condições do século XXI. Esse modelo foi inicialmente testado no Leste Europeu e, após revelar-se eficaz em Estados pós-soviéticos, passou a ser exportado para outras regiões do mundo, nem sempre com o mesmo sucesso. Por meio dessa estratégia as forças dominantes

32. Ibid.

33. BEISSINGER, op. cit., p. 261, tradução nossa. Na mesma direção, ainda segundo Beissinger (2007), o líder do grupo juvenil ucraniano Pora, Vladislav Kaskiv, reuniu-se com o presidente George Bush na cúpula de Bratislava e recebeu carta branca para criar um centro voltado à difusão de "revoluções democráticas" na Rússia, na Bielorrússia, na Moldávia e no Azerbaijão.

34. A tática de revoluções coloridas também serviu de cavalo de Troia para a penetração de políticas neoliberais na região. Para um bom relato da Geórgia pós-Revolução das Rosas, cf.: CHETERIAN, Vicken. *Radiografia de uma "revolução colorida"*. Le Monde Diplomatique Brasil. São Paulo, 1 jul. 2007. Disponível em: <https://diplomatique.org.br/radiografia-de-uma-revolucao-colorida>. Acesso em: 30 mar. 2023.

em escala internacional testaram novos modelos de atuação política, menos coercitivos e mais persuasivos, que combinam o uso maciço de poder econômico e financeiro — inclusive, mas não apenas, por meio do financiamento de ONGs internacionais e locais — com formas de pressão diplomática e métodos pacíficos de mobilização civil.

Por meio das revoluções coloridas, o imperialismo ocidental busca gerar ou administrar processos de "mudança de regime" a um custo econômico e político mais baixo do que aquele implicado em fórmulas anteriores, de caráter coercitivo-militar. Esses movimentos deram continuidade, em novas bases e novo patamar, à contraofensiva que se materializou na queda dos regimes do Leste Europeu. A complexidade de formas de atuação e colaboração verificadas nas revoluções coloridas confirma o impacto das relações internacionais sobre o jogo interno das forças políticas em um país, como já observava Gramsci:

> *É necessário [...] levar em conta que a essas relações internas de um Estado-nação se entrelaçam as relações internacionais, criando novas combinações originais e historicamente concretas. Uma ideologia nascida em um país mais desenvolvido se difunde em países menos desenvolvidos, incidindo no jogo local das combinações. (A religião, por exemplo, sempre foi uma fonte de tais combinações ideológico-políticas nacionais e internacionais, e, com as religiões, as outras formações internacionais, a maçonaria, o Rotary Club, os judeus, a diplomacia de carreira, que sugerem expedientes políticos de origem histórica e as fazem triunfar em determinados países, funcionando como partido político internacional que opera em cada nação com todas as suas forças internacionais concentradas [...]).*[35]

As afirmações de Gramsci têm o mérito adicional de lançar luz sobre o problema da resultante de cada revolução colorida. Essa resultante depende não apenas das iniciativas do

35. GRAMSCI, 1977, p. 1585, tradução nossa.

imperialismo, mas também das características e da realidade concreta de cada país. A existência de investimentos e apoio vindos do exterior em nenhuma hipótese implica a criação de eventos *ex nihilo*. O modelo de revoluções coloridas pressupõe motivos preexistentes, utiliza-se de insatisfações latentes, e busca direcionar a energia das massas para a realização de propósitos inconfessáveis. Porém, dado que os esforços das correntes hegemônicas sempre se deparam com resistências, obstáculos institucionais e fatores imprevistos, os resultados nem sempre são os planejados a princípio.

Isso fica visível no caso da Revolução das Tulipas, no Quirguistão, onde o propósito de "ocidentalização" não teve o mesmo apelo verificado na Geórgia e na Ucrânia. Podemos afirmar o mesmo da "Primavera Árabe" — em que se verificam variadas dinâmicas políticas conforme se trate de um ou de outro país. Movimentos impulsionados no Zimbábue, no Togo e em outros países da África Subsaariana[36] falharam em atingir seus objetivos, chegando a levantar dúvidas a respeito da eficácia do modelo para além da órbita pós-soviética[37]. No Brasil, a tentativa de utilizar denúncias de "fraude" para questionar processos eleitorais vencidos pela esquerda — seja em 2014, com Dilma Rousseff, seja mais recentemente, com Lula da Silva — revelou-se frágil e artificial, e caiu rapidamente em descrédito, inclusive em função da reconhecida confiabilidade do sistema eleitoral brasileiro.

Entretanto, as diferenças e variações regionais não devem obnubilar o fato de que estamos diante de um modelo bem-sucedido — em especial em sociedades do antigo bloco socialista — no intuito de reforçar a hegemonia do Ocidente em geral, e dos Estados Unidos em particular, nas relações internacionais. Como parecem ter compreendido as forças dominantes em escala internacional, a humanidade distancia-se progressivamente dos métodos violentos e grosseiros do jacobinismo, com suas

36. BEISSINGER, 2007; BUNCE; WOLCHIK, 2006a; 2006b.

37. BEISSINGER, op. cit. Bunce e Wolchik (2006b, p. 285) sugerem que a própria capacidade do bloco soviético em criar um sistema doméstico e regional com características "notavelmente semelhantes" foi um fator que contribuiu para a difusão do modelo de revoluções coloridas (termo que, fique claro, eles não usam, preferindo "revoluções eleitorais").

"revoluções permanentes" de caráter político-militar.[38] Um número crescente de situações requer o domínio das técnicas e métodos que materializam a "fórmula da hegemonia civil" — ela própria em constante evolução.

Isso não quer dizer, contudo, que esses métodos e técnicas, operando na esfera do consenso — na parte humana do centauro maquiavélico — dispensem táticas de tipo coercitivo — as que respondem pela parte ferina do centauro. Por mais que a "fórmula da hegemonia civil" se imponha em nossos dias, os métodos de natureza militar seguem jogando papel. Isso ocorre, em particular, quando o imperialismo não consegue acompanhar e direcionar, desde o berço, o desenvolvimento de certas articulações reivindicatórias. É quando as forças hegemônicas são surpreendidas por demandas vindas do campo oposicionista. Elas surgem na forma de sublevações e protestos que denunciam as insuficiências e contradições do sistema. Nesses casos os métodos consensuais podem se mostrar insuficientes, e as formações dominantes se veem forçadas a impedir pelo uso da força ou, pelo menos, manobrar e reposicionar-se politicamente, buscando cooptar[39], sabotar e subverter o sentido de tais manifestações de fundo progressista, a fim de acomodá-las nos limites da ordem estabelecida.

2.2. MOVIMENTOS LIGADOS ÀS FORÇAS CONTRA-HEGEMÔNICAS

Algumas das maiores mobilizações da sociedade civil ocorridas nas últimas décadas nascem sob o influxo de um ideário progressista e de esquerda, que põe no centro a questão das desigualdades sociais e clama por democracia e direitos, além de fazer uma crítica — nem sempre clara ou consistente — aos desequilíbrios

38. GRAMSCI, 1977.

39. Se a cooptação é feita de modo persuasivo, encontra-se no terreno do consenso. Se, ao contrário, opera-se por meio de ameaças ou da promessa de benesses e sinecuras — expedientes não propriamente persuasivos, segundo Reboul —, então nesses casos a cooptação se localiza na esfera da coerção (REBOUL, Olivier. *Introdução à retórica*. São Paulo: Martins Fontes, 1998).

sistêmicos do capitalismo. Esses processos de mobilização alcançam nova etapa com a onda deflagrada em 2011, que se inaugura na Tunísia e no Egito, espalha-se pelo mundo árabe e contagia países de outras regiões do planeta: Espanha, Grécia, Chile, Estados Unidos, Portugal, Inglaterra (todos estes ainda em 2011), México (2012) e Turquia (2013). Outros países registram movimentações semelhantes, embora nem sempre com a mesma dimensão. As manifestações brasileiras de 2013 participam desse ciclo, com o qual compartilham motivos, bandeiras e formas orgânicas. Também acabam por mimetizar potencialidades e limites dos movimentos imediatamente anteriores.

É possível afirmar que, mesmo trazendo consigo uma série de elementos inéditos, a vaga mobilizadora de 2011-13 se inscreve numa órbita maior, que inclui antecedentes próximos e distantes. Entre os distantes, não há como esquecer os acontecimentos de maio de 1968. No tempo em que se comemoram 55 anos desse reluzente episódio, vale registrar que os manifestantes do Junho de 2013 — como também os de muitos outros movimentos do mesmo ciclo —herdaram em larga medida o espírito libertário e "horizontalista" dos acontecimentos iniciados na Universidade de Nanterre, na França.

O Maio de 1968 representou uma revolução democrática nos marcos do republicanismo liberal. Ali, sob o influxo do "direito a ter direitos"[40], nasciam muitas das tendências facilmente reconhecíveis nos movimentos sociais dos anos 1970 e 1980. É quando ganham corpo anseios de autonomia e liberdade, contra o autoritarismo e a guerra de rapina do imperialismo — com destaque para a intervenção, então em curso, no Vietnã. A esses motivos se juntam bandeiras como as igualdades de gênero e etnia, a luta contra a intolerância e o preconceito, a defesa do meio ambiente. Como toda ebulição desse tipo, o Maio de 1968 — malgrado seus limites — logrou abrir uma janela para o ideário socialista.

Embora se costume situar seu epicentro na Europa — e em particular na França —, vale lembrar que o Brasil teve seu próprio

---

40. ROLNIK, Raquel. *As vozes das ruas: as revoltas de junho e suas interpretações*. In: MARICATO, Ermínia et al. *Cidades rebeldes: Passe Livre e as manifestações que tomaram as ruas do Brasil.* São Paulo: Boitempo; Carta Maior, 2013. p. 8.

1968. Como mostra Moraes, os acontecimentos em nosso país apresentaram tinturas próprias e se desenvolveram de modo independente, podendo ter seus primórdios localizados antes mesmo dos acontecimentos que deflagraram o processo francês[41]. No entanto, em termos de composição social e bandeiras políticas, o 1968 brasileiro exibe semelhanças com o europeu. Também aqui o protagonismo ficou a cargo da juventude urbana. Organizada no movimento estudantil, ela lutava contra o autoritarismo, que, no Brasil, se achava encarnado na ferocidade da ditadura militar.

Essa é, aliás, uma das características marcantes do Maio de 1968: o episódio marca a volta das massas urbanas ao centro do empreendimento transformador. "Depois que as cidades perderam sua condição revolucionária provisoriamente para as grandes revoluções camponesas do século XX, as revoluções urbanas voltaram à luz do dia", assinala Secco[42]. O Maio de 1968 antecipa, portanto, um traço forte das mobilizações da última década: o protagonismo das cidades e da juventude urbana, agora encarnando novas reivindicações e expectativas.

Mas o caudal de manifestações globais que culmina no Brasil de 2013 é herdeiro mais direto de um conjunto sinuoso de insurreições e protestos ocorridos na virada do século XX para o XXI, todos eles portadores de uma retórica anticapitalista. A primeira fagulha veio das montanhas do Sudeste do México, onde se ergue em 1994 um levante inspirado na figura de Emiliano Zapata, o camponês líder da Revolução Mexicana de 1910. Naquele levante, o Exército Zapatista de Libertação Nacional posicionava-se contra o Acordo de Livre-Comércio da América do Norte (Nafta, na sigla em inglês). Do ponto de vista estratégico, o grupamento político-militar declarou perseguir objetivos socialistas.

Encastelado na região pobre de Chiapas, o movimento, com forte composição indígena, criou um enclave autônomo que logo se tornaria conhecido no mundo inteiro. A celebridade se deu

---

41. MORAES, João Quartim de. *Mobilização democrática e luta armada no Brasil.* Juventude.br, São Paulo, n. 5, p. 25-35, jun. 2008.

42. SECCO, Lincoln. *As Jornadas de Junho.* In: MARICATO, Ermínia et al. *Cidades rebeldes: Passe Livre e as manifestações que tomaram as ruas do Brasil.* São Paulo: Boitempo; Carta Maior, 2013. p. 77.

não apenas pelo ineditismo da iniciativa, mas sobretudo pela difusão de informações proporcionada pela aliança dos neozapatistas com grupos de *hackers*, o que potencializou o uso de uma internet ainda embrionária[43]. O movimento antecipava, assim, uma tendência que ganharia corpo nos movimentos sociais dos anos seguintes.

A inclinação aos métodos horizontalistas também já se fazia presente[44]. As decisões do movimento são definidas por um comitê indígena. Seu membro mais conhecido — um líder de fato, embora não no discurso — é o Subcomandante Marcos[45]. Sempre encapuzado, ele pretende evitar qualquer personalismo que descaracterize o caráter radicalmente democrático do movimento. Marcos não se apresenta como comandante. Utiliza o prefixo "sub" para indicar que a verdadeira liderança pertence aos indígenas de Chiapas, base do movimento.

O neozapatismo pode ser considerado o marco inicial dos movimentos antiglobalização, que chegariam ao ápice na exata virada do século. Eles representaram uma primeira forma de resistência contra o neoliberalismo que galopava o mundo nos anos 1990, desimpedido após o fim do bloco socialista liderado

43. GUTIÉRREZ, Bernardo. *Três anos de revoltas interconectadas*. In: CAVA, Bruno; COCCO, Giuseppe (Org.). *Amanhã vai ser maior: o levante da multidão no ano que não terminou*. São Paulo: Annablume, 2014. p. 119-132.
SILVEIRA, Sérgio Amadeu da. *Direita nas redes sociais online*. In: CRUZ, Sebastião Velasco e; KAYSEL, André; CODAS, Gustavo (Org). *Direita volver!: o retorno da direita e o processo político brasileiro*. São Paulo: Editora Fundação Perseu Abramo, 2015. p. 213-230.

44. Embora esse horizontalismo forme um curioso contraste com a natureza militar do movimento, como nota David Harvey (LOCATELLI, Pedro. *David Harvey: ser zapatista não é endeusar Marcos*. Outras Palavras, São Paulo, 3 jan. 2014. Disponível em: <https://outraspalavras.net/outrasmidias/david-harvey-ser-zapatista-nao-e-endeusar-marcos>. Acesso em: 29 mar. 2023).

45. Trata-se de um pseudônimo escolhido em homenagem a um companheiro de luta falecido. Em 2014 o pseudônimo foi trocado para Galeano, em celebração a um zapatista assassinado pouco antes. Em 1995, o governo do presidente Ernesto Zedillo declarou ter conhecimento da identidade do Subcomandante Marcos, afirmando tratar-se de Rafael Sebastián Guillén Vicente, um ex-aluno de Filosofia da Universidade Nacional Autônoma do México (Unam), posteriormente professor na Universidade Autônoma Metropolitana (UAM), na Cidade do México (MANJUANO, Isaín. *A misteriosa desaparição de Marcos*. Outras Palavras, São Paulo, 26 maio 2014. Disponível em: <https://outraspalavras.net/sem-categoria/a-misteriosa-desaparicao-do-subcomandante-marcos>. Acesso em: 29 mar. 2023).

pela União Soviética. O ponto alto dessa fase foram os protestos de Seattle, nos Estados Unidos, contra a reunião da Organização Mundial do Comércio (OMC), em 1999. Em termos de convergência de esforços, Seattle foi o primeiro protesto efetivamente global. Outros se seguiram, com destaque para as manifestações contra a reunião do G8 na cidade italiana de Gênova, em 2001. Como lembram Hardt e Negri, o diferencial desses protestos foi mostrar que as queixas não eram apenas um amontoado de vozes, mas um coro a denunciar o sistema global[46]. Seattle também apresentou ao mundo a novidade barulhenta dos grupos *black blocs*, que apresentavam suas queixas atacando, de forma cenográfica, símbolos do capitalismo.

Essa resistência ainda claudicante evolui para o movimento *altermundista*, que se desenvolveu na primeira metade dos anos 2000 tendo como epicentro a experiência do Fórum Social Mundial (FSM), realizado em seus primórdios na cidade brasileira de Porto Alegre (RS). Em certo sentido, o movimento altermundista representa um amadurecimento dos movimentos anteriores. A denúncia da globalização neoliberal que se gestava em Seattle e Gênova evoluiu para a proposta de uma globalização alternativa, a serviço dos povos e não do capital — ideia expressa no slogan "Um outro mundo é possível".

O FSM logo se tornaria parte destacada da luta política e dos movimentos que se opõem ao neoliberalismo. Nas palavras de Rabelo, trata-se de "um produto da contra-hegemonia global"[47]. A iniciativa pode ser traduzida como uma ampla reunião de culturas políticas oposicionistas, alternativas e emergentes[48] contrárias ao imperialismo e à mercantilização do globo. Importante sujeito das lutas globais ao longo da primeira década deste século, o FSM configurou-se como espaço de unidade e centro coordenador dos movimentos de massa no rumo da luta anticapitalista.

46. HARDT, Michael; NEGRI, Antonio. *Multidão: guerra e democracia na era do Império*. Tradução Clóvis Marques. Rio de Janeiro: Record, 2005.

47. RABELO, Ana Maria Prestes. *Três estrelas do Sul Global: o Fórum Social Mundial em Mumbai*, Nairóbi e Belém. 2011. 367 f. Tese (Doutorado em Ciência Política) — Universidade Federal de Minas Gerais, Belo Horizonte, 2011. p. 103.

48. Para o conceito de formações oposicionistas, alternativas e emergentes, cf. o capítulo 1.

As grandes manifestações do dia 15 de fevereiro de 2003, contra a guerra e pela paz, dão prova do imenso potencial unificador e mobilizador do FSM. Naquela data, em centenas de grandes e médias cidades de todo o planeta, milhões de pessoas tomaram as ruas para afirmar sua oposição à "guerra infinita" de Bush, desencadeada após os ataques de 11 de setembro de 2001. Através da chamada Doutrina Bush, os políticos ultraconservadores de Washington se atribuíam poderes para atacar qualquer nação que ousasse escolher um caminho próprio, desafiando os ditames de Washington. Pretendiam exercer seu poder imperial sem quaisquer freios ou contrapesos, desconhecendo o direito internacional ou os consensos firmados no âmbito das Nações Unidas.

Ao longo das guerras movidas contra o Iraque, a Líbia, a Síria e o Afeganistão, entre outras, o imperialismo estadunidense e seus aliados enfrentariam a resistência dos trabalhadores, da juventude e dos povos. Nas mobilizações pacifistas do início deste século, o Fórum Social Mundial exerceu importante papel orientador e coordenador.

A primeira década do século compreende ainda uma série de outras lutas populares ao redor do globo, muitas delas travadas na América Latina. Entre 2000 e 2003, as chamadas guerras da Água (2000) e do Gás (2003) na Bolívia reuniram em rede uma pluralidade de atores que incluía movimentos e lideranças sindicais e indígenas. Em 2006, no Chile, a Revolta dos Pinguins (apelido dado aos estudantes secundaristas do país) contra a privatização da educação representou o marco inicial de um processo de lutas que seria retomado com as grandes manifestações estudantis de 2011.

Aquele foi, de forma geral, um período de grande efervescência, que entraria em novo patamar com a onda de mobilizações inaugurada no início da década seguinte. A fim de distinguir bem essa etapa, demarcando-a do período anterior — já que possui características políticas e orgânicas próprias —, nós a classificaremos como uma *segunda onda* de mobilizações e protestos populares.

2.2.1. O ciclo de protestos 2011-13

A segunda década do século XXI traz consigo uma nova etapa da luta popular em escala global. Ela tem início com os levantes populares na Tunísia e, com amplitude ainda maior, no Egito. A onda se espalha por outros países da região, configurando o que seria chamado de "Primavera Árabe". Ainda no ano de 2011 sobrevém a mobilização espanhola dos Indignados, cujo epicentro se localiza em Madri. Pouco após eclode na cidade de Nova York o movimento Occupy Wall Street, contrário às grandes corporações e pródigo na formação de estruturas de autogoverno. No Chile, uma série de manifestações estudantis denuncia o sucateamento e a privatização da educação. O ciclo se estende até 2013 e mesmo além, abrangendo uma série de outros países.

Quando contrastada com os movimentos antiglobalização, a *segunda onda* apresenta diferenças que indicam um passo adiante na contestação à ordem neoliberal. A primeira delas diz respeito ao "internacionalismo" das lutas antiglobalização. Essa tendência se achava bem expressa em neologismos como o da luta "glocal", que sintetiza a ideia de "pensar globalmente, agir localmente", tão difundida no tempo em que campeava a crença no fim dos Estados e das fronteiras nacionais.

Aquele foi um tempo em que muito se falou em "mundo sem fronteiras". As comunicações e o avanço tecnológico teriam unificado o planeta, melhorado a competição e garantido a alocação mais eficiente dos recursos produtivos. A organização da produção já não estaria baseada em fatores nacionais, mas na força de trabalho mundializada, nos investimentos e ativos em escala global. O capital teria perdido suas bases nacionais, seria uma força transnacional e não faria mais sentido falar em Estados nacionais ou conflitos entre nações dominantes e subordinadas.[49]

O movimento antiglobalização aceitou, a seu modo, esses pressupostos, cuidando apenas de inverter-lhes o sinal. Advogou — embora com nuanças interpretativas — que haveria, nessas

49. Um bom panorama de autores, inclusive do campo marxista, que defenderam ou defendem essas ideias pode ser conferido em: FERNANDES, Marcelo. *Sobre a atualidade do conceito de imperialismo nas relações interestatais*. Princípios, São Paulo, v. 40, n. 161, p. 61-79, mar./jun. 2021.

novas condições, um conflito contra um capital apátrida, que não estaria atrelado a interesses nacionais. Esse cosmopolitismo radical subestimou, em larga medida, o potencial das lutas dos povos no interior de suas esferas nacionais. Se o capitalismo era cada vez mais um sistema global, só através de lutas globais poderia ser enfrentado.

Essa visão destoa da que veríamos na segunda década do século. O ciclo de 2011, é verdade, não desconsidera a dimensão internacional das lutas — uma compreensão já incorporada ao patrimônio da militância pelas experiências anteriores. Não obstante, o novo ciclo pedia mais ação e presença *do* e *no* Estado nacional. A militância encampava assim uma nova orientação, segundo a qual a resistência à globalização neoliberal exige, por um lado, o reforço do internacionalismo e da solidariedade entre os povos, mas também, por outro, o fortalecimento da luta nacional e dos Estados democráticos e soberanos.

Como decorrência desse maior enraizamento, os movimentos da segunda onda rompem com o nomadismo dos movimentos antiglobalização. Essa mudança faz com que as lutas abandonem o caráter pontual da resistência anterior, marcada pela reunião eventual de grupos diversos com o propósito de praticar demonstrações de contestação — frequentemente espetaculosas, como víamos nas ações dos grupos *black blocs*.

A passagem do "eventismo" para a forma de ocupações semipermanentes dos espaços públicos — a qual detalharemos adiante — não é trivial. Essa tendência, digamos, mais sedentária, aliada à emergência da *web* 2.0 e suas redes sociodigitais, propicia a ampliação da participação para além dos grupos de ultraesquerda que formavam o contingente principal de lutas como as de Seattle e Gênova. Uma década mais tarde, o estabelecimento de ocupações como a da praça Tahrir, no Egito — talvez a mais paradigmática de todas —, criava uma rede de apoio e solidariedade que tornava os movimentos mais acessíveis a pessoas não organizadas politicamente. Essas infraestruturas e redes de apoio também tinham importante papel protetivo e dissuasivo no enfrentamento da violência policial.

Em função dessa maior amplitude, dessa capacidade de envolver contingentes mais extensos de participantes, os movimentos da segunda onda sofreram metamorfoses em sua identidade política. O perfil antagonista, a imagem de ultraesquerda associada aos movimentos antiglobalização havia-lhes conferido certa identidade subcultural. No afã de atrair parcelas mais amplas da população, os movimentos do novo ciclo se afastaram desse perfil. Esse distanciamento implicou, no limite, a recusa do caráter político dos novos movimentos, que preferiram definir-se como mobilizações *cívicas*. Uma inclinação que se traduziria na linguagem dos manifestantes, permeada de palavras de ordem menos explícitas do ponto de vista ideológico. Motes como "Vem pra rua!" ou "Desculpe o incômodo, estamos mudando o mundo" demonstram maior abertura de sentido, e são frequentemente capazes de servir de guarda-chuva para orientações políticas diversas e mesmo opostas — uma tendência que, como veremos, será facilmente identificável nas manifestações de 2013.

Se os movimentos antiglobalização representaram uma primeira rodada da resistência antineoliberal que então se fortalecia, a onda de mobilizações iniciada em 2011 dava um passo além. Ambos os momentos apresentam suas próprias potencialidades e limitações. O caráter minoritário das lutas antiglobalização seria superado pela ambição majoritária das lutas posteriores. Em compensação, os dilemas e a ambígua relação com o campo político e as confissões ideológicas indicavam "tensões do crescimento" que, ausentes ainda no tempo dos movimentos antiglobalização, surgiriam com força na etapa posterior.

2.2.1.1. O formato tecnopolítico

As sublevações que começam no mundo árabe e se espalham por vários países mundo afora seguem dinâmicas diferentes, compreendendo motivações mais ou menos distintas, relacionadas a paisagens políticas locais. Seus resultados surgem da combinação da dinâmica interna de cada país com fatores oriundos da realidade internacional. Mas isso não quer dizer que os diversos episódios não guardem entre si convergências e diversos pontos em comum. O mais perceptível deles é o formato tecnopolítico. Os movimentos da segunda onda são pioneiros no uso das redes sociodigitais como instrumentos para a formação de consensos, a deliberação e a coordenação das ações. Esse fator influencia a rapidez das adesões e a velocidade dos acontecimentos. Também ajuda na viralização de simbologias, palavras de ordem e, enfim, de modos de pensar, sentir e agir.

Por suas características topológicas, as redes sociotécnicas garantem extensa conectividade. Ao permitir o mais amplo compartilhamento de mensagens, impulsionam a cultura associativa e a participação cívica. Os novos ambientes em rede propiciaram a redução de custos logísticos, facilitando uma radical descentralização e difusão de conteúdos e aumentando a produtividade dos agentes políticos em seus esforços mobilizadores. Sejam quais forem os interesses que se servem da *web* 2.0, é fato irrecusável que ela ampliou o poder de fogo de campanhas, movimentos e demais articulações da sociedade civil.

Já em meados dos anos 1990, quando do levante neozapatista, a *web* — então em sua versão 1.0 — havia se tornado uma importante ferramenta de conscientização e mobilização contra os tratados de livre-comércio, as corporações multinacionais e instituições como o Fundo Monetário Internacional, a Organização Mundial do Comércio e o Banco Mundial. Essa é uma época marcada pela preocupação em criar plataformas. A luta contra o poder das corporações de informática também pôs na ordem do dia a bandeira do *software* livre e/ou de código aberto, reivindicações que logo se converteriam em movimentos.

Naquela época, listas de e-mails e sites como *Indymedia* cumpriram importante papel como meios táticos e canais de contrainformação. A importância já assumida pela internet contrastava, porém, com a limitação do meio, que pelo menos até 2003 ainda era muito restrito a acadêmicos, jornalistas, ativistas e outros segmentos específicos. Isso se refletia no alcance dos debates, excessivamente herméticos, distanciados do público geral. A própria forma como os movimentos se referia à internet — então concebida como um "espaço autônomo" — diz muito sobre esse alheamento em relação à vida ordinária.

O momento seguinte seria marcado pelas novas configurações dos meios digitais. O advento dos smartphones e de plataformas como Facebook, YouTube, Twitter, e Instagram, entre outras, elevou a novo patamar as possibilidades de convocação e organização de grandes contingentes. É verdade que havia críticas a Facebook, Twitter e outras por serem plataformas proprietárias sem quaisquer garantias à proteção da privacidade das comunicações. Era grande o temor de que essas plataformas pudessem servir à sabotagem dos movimentos e à identificação e perseguição de seus membros. Algumas alternativas foram tentadas, porém nunca com o mesmo êxito. No final, o que se estabeleceu foi uma aliança tática entre os militantes e as plataformas, num jogo de ganha-ganha em que estas multiplicavam e fidelizavam adeptos, e aqueles, mesmo correndo riscos calculados, ampliavam seu poder de mobilização.

O debate sobre as relações entre comunicação e organização militante não é uma exclusividade de nosso tempo. Desde Lênin, pelo menos, a mídia é vista como um importante agente não apenas de agitação e propaganda, mas também de organização e mobilização.[50] Facebook, Instagram, YouTube, Twitter e WhatsApp desempenham hoje o papel que já foi exclusivo do cartaz, do jornal impresso, do panfleto, da mala direta, do rádio. Para além de meros meios para a troca de informações, estes sempre foram instrumentos de atualização e predição capazes de orientar ações coletivas e modelar comportamentos nos espaços públicos.

Os novos meios, entretanto, com a maior robustez tecnológica que incorporam, trazem novidades que apontam para um alcance mais instantâneo e capilarizado. Os movimentos que se valem das novas tecnologias conseguem mobilizar contingentes populacionais maiores, e com maior rapidez. Para além disso, as redes sociodigitais proporcionam certa miscibilidade entre as dimensões da comunicação e da organização, que se tornam crescentemente indistintas à medida que o compartilhamento e a edição coletiva de conteúdos se tornam, em si mesmos, formas de intervenção política no espaço público. Essas possibilidades

---

50. LÊNIN, Vladímir Ilitch. *Que fazer?: problemas candentes do nosso movimento*. In:______. *Obras escolhidas em três tomos*. Lisboa: Avante!; Moscou: Progresso, 1981e. v. 1, p. 79-214.

não podem ser reduzidas a uma dimensão meramente instrumental. Elas se ligam a — e ajudam a moldar — novas tendências e formas de pensar e sentir, conforme analisaremos em outro momento deste trabalho.

Na compreensão de Manuel Castells, as revoltas árabes e suas congêneres na Espanha, nos Estados Unidos, na Turquia, no Brasil e em outros países apresentam uma dinâmica que se inicia nas redes, deságua nas ruas e permanece latente na internet. Embora ressalte que os protestos não são uma criação exclusiva dos meios digitais — resultando, diversamente, de uma complexa interação entre redes pessoais e interações on-line —, Castells é peremptório em afirmar que "a pré-condição para as revoltas foi a existência de uma cultura da internet, constituída de blogueiros, redes sociais e ciberativismo".[51]

Os acontecimentos na Espanha ilustram bem a descrição acima. O movimento Indignados ficou conhecido primeiramente como 15-M, em referência à data da primeira mobilização. Em 15 de maio de 2011, 50 mil pessoas marcharam sobre Madri e, inspiradas no Egito da praça Tahrir, ocuparam Puerta del Sol, um logradouro público central da cidade. Em Barcelona, após uma manifestação de 20 mil pessoas, a praça Catalunya também foi ocupada. Muitas cidades espanholas seguiram o exemplo, que em sua fase de internacionalização se espalharia por quase mil cidades ao redor do globo. O rótulo "Indignados" veio de um manifesto que se tornou popular entre os jovens espanhóis, intitulado *Indignai-vos*, escrito pelo filósofo e ex-diplomata francês Stéphane Hessel, um antigo membro das brigadas antifascistas conhecidas como Resistência Francesa.[52]

O movimento começa a ser gestado no início de 2011, com a criação de um grupo no Facebook, a Plataforma de Coordenação de Grupos Pró-Mobilização Cidadã. Essa página aglutinava militantes de campanhas anteriores, como: "V de Vivienda", que desde 2006 promovia protestos contra o despejo de famílias pobres por conta da execução de hipotecas; "Juventud sin Futuro",

51. CASTELLS, 2013, p. 33.

52. HESSEL, Stéphane. *Indignai-vos!*. Tradução Marly Peres. [*S.l.*]: Artesanato Gráfico e Editorial, 2011.

por educação, saúde e moradia; "Plataforma de Afectados por la Hipoteca", em combate aos efeitos das execuções de hipotecas e contra o despejo de famílias endividadas; e "No lesvotes", contra a Lei Sinde, editada pelo governo socialista de José Luis Zapatero, que irritou ativistas digitais ao restringir o compartilhamento de arquivos sob o pretexto do combate à pirataria — uma exigência da indústria da mídia.[53]

A Plataforma de Coordenação de Grupos Pró-Mobilização Cidadã logo evoluiu para um grupo cujo nome seria também o principal slogan do movimento: Democracia Real Ya (DRY). A ação abrangia blog, lista de e-mails e página no Facebook. O DRY estabeleceu-se on-line como uma campanha contra a austeridade e a corrupção. Foi essa plataforma que convocou, com sucesso, o 15-M. Ela foi criada por dois jovens diplomados com dificuldades de inserção no mercado de trabalho: Fabio Gandara e Pablo Gallego. Este último havia publicado, três meses antes do 15-M, em seu blog *Manifesto Juventud*, o manifesto "Mayo del 68 em España", em que antecipava muitas das características do futuro movimento.[54] No texto, Gallego falava em "ideologias obsoletas" e propunha a criação de um movimento sem rótulos político-partidários, capaz de representar todas as pessoas atingidas pela crise.

Após o 15-M, o movimento prosseguiu por todo o resto do ano. Embora as ocupações tenham se esgotado em julho, manifestações e passeatas continuaram ganhando as ruas, animadas por convocações na internet aos gritos de "Democracia real já!", "Ocupe as ruas!" e "Desculpe o incômodo, estamos mudando o mundo". No dia 15 de outubro de 2011, uma convocação pelas redes reuniu 500 mil manifestantes em Madri, 400 mil em Barcelona e movimentou ativistas em 82 países de todo o mundo.[55]

---

53. A campanha "No les votes" logo incorporaria outras bandeiras, passando a abranger também o combate à corrupção (GERBAUDO, Paulo. *Redes e ruas: mídias sociais e ativismo contemporâneo.* Tradução Dafne Melo. 1. ed. São Paulo: Funilaria, 2021.)

54. GALLEGO, Pablo. Mayo de 1968 en España. ***Manifesto Juventud***. Madrid, 9 feb. 2011. Disponível em: <http://manifiestojuventud.blogspot.com/2011/02/del-68-en-espana.html>. Acesso em: 15 mar. 2023.

55. CASTELLS, 2013, p. 94.

Após esse momento apoteótico, o movimento vai se desfazendo aos poucos, mas prossegue de diversas formas nas redes da internet.

2.2.1.2. Outras características da segunda onda

As práticas reunidas sob o rótulo de "ciberativismo" são um importante fator comum, mas não o único a singularizar os movimentos da segunda onda. Outro elemento de grande relevância, já mencionado anteriormente, é o impulso em direção à ocupação do espaço público como forma de alcançar visibilidade e pressionar as autoridades. A bem da verdade, não é possível dizer que as ocupações sejam prática recente dos movimentos sociais: remetem, quando menos, aos acontecimentos da Paris tomada pelos *communards* em 1871.[56] Em tempos mais recentes, podiam ser flagradas no movimento altermundista, através dos acampamentos de juventude que marcaram a experiência do Fórum Social Mundial.

No entanto, experiências como a da praça Tahrir, no Egito, de Puerta del Sol, em Madri, da praça Catalunya, em Barcelona, e do parque Zuccotti, em Nova York, ressignificam a prática de ocupações, e abrem uma nova etapa das manifestações globais. As ocupações criaram práticas solidárias que abrangiam múltiplas dimensões, desde o gerenciamento da vida cotidiana, envolvendo questões logísticas (alimentação, albergamento, saúde, questões sanitárias), até formas compartilhadas de comunicação, discussão e deliberação.

Cabe notar que o ato da tomada de espaços públicos guarda uma dupla motivação. Representa ao mesmo tempo uma forma de luta e a sinalização de um anseio: a busca por tornar ou manter comum aquilo que vem sendo crescentemente invadido e cercado por interesses privados. Nesse sentido, os acontecimentos na Turquia são modelares. Ali, a centelha dos protestos surge com o empreendimento neoliberal de privatizar um importante logradouro

56. Sobre a ocupação de áreas centrais e a formação de barricadas nos eventos da chamada Comuna de Paris, remeto à ótima síntese de Costa (COSTA, Sílvio. *Comuna de Paris: o proletariado toma o céu de assalto*. São Paulo: Anita Garibaldi, 2021, 3ª. ed.)

público, o parque Gezi, a fim de construir um shopping center. A reação se traduziu na tomada do parque e da adjacente praça Taksim, não apenas mantendo-as abertas a todos, mas também organizando mecanismos de governança democrática daqueles espaços. Por fim, a defesa do parque logo "se converteu na luta por direitos civis, por uma democracia mais transparente e por outro modelo econômico".[57]

Também é possível perceber regularidades entre os diversos episódios naquilo que respeita ao elemento detonador das mobilizações. É claro que os fatores variam conforme as distintas realidades nacionais, mas chama atenção o recorrente papel da violência policial contra manifestantes pacíficos, gerando ondas de solidariedade que, se não detonam, ao menos potencializam as mobilizações, tornando-as massivas. A brutalidade da polícia inclui a prática de espancamentos e, em alguns casos, até de tortura e assassinatos. Nos países árabes, a reação aos desmandos de agentes do Estado resultou em martírios e imolações como aquela que desencadeou os acontecimentos na Tunísia e, afinal, toda a "Primavera Árabe": a do verdureiro Mohamed Bouazizi, que ateou fogo ao próprio corpo depois de tentar reaver seus produtos confiscados por autoridades policiais. O mesmo tipo de violência serviria de faísca no Egito, na Espanha, nos Estados Unidos e no Brasil, entre outros casos mencionáveis.

Um importante ponto de contato entre os episódios da segunda onda diz respeito aos modos de organização e condução desses movimentos. De forma geral, os protestos não foram convocados ou dirigidos por organizações políticas ou movimentos sociais do tipo "tradicional" (sindicatos, agremiações estudantis, associações de bairro e outras entidades do universo associativo).[58] O relativo "alheamento" dessas organizações — maior ou menor, dependendo do caso concreto — pode ser atribuído a vários fatores. No caso de países dotados de menor liberdade

57. GUTIÉRREZ, 2014, p. 123.

58. Uma exceção a essa regra é o Chile de 2011, em que o horizontalismo das redes não substituiu o papel dirigente das entidades estudantis. Cf.: CABALÍN-QUIJADA, Cristian. *Estudiantes conectados y movilizados: el uso de Facebook en las protestas estudiantiles en Chile. Comunicar*, Huelva, v. XXII, n. 43, p. 25-33, 2014.

política, muitas delas tinham suas ações limitadas ou cerceadas pela repressão. Em outros casos, algum descrédito maculava a imagem das entidades, percebidas como excessivamente vinculadas à institucionalidade, a exemplo do que ocorreu na Espanha com o movimento sindical. Esse fator supostamente tornaria as entidades incapazes de conduzir processos mais profundos de ruptura.[59] Ligada a isso, a percepção crescente da democracia liberal como jogo de opções predeterminadas contribuiu para a emergência de novas formas orgânicas, as quais tentam mimetizar, a partir de si próprias, modos de exercício direto da democracia.

A esses fatores políticos se associam outros, de cunho social e até mesmo etário. O envelhecimento das direções e das próprias bases de muitas organizações, e o consequente afastamento que isso gera em relação a processos de renovação, é um elemento que não pode ser desconsiderado. Esta, aliás, é uma questão já há muito debatida no âmbito de movimentos como o sindical.

Por fim, o advento da *web* 2.0 e das redes sociodigitais como meios de debate e convocação também contribuiu para que muitos manifestantes dispensassem a mediação de partidos, sindicatos e outras entidades. "Essa mudança tornou a capacidade de mobilização muito mais rápida e voltada para as redes de contatos pessoais dos manifestantes, enquanto em 1994 e 1999 eram as organizações que capitaneavam os processos".[60] Esse fator será responsável por transformações na morfologia dos movimentos, tema a ser aprofundado em momento posterior.

2.2.1.3. Motivações e bandeiras do ciclo 2011-13

Do ponto de vista das motivações, os protestos da segunda onda representam, em última instância, diferentes reações à crise econômica desencadeada em 2007-8, a partir do estouro de uma bolha imobiliária no coração do capitalismo, os Estados Unidos

59. CASTELLS, 2013.

60. CASTAÑEDA, Marcelo. *As manifestações de 2013: imbricamentos sociotécnicos e perspectivas*. In: CAVA, Bruno; COCCO, Giuseppe (Org.). *Amanhã vai ser maior: o levante da multidão no ano que não terminou*. São Paulo: Annablume, 2014. p. 110.

da América. Nos anos seguintes a desigualdade atingiria níveis explosivos, intensificando um crescimento que já vinha de anos anteriores. Nos Estados Unidos, segundo dados da Secretaria de Orçamento do Congresso, entre 1979 e 2007 a parcela mais rica da sociedade, que perfaz 1% da população, viu seus ganhos aumentarem em 275%. Para o restante o aumento foi de apenas 60%.[61] A crise ampliou a percepção dessa realidade. Não por acaso, "Nós somos os 99%" foi o slogan que unificou os diversos atores e grupos que confluíram para o movimento Occupy.

Segundo o filósofo A. C. Grayling, a partir da crise econômica a atividade política passou a ser moldada por um crescimento "tóxico" da desigualdade de renda.[62] Em países como Estados Unidos e Espanha, milhares de pessoas perderam suas casas e/ou seus empregos como resultado da avidez especulativa. A crise gerou um caldo de cultura que misturava desconfiança e indignação. O sentimento de desamparo e privação de direitos logo se manifestaria — primeiro nas redes, depois nas ruas.

Ao desastre financeiro seguiram-se megaoperações de resgate dos próprios bancos responsáveis pelo colapso. Muitas instituições foram salvas — afinal, no jargão dominante, eram "grandes demais para quebrar". Logo vieram os cortes orçamentários, mutilando serviços públicos em áreas como educação, saúde e assistência social. Essa redistribuição de renda às avessas acarretou um curto-circuito de insatisfação e descrédito para com as instituições políticas, vistas como rendidas aos interesses das grandes corporações. A crise econômica escancarava as ligações entre a oligarquia financeira e a classe política.

As consequências deletérias do rentismo terminariam associadas, assim, ao problema da legitimidade política. As reivindicações por uma política mais democrática e participativa, capaz de contemplar os reais anseios dos cidadãos, foram bastante ouvidas em todos os movimentos do ciclo 2011-13, deixando claro

---

61. PEAR, Robert. *Top earners doubled share of nation's income, study finds*. The New York Times, New York, October 25, 2011. Disponível em: <www.nytimes.com/2011/10/26/us/politics/top-earners-doubled-share-of-nations-income-cbo-says.html>. Acesso em: 29 mar. 2023.

62. COUGHLAN, Sean. *What does post-truth mean for a philosopher?*. BBC News, January 12, 2017. Disponível em: <www.bbc.com/news/education-38557838>. Acesso em: 20 maio 2022.

que o chamado "déficit democrático" era uma importante fonte de insatisfação popular. O movimento Indignados agitou propostas como as de referendos obrigatórios, limite de mandatos e fim de "privilégios" como a imunidade parlamentar. O consenso neoliberal que amalgamava forças de centro-esquerda e centro-direita passou a ser questionado. Esse processo causou terremotos de mobilização social em vários países, com efeitos centrífugos: a crise do velho consenso centrista produziu o crescimento de alternativas à esquerda e à direita.

A juventude urbana foi o primeiro segmento a verbalizar esse mal-estar para com a crise. Os jovens funcionaram como "centelha", desencadeando, inicialmente a partir de debates on-line, uma série de manifestações que logo se tornariam massivas. Essa juventude de origens e nacionalidades diversas tem uma face comum: são pessoas com bom nível de formação, frequentemente hábeis no uso das novas tecnologias, porém sem perspectiva de inserção satisfatória na vida profissional. Mason classifica esse segmento como o dos "graduados sem futuro"[63]. Eles cresceram com a promessa de um bom emprego e de um padrão de vida melhor ou, pelo menos, igual ao de seus pais. Após a crise, perceberam abruptamente que esse ideal não passava de promessa vazia.[64]

O desemprego é a realidade comum enfrentada por jovens dos mais variados países. Nos Estados Unidos de 2011, enquanto a taxa para o conjunto da população era de 8,9%[65], entre os jovens de 16 a 24 anos ela atingia 18,1%, um pouco menor que um ano antes, quando alcançara o recorde de 19,1%[66]. Na Espanha, um dos países europeus mais devastados pela crise, em fevereiro de 2011 o desemprego era de 22%, mas chegava a 47% entre os

63. MASON, Paul. *Why it's still kicking off everywhere: the new global revolutions*. 2nd edition. London: Verso, 2012. p. 56.

64. Ibid.

65. UNITED STATES OF AMERICA. *Department of Labour. Bureau of Labour Statistics*. News Release, Washington, DC, February 29, 2012.

66. UNITED STATES OF AMERICA. *Department of Labour. Bureau of Labour Statistics*. TED: the economics daily. Washington, DC, August 26, 2011. Disponível em: <www.bls.gov/opub/ted/2011/ted_20110826.htm#:~:text=The%20number%20of%20unemployed%20youth,from%20the%20Current%20Population%20Survey>. Acesso em: 15 maio 2023.

jovens.[67] No Norte da África como um todo, o desemprego juvenil era de 20%.[68] No Brasil de 2011, a taxa entre jovens de 15 a 24 anos era de 15,3%, superior à média da região[69]; despencou nos anos seguintes, chegando a 13,7% da população nessa faixa etária em 2013, um percentual ainda alto.[70]

Esses números afiguram-se bastante frios, mas lá na ponta se traduzem no cancelamento de expectativas: eles significam o casamento adiado, o curso superior interrompido, a viagem dos sonhos inviabilizada. Tudo isso gera frustração e falta de perspectivas. Não por acaso, esses jovens de renda familiar média-baixa estão no centro dos movimentos contestatórios de nosso tempo. Essas revoltas são fruto das contradições do capitalismo contemporâneo e, em particular, de um impasse central: esse sistema cria uma força de trabalho habilidosa e instruída, apta a operar um sistema produtivo mais complexo. Ao mesmo tempo, mantém essas forças no desemprego e na pobreza, já que a crise latente não permite absorvê-las por completo. É dessa forma que temos uma grande massa de jovens inteligentes e desenvoltos, dotados de grande aptidão criativa, hábeis no uso de novas tecnologias, porém sem oportunidades dignas, ou mesmo sem quaisquer oportunidades.

A esses jovens, força motriz e dirigente do ciclo que sacudiu o mundo entre 2011 e 2013, logo se somariam pessoas de outras faixas etárias e variadas condições sociais. Esta é uma constante desses movimentos: começam com a juventude conectada e, à medida que se desenrolam, ganham composição mais ampla. A adesão de moradores das áreas mais pobres traz um segmento carente da atenção do Estado, atingido pela carestia dos alimentos, flagelado por problemas relacionados a emprego, transporte

---

67. CASTELLS, 2013; GERBAUDO, 2021; MASON, 2012.

68. MASON, op. cit.

69. *Taxa de desemprego juvenil é o triplo da de adultos na América Latina*. G1, São Paulo, 13 fev. 2014. Disponível em: <https://g1.globo.com/economia/noticia/2014/02/taxa-de-desemprego-juvenil-e-o-triplo-da-de-adultos-na-america-latina.html>. Acesso em: 29 mar. 2023.

70. *Desemprego atinge 73,4 milhões de jovens no mundo, diz estudo da OIT*. G1, São Paulo, 8 maio 2014. Disponível em: <https://g1.globo.com/concursos-e-emprego/noticia/2013/05/desemprego-atinge-734-milhoes-de-jovens-no-mundo-diz-estudo-da-oit.html>. Acesso em: 29 mar. 2023.

e moradia. Dependendo da região, um problema ou outro se destaca — a questão do custo de vida (no Egito), o problema da moradia (na Espanha, nos Estados Unidos e na Argélia), o corte de programas sociais (nos Estados Unidos e na Espanha), a questão do transporte (no Brasil). E, claro, o problema — comum a todos eles — de como verbalizar esses anseios em face de um sistema político impermeável, virado de costas para a população.

No final, podemos falar em mobilizações que, embora majoritariamente populares, apresentam uma composição policlassista. Esse fator ajuda a explicar uma característica que encontramos seja no Egito, seja nos Estados Unidos; seja na Espanha, seja no Brasil: a imensa diversidade de bandeiras e propostas. Da concentração em Puerta del Sol às movimentações nas ruas de São Paulo e do Rio, os protestos jamais se reduziram a uma única bandeira. Tinham, quando muito, alguns eixos centrais, dois deles facilmente identificáveis: o primeiro congrega bandeiras econômico-sociais, incluindo a denúncia da pobreza e das desigualdades, as reivindicações por emprego e renda, a oposição aos cortes orçamentários (muitas vezes aliada à proposta de taxação das grandes fortunas), a luta contra o racismo e o patriarcado; o segundo eixo põe na berlinda as instituições políticas, criticando seu caráter elitista, autoritário, burocrático e corrupto, clamando por uma "democracia real já". Nos apelos iniciais do movimento Occupy, uma demanda se destacou: a criação de uma comissão presidencial para estabelecer a independência entre os políticos e os financistas de Wall Street.

Embora se possam identificar nas diversas manifestações eixos unificadores, eles não chegam a configurar um programa. Claro, nas assembleias da praça Tahrir, de Puerta del Sol e do parque Zuccotti, muitas questões eram discutidas, denúncias eram feitas, propostas eram aprovadas. Mas o que se verifica no mais das vezes é uma barafunda de ideias com pouca possibilidade de articulação programática. Não à toa, ao referir-se aos Indignados, Castells é taxativo em afirmar que não havia um programa. "Havia críticas explícitas ao capitalismo, como: 'Isto não é uma crise, é o sistema'. Mas não houve propostas específicas para superá-lo ou recuperar o crescimento econômico."[71]

A fragmentação de bandeiras e o absenteísmo programático se relacionam de muitas formas a um elemento típico dos novos movimentos: as formas orgânicas diluídas e a ausência de lideranças declaradas. Isso decorre, em primeiro lugar, da já mencionada aversão a partidos e organizações tradicionais, vistos de forma indiscriminada como ligados aos interesses do sistema. Além disso, como já referido, os novos movimentos pretendem mimetizar, a partir de sua própria morfologia, formas de democracia direta, como se fossem prefigurações do modelo de sociedade que se pretende criar. Nessa perspectiva, novas formas de deliberação foram experimentadas, tanto nas ocupações quanto na internet.

No paradigma desses movimentos não há líderes reconhecidos. Cada um representa a si próprio, sem intermediários políticos (e, diga-se, sem intermediários culturais ou midiáticos). As decisões são tomadas em assembleias. O assembleísmo, contudo — isto é, a tendência de enxergar as assembleias não como meios, mas como fins em si mesmos ("o que importa é o processo, não o produto") —, conduziu a uma série de dilemas, mais acentuados nos movimentos do tipo Indignados e Occupy.

No movimento Indignados, a recusa a qualquer forma de liderança conduziu à dispensa da formação de maiorias — vistas, elas próprias, como resultantes do mesmo princípio assimétrico que permeia a ideia de liderança. Adotou-se, assim, a prática das definições por consenso[72]. Ora, isso é perfeitamente possível quando há princípios e identidade comuns. Porém, em movimentos cuja marca é a diversidade, o princípio da deliberação por consenso abre margem para que grupos minoritários obstruam qualquer decisão que não lhes interesse, a fim de impor suas próprias ideias. Ou seja: a democracia ao extremo, que estaria supostamente contida na recusa das maiorias, abre espaço para a tirania das minorias.

Além disso, sem pessoas responsáveis por compatibilizar propostas conflitantes e levá-las à prática, as decisões se tornam

71. CASTELLS, 2013, p. 101.

72. CASTELLS, 2013.

meramente simbólicas. No entanto, tais responsáveis — tenham eles o nome que tiverem — são, na prática, líderes, o que conduz ao seguinte dilema: se é para o movimento produzir resultados práticos, precisa de alguma forma de liderança; se não tem nenhuma forma de liderança, dificilmente consegue mostrar eficácia. Por outro lado, se os debates são excessivamente prolixos (o que tende a acontecer quando são vistos como "fins em si mesmos") e não apresentam resultados concretos, as pessoas com menos tempo (não por coincidência aquelas que trabalham) começam a se afastar, permanecendo apenas ativistas em tempo integral — ou seja, uma espécie de "elite" do movimento. Em outras palavras, a suposta "ausência de líderes" pode conduzir, por vias transversas, ao elitismo na tomada de decisões. Mas também pode levar a mais do que isso, como veremos adiante ao analisar os desdobramentos do Junho brasileiro.

2.2.1.4. O *day after*

Passado o vendaval da segunda onda, cabe um balanço. Que papel tiveram aqueles movimentos? Quais seus resultados efetivos? À guisa de síntese, podemos afirmar que o caudal de mobilizações inaugurado em 2011 conduziu a resultados ambíguos, nem sempre fáceis de aquilatar. Alguns de seus episódios se revelaram impotentes para alavancar mudanças reais no *status quo*, podendo mesmo ser classificados como anódinos quanto a esse aspecto. Creio não errar ao incluir nessa categoria os casos da Turquia e da Inglaterra. Outros obtiveram conquistas específicas, porém de grande importância, como no caso do Chile, em que a onda de 2011 ajudou a deter um processo de acentuada privatização do setor educacional.

Há ainda os casos do México e da Espanha, em que os movimentos não conduziram a vitórias imediatas, mas geraram um acúmulo que produziu impactos positivos nos médio e longo prazos. No caso do México, apesar de todos os questionamentos — inclusive de fraudes nas eleições de março de 2012 —, o país seguiu sob o governo do conservador Enrique Peña Nieto após as explosivas e multifacetadas manifestações do movimento

YoSoy132. Mas essas manifestações impulsionaram um caldo de renovação política que ajudaria a levar ao poder, anos mais tarde, o Movimento Regeneração Nacional (Morena)[73], partido do atual presidente, Andrés Manuel López Obrador.

Caso semelhante pode ser identificado no movimento 15-M na Espanha. É verdade que uma transformação da magnitude sugerida pelo slogan "Democracia real já!" permanece como vaga promessa. No entanto, os Indignados contribuíram para a renovação de práticas políticas e do próprio sistema partidário. Pesquisa do jornal *El País* publicada em 5 de junho de 2011 indica que 66% dos espanhóis tinham simpatia pelos Indignados, e 81% concordavam com eles.[74] A mesma pesquisa afirma que 90% dos entrevistados pediam mudanças na forma de funcionamento dos partidos, a fim de que pudessem tornar-se mais permeáveis às opiniões e à participação da população. Esse tipo de apelo impulsionou uma novidade como o partido Podemos[75], que forçou o Partido Socialista Operário Espanhol (Psoe) a posicionar-se mais à esquerda[76]. Psoe e Podemos compõem, ao lado da Esquerda Unida — uma frente que inclui o Partido Comunista Espanhol —, a atual coalizão de poder na Espanha.

No entanto, o período posterior ao movimento Indignados foi mais tortuoso do que sugere o momento atual. Algumas das disputas eleitorais posteriores ao 15-M resultaram em vitórias do direitista PP — como no caso das eleições parlamentares de novembro de 2011 — e no crescimento de uma força de extrema direita como o Vox — em tempos mais recentes. Ao refletir

---

73. O Morena nasce em 2011 como movimento social e vira partido em 2014.

74. GAREA, Fernando. *Apoyo a la indignación del 15-M*. El País, Madrid, 4 jun. 2011. Disponível em: <https://elpais.com/politica/2011/06/05/actualidad/1307231940_787459.html>. Acesso em: 15 mar. 2023.

75. Rodrigues define o Podemos como um dos chamados "partidos-movimento". Essas legendas "estão programaticamente posicionadas entre o programa eurocomunista e o programa social-democrata; possuem como evento mobilizador de origem grandes protestos sociais, em particular aqueles decorrentes da crise financeira de 2008; mantêm estreitas relações com movimentos sociais; e incorporam de forma forte em suas agendas o casamento entre redistribuição econômica e os temas identitários, como gênero, juventude e questão racial" (RODRIGUES, Theófilo. *Metamorfoses políticas: da social-democracia aos partidos-movimento.* Princípios, São Paulo, v. 40, n. 161, p. 168-196, mar./jun. 2021. p. 184).

76. RODRIGUES, 2021.

sobre resultados como esses, comparando-os com o imenso apoio que chegou a ter o movimento Indignados junto à sociedade espanhola, Castells afirma: "O que as eleições nos mostram é que a nova política, presente no movimento, e a velha política, presente nas instituições, estão desconectadas na mente dos cidadãos que devem decidir, em última instância, se ousam conciliar seus sentimentos com seus votos."[77] Ora, enxergar a fonte da contradição na mente dos cidadãos não nos parece justo. É preciso considerar que a política não é feita apenas de sonhos e ideais. Ela tem uma dimensão decisiva – lembremos, aqui, das origens militares do termo *hegemonia*. Essa dimensão contempla elementos políticos e orgânicos em relação aos quais a "velha política" muitas vezes tem se mostrado mais apetrechada do que a "nova política".

O caso do movimento Occupy merece uma consideração especial. O movimento demonstrou, na visão de Chomsky, "uma clara preocupação e um claro compromisso com questões de desigualdade, o poder extraordinário das instituições financeiras, o papel das finanças e do dinheiro em geral na compra e na formatação das eleições".[78] A visibilidade angariada pelo movimento teve impactos na elevação da consciência política de parcela significativa da sociedade e, em particular, da juventude, que passou a ter maior percepção sobre a raiz das desigualdades e sobre a realidade da luta de classes nos Estados Unidos. Uma pesquisa divulgada pelo *New York Times* em outubro de 2011 revelou que 46% dos cidadãos concordavam com as motivações do Occupy.[79]

Da mesma forma que o movimento Indignados, o Occupy também contribuiu para mudanças no sistema partidário dos Estados Unidos. Não no sentido da criação de um novo partido, algo inviável no âmbito de um sistema rigidamente bipartidário. O caso estadunidense resultou num processo de renovação do

77. CASTELLS, 2013, p. 116.

78. CHOMSKY, Noam. *Sistemas de poder: conversas sobre as revoltas democráticas globais e os novos desafios ao império americano*. Rio de Janeiro: Apicuri, 2013. p. 117.

79. ZELENY, Jeff; THEE-BRENAN, Megan. *New poll finds a deep distrust of government*. The New York Times, New York, October 25, 2011. Disponível em: <www.nytimes.com/2011/10/26/us/politics/poll-finds-anxiety-on-the-economy-fuels-volatility-in-the--2012-race.html>. Acesso em: 30 mar. 2023.

Partido Democrata, a partir da criação de uma corrente mais à esquerda em seu interior, liderada pelo senador Bernie Sanders e por nomes de uma nova geração política, como a deputada Alexandria Ocasio-Cortez. O movimento também representou um contraponto à perspectiva do Tea Party, corrente que surgira anos antes explorando pela direita o descontentamento com a crise, e propondo uma "reinvenção" da política com base em valores conservadores. Podemos afirmar, à guisa de balanço, que a principal resultante do movimento foi o fortalecimento da perspectiva socialista entre os jovens.

Há, por fim, aqueles processos que desaguaram em resultados diametralmente opostos àquilo que propunham. Nesses casos, não apenas o sistema político resistiu a qualquer mudança como saiu ainda mais fortalecido. O retrocesso se impôs seja pelo uso da repressão, seja pela experiência política dos poderosos, que, com habilidade, conseguiram neutralizar os levantes, canalizando-os para soluções dóceis do ponto de vista da ordem. Aqui, é preciso ter na devida conta que esses movimentos guardam um enorme potencial de contestação da ordem neoliberal. Por isso não são tolerados ou, quando parece que o são, logo veem mobilizada contra si toda sorte de meios de cooptação, sabotagem e desestabilização.

Foi o que aconteceu em todos os casos relevantes da dita "Primavera Árabe": aquilo que começou como um sonho de liberdade terminou com o pesadelo do autoritarismo.[80] Vários países assistiram à ascensão de governos francamente hostis aos anseios populares. Na Tunísia, berço da "Primavera Árabe", após a derrubada do regime de Zine El Abidine Ben Ali o país viveu um breve período de esperanças. Uma coalizão islâmica moderada, o Ennahad, tornou-se a principal força política do país. Alguns avanços foram registrados, mas o novo governo não rompeu com o neoliberalismo. Assim, a transição democrática não foi capaz de

---

80. Considero particularmente revelador das percepções sobre essa virada o depoimento de Layl (LAYL, Farida. *Dez anos após revolução, Egito é sinônimo de desesperança*. Deutsche Welle, 25 jan. 2021. Disponível em: <www.dw.com/pt-br/opini%C3%A3o-dez-anos-ap%C3%B3s-primavera-%C3%A1rabe-egito-%C3%A9-sin%C3%B4nimo-de-desesperan%C3%A7a/a-56338683>. Acesso em: 28 mar. 2023.)

proporcionar o acesso a melhores condições de vida. Persistiram os abusos de poder, as desigualdades e os demais motivos que levaram à imolação de Mohamed Bouazizi e à deflagração da revolta tunisiana. Em 2021, o desemprego entre os jovens era de 40,8%, segundo dados oficiais.[81] Essa realidade ampliou a frustração e a falta de perspectivas.

Em 2019 o país elegeu para a Presidência o advogado constitucionalista Kaïs Saïed. Ele baseou sua campanha em críticas à corrupção, à homossexualidade e aos direitos das mulheres. Também propunha restabelecer no país a pena de morte. Em julho de 2021, Saïed destituiu o primeiro-ministro, suspendeu as atividades do parlamento — meses depois, dissolvido — e concentrou todos os poderes em resposta a protestos. A rede *Al Jazeera* teve suas instalações invadidas pela polícia tunisiana, que expulsou jornalistas do país. Ainda em 2021, Saïed indicou uma primeira-ministra alinhada. Em 2022 aprovou uma nova Constituição, que mantém poderes presidenciais ampliados, e reduz o papel do parlamento.[82]

Há um caso, porém, no qual vale a pena nos determos um pouco mais, seja pela importância que teve para a "Primavera Árabe" — embora não a tenha iniciado —, seja por aquilo que revela em relação aos métodos de ação política das forças dominantes. Refiro-me à experiência da revolução egípcia, que guarda, do ponto de vista de seu desenrolar e de suas consequências, interessantes paralelos com o Junho brasileiro, a ser esmiuçado em capítulos posteriores. Analisemos então, mais de perto, o caso do Egito, para cuja descrição nos basearemos largamente em um esclarecedor artigo do economista egípcio Samir Amin, que acompanhou de perto os acontecimentos de 2011 em seu país.

---

81. *O que está acontecendo na Tunísia? Os pontos-chave de uma crise que desafia a única democracia árabe.* El País, Madri, 28 jul. 2021. Disponível em: <https://brasil.elpais.com/internacional/2021-07-28/o-que-esta-acontecendo-na-tunisia-os-pontos-chave-de-uma-crise-que-desafia-a-unica-democracia-arabe.html>. Acesso em: 28 mar. 2023.

82. *Tunísia: perfil do país que deu o pontapé inicial da Primavera Árabe.* BBC News Brasil, 14 nov. 2022. Disponível em: <www.bbc.com/portuguese/internacional-63602554>. Acesso em: 29 mar. 2023.s

2.2.1.5. O caso egípcio

Contra um pano de fundo de autoritarismo, desigualdades sociais, desemprego, inflação, corrupção e violência policial, a juventude egípcia saiu às ruas em janeiro de 2011. Pedindo "Pão, liberdade, igualdade e justiça social", os jovens queriam a queda de Mubarak e o fim de seu regime. Clamavam por eleições democráticas e por emprego, renda e distribuição da riqueza. Estavam fartos do sistema como um todo, mas, ao lado da pobreza e da ausência de democracia, a brutalidade da polícia estava no centro das denúncias.

No Egito de Mubarak havia um aparato tentacular de vigilância e repressão a serviço dos interesses das elites internas e externas. Entre os alvos preferenciais estavam as organizações oposicionistas. Porém, como é comum nesse tipo de regime, qualquer pessoa com atitudes alternativas podia virar alvo. As prisões muitas vezes se davam por motivos banais. Tortura e espancamentos eram práticas comuns[83]. Foi contra essa realidade de opressão política e econômica que a juventude se ergueu. Ela foi a ponta de lança de um movimento mais amplo, que, segundo Amin, era composto de quatro setores.[84]

O primeiro deles era a própria juventude conectada, a *shabab-al-Facebook*[85]. Em sua maioria, eram jovens universitários e diplomados,[86] a maioria deles sem emprego ou em ocupações precarizadas. Embora uma oposição direta ao capitalismo não fosse o centro de seu discurso, o posicionamento dos jovens era

---

83. Este foi, aliás, o motivo que desencadeou o movimento. Em junho de 2010, o jovem Khaled Said foi preso e espancado até a morte por supostamente postar um vídeo que denunciava a corrupção policial. Uma página no Facebook foi criada para protestar contra o assassinato. A página se tornou viral, e funcionou como ponto de aglutinação da juventude que ocuparia a praça Tahrir em 25 de janeiro de 2011. Um relato detalhado desse processo pode ser conferido em GERBAUDO (2021).

84. AMIN, 2011.

85. Juventude do Facebook.

86. O jovem apontado como criador da página do Facebook que protestava contra a morte de Khaled Said, Wael Ghonim, tinha esse perfil. "Ghonim era um jovem egípcio liberal e muçulmano devoto, oriundo da classe média egípcia e com MBA realizado na elitista Universidade Americana, no Cairo, assim como muitos outros ativistas digitais" (GERBAUDO, 2021, p. 122).

claramente contra o autoritarismo, a injustiça social e a subserviência aos Estados Unidos. Quando, em meio às manifestações, o presidente do Egito, Hosni Mubarak, nomeou o chefe da Inteligência Omar Suleiman como seu vice-presidente (cargo ocupado por Mubarak antes de assumir a Presidência, trinta anos antes, e que estava vago desde então), a palavra de ordem gritada pelos jovens era "Nem Mubarak nem Suleiman, ambos são americanos".[87]

Essa juventude foi às ruas evitando usar uma linguagem ideologicamente carregada. Suas palavras de ordem destacavam, de forma leve, os problemas sociais e políticos que flagelavam as classes subalternas. Muitos slogans tinham abertura semântica suficiente para permitir que fossem adotados por pessoas de qualquer orientação política. Alguns desses motes se limitavam a fazer chamados à participação. É o caso de *inzil, inzil, inzil*, palavra árabe para "desça"[88], ou seja, algo muito próximo do "Vem pra rua!" que marcou as manifestações brasileiras de 2013.

O segundo componente do movimento eram as organizações da esquerda revolucionária, muitas delas oriundas da tradição comunista, que goza de força e prestígio no Egito. Atuando em simbiose com a *shabab-al-Facebook*, esse segmento deu importante contribuição. A juventude conectada marchou junto com a esquerda tradicional, mas não sob sua liderança. Havia interação entre os dois segmentos, mas os jovens resistiam ao enquadramento em estruturas partidárias, que consideravam excessivamente rígidas. Ainda assim, era grande a identidade de objetivos entre os dois segmentos. Segundo Amin:

> *Os jovens e a esquerda radical perseguem três objetivos comuns: a restauração da democracia (fim do regime militar), a aplicação de uma nova política econômica e social favorável às classes populares (ruptura com a submissão às exigências do liberalismo mundial) e uma política internacional independente (ruptura com a submissão às exigências de*

87. AMIN, op. cit., p. 12.

88. GERBAUDO, 2021.

> *hegemonia dos Estados Unidos e de prolongamento de seu controle militar sobre o planeta). Eles fazem desta revolução democrática um movimento de sentido anti-imperialista.*[89]

Um terceiro segmento que se somou às mobilizações foi a classe média de perfil centrista. Sua maior referência era o diplomata Mohamed ElBaradei, o ex-diretor-geral da Agência Internacional de Energia Atômica agraciado com o Nobel da Paz em 2005. Ele tinha pretensões presidenciais, e chegaria a ocupar a Vice-Presidência do Egito por um curto período, em 2013[90]. O campo liderado por Elbaradei tinha objetivos basicamente democráticos. Esse segmento não encampou as bandeiras econômico-sociais do movimento, e não apresentava questionamentos quanto à aliança de Mubarak com os Estados Unidos.

O quarto vetor das mobilizações foi a Irmandade Muçulmana, uma organização religiosa que, a partir do final dos anos 1930, assume caráter de partido político islâmico[91]. Reprimida por governos nacionalistas de orientação secular, como o de Gamal Abdel Nasser (1956-1970), a Irmandade era tolerada por governos de inclinação conservadora. Cúmplice do regime de Mubarak, ela rompeu com ele para apoiar as manifestações, as quais chegara a condenar durante os quatro primeiros dias de protestos, certa de que o movimento não resistiria à repressão.

Os líderes da Irmandade Muçulmana são bilionários financiados pela Arábia Saudita,[92] país que rivalizava com o regime de Nasser pelo controle da região. Os quadros da Irmandade são oriundos da pequena burguesia conservadora, mas a organização tem uma base popular sustentada pelos serviços de caridade da

89. AMIN, 2011, p. 11.

90. *ElBaradei é empossado vice-presidente do Egito*. Estado de Minas, Belo Horizonte, 14 jul. 2013a. Disponível em: <www.em.com.br/app/noticia/internacional/2013/07/14/interna_internacional,422489/elbaradei-e-empossado-vice-presidente-do-egito.shtml>. Acesso em: 29 mar. 2023.

91. ZAHREDDINE, Danny; PIRES, Guilherme di Lorenzo. *A Irmandade Muçulmana egípcia: aspectos transnacionais e nacionais de sua atuação política*. Revista Carta Internacional, Belo Horizonte, v. 11, n. 1, p. 118-143, 2016.

92. AMIN, op. cit.; ZAHREDDINE; PIRES, op. cit.

confraria.[93] Essa base foi robustecida pelo crescimento da decepção com os regimes da era pós-Nasser, em particular o de Mubarak, que rompeu com qualquer perspectiva de desenvolvimento nacional soberano e se alinhou os ditames do neoliberalismo de Washington. Essa orientação fez crescer no país a pobreza e, com ela, a adesão ao islamismo, visto como "tábua de salvação". A Irmandade Muçulmana cresceu e enraizou-se nesse período, conquistando apoio também entre parcelas do lumpesinato, de onde recruta milícias pagas.[94]

A adesão desses quatro segmentos garantiu força às mobilizações, pois todos eles têm base popular ou representam segmentos populacionais numerosos. Sem dúvida, o destaque fica para a juventude conectada, que nada mais é, afinal, do que uma classe média empobrecida movida a anseios de liberdade e igualdade. A essa parcela logo se somariam as classes mais pobres, também diretamente afetadas pela crise, e os trabalhadores industriais, tendo muitas vezes à frente sindicatos influenciados por forças comunistas e de esquerda.

À luz das teorizações de Williams sobre sistemas hegemônicos apresentadas no primeiro capítulo deste livro, podemos atestar a presença, nas ruas do Egito, de quatro formações político-culturais: uma emergente, a *shabab-al-Facebook*, que deflagrou o processo e em grande medida lhe ditava os passos; uma oposicionista, os militantes e partidos da esquerda revolucionária; uma formação alternativa, a classe média democrata, que, embora com inclinações oposicionistas, não alimentava objetivos antissistêmicos; e, por fim, uma força residual, a Irmandade Muçulmana. Note-se que a separação analítica entre esses quatro segmentos não exclui a existência de zonas de intersecção.

Essas formações (as duas primeiras, contra-hegemônicas, e as duas últimas, não hegemônicas) travaram intensa disputa em torno do sentido e dos desdobramentos das mobilizações. A resultante da interação entre essas quatro forças, aliada à movimentação dos setores dominantes — que, mesmo fora das mobilizações, tentam interferir em seus rumos —, é que vai

93. Ibid.; ibid.

94. AMIN, 2011.

determinar o desfecho do movimento. Esse desfecho não será o almejado inicialmente por suas forças mais consequentes — as duas primeiras listadas acima. Vale a pena revisitar os acontecimentos para verificar como e por que isso se deu.

Num primeiro momento, o movimento enfraquece Mubarak, gerando fissuras no próprio regime. Parcelas das elites internas, e as forças dominantes no plano internacional, abandonam o ditador egípcio. Não haveria como ser diferente, em particular após o histórico discurso de Obama no Cairo, em 2009.[95] O mesmo Obama proporia, em 2011, uma transição democrática "suave". Ora, como se daria essa transição? "Abrindo negociação com a direita e com o centro, com a Irmandade Muçulmana e, eventualmente, com alguns democratas burgueses — o que isolaria a esquerda e a juventude", responde Amin.[96]

Mubarak é, assim, forçado à renúncia juntamente com seu vice, Omar Suleiman. O Conselho Supremo das Forças Armadas (CSFA) assume o poder e anuncia que nele permanecerá até a ocorrência de novas eleições. No período imediatamente posterior, o CSFA, ao mesmo tempo que tenta limitar o alcance das mudanças exigidas, bate-se por esvaziar o movimento, apelando fortemente à repressão. Mas os militantes seguem nas ruas, buscando dissolver o Legislativo biônico, pedindo a suspensão da lei marcial imposta pelas Forças Armadas e lutando para que o parlamento a ser eleito assuma caráter constituinte. A conferência do movimento também propõe que as novas eleições não sejam convocadas de imediato, a fim de assegurar um período de liberdade para que os manifestantes tivessem tempo de se organizar politicamente.[97] A queda de braço entre a militância e o CSFA persistiria durante todo o ano de 2011, com choques constantes nas ruas.

---

95. *Leia a íntegra do discurso de Obama no Cairo*. Folha de S.Paulo, São Paulo, 5 jun. 2009. Disponível em: <https://m.folha.uol.com.br/mundo/2009/06/576604-leia-a-integra-do-discurso-do-obama-no-cairo.shtml>. Acesso em: 31 mar. 2023 – na ocasião, o então presidente dos Estados Unidos falou em um "novo começo" na relação com o mundo árabe, pautado no respeito mútuo e na valorização da democracia.

96. AMIN, 2011, p. 13.

97. Ibid.

No dia 28 de novembro tem início um pleito conturbado, que se estenderia até o ano seguinte. Dele sai vitoriosa a Irmandade Muçulmana, agora travestida em Partido Liberdade e Justiça. Por que a Irmandade venceu? Por que tem base popular? Certamente, mas todos os outros segmentos com presença na praça Tahrir também a tinham. O que fez a diferença é que a Irmandade é uma *força política organizada* — e não apenas nas redes. Aqui, o fator *partido político*, que discutiremos em capítulo posterior, falou mais alto. Foi esse o elemento a permitir que uma revolução progressista, que nunca teve o caráter de uma revolução islâmica, acabasse levando ao poder... uma organização islâmica conservadora.

> *A Irmandade Muçulmana, embora não representasse a maioria dos egípcios, era o partido mais bem organizado, comparado aos inúmeros grupos que surgiram desde 2011, e, dentre todos, era um dos que tinha maior capacidade de mobilização social. A Irmandade, que não participara ativamente dos protestos, saiu fortalecida politicamente após a queda de Mubarak, e através do Partido Liberdade e Justiça ela conseguiu maioria nas eleições parlamentares e elegeu o seu candidato à Presidência, Mohamed Morsi, em 2012.*[98]

Os Estados Unidos aceitaram a vitória da Irmandade Muçulmana, que classificaram como uma força "moderada",[99] passível de diálogo.[100] Porém, menos de um ano depois, um golpe militar deporia o governo islâmico de Mohamed Morsi. Os militares voltam ao poder com a cínica aquiescência dos potentados ocidentais.[101] "Os Estados Unidos se voltaram contra o movimento

---

98. ZAHREDDINE; PIRES, 2016, p. 140.

99. AMIN, op. cit., p. 14.

100. COHEN, 2012.

101. "A despeito de seu declarado apoio à democracia e à mudança no mundo árabe após o despertar da Primavera Árabe, o então presidente Barack Obama não assumiu uma posição firme nem rejeitou o golpe contra o presidente eleito Mohamed Morsi." (KHASHOGGI, Jamal. *The U.S. is wrong about the Muslim Brotherhood: and the Arab world is suffering for it.* The Washington Post, Washington, DC, August 28, 2018. Disponível em: <www.washingtonpost.

pró-democracia no Egito e em outros países, embora no início eles [lhe] tivessem dado as boas-vindas", denuncia Gerbaudo[102]. Importante registrar que o Exército egípcio recebe dos Estados Unidos uma ajuda financeira que pode chegar anualmente a 1,5 bilhão de dólares[103]. A partir da volta dos militares ao poder, as tensões políticas opondo secularismo e islamismo escalaram a um ponto crítico, com a Irmandade Muçulmana sendo declarada força terrorista e posta na ilegalidade.[104]

O que aconteceu, portanto? Uma força residual — a Irmandade Muçulmana —, valendo-se de seu histórico de contradições, ainda que secundárias, com o regime, conseguiu adquirir certa aura oposicionista e, misturando-se à resistência, firmou-se como alternativa no período imediatamente posterior ao movimento, sagrando-se vitoriosa no certame eleitoral. Essa força residual teve sua vitória tolerada provisoriamente. Mas o imperialismo não confia em forças islâmicas — mesmo as moderadas —, em particular pelo suposto risco que representam para a segurança de Israel. A Irmandade Muçulmana chegou a se compromissar com os tratados em vigor com a nação judia, mas ainda assim Mohamed Morsi seria deposto em favor de um governo mais confiável, liderado por seu ministro da Defesa, o marechal Abdel Fattah al-Sisi, ainda hoje à frente do poder no comando de uma brutal ditadura militar.

Em síntese: uma força residual serviu de reserva para as forças dominantes.[105] Os irmãos muçulmanos contaram com a

com/news/global-opinions/wp/2018/08/28/the-u-s-is-wrong-about-the-muslim-brotherhood-and-the-arab-world-is-suffering-for-it>. Acesso em: 29 mar. 2023.) A respeito do apoio da França, cf.: FALEZ, Nicolas. *Dez anos após Primavera Árabe, desilusão dos egípcios da praça Tahrir continua*. RFI, 25 jan. 2021. Disponível em: <www.rfi.fr/br/mundo/20210125-dez-anos-ap%C3%B3s-primavera-%C3%A1rabe-desilus%C3%A3o-dos-eg%C3%ADpcios-da-pra%C3%A7a-tahrir-continua>. Acesso em: 28 mar. 2023.

102. GERBAUDO, 2021. p. 25.

103. COHEN, 2012.

104. GONZÁLEZ, Ricard. *Irmandade Muçulmana é declarada "organização terrorista" pelo Egito*. El País, 25 dez. 2013. Internacional. Disponível em: <https://brasil.elpais.com/brasil/2013/12/25/internacional/1387990292_961947.html>. Acesso em: 30 mar. 2023.

105. Note-se que a força alternativa corporificada na classe média liderada por ElBaradei também serviria de reserva para os setores hegemônicos. Após o golpe que depôs Mohamed Morsi, ElBaradei aceitou tornar-se vice-presidente do país, num movimento que visava neutralizar a

aquiescência do secularismo, antes que sobreviesse o acerto de contas. É que a Irmandade permitia a neutralização dos setores mais consequentes, canalizando parte da energia do movimento para um rumo menos agressivo sob a ótica do sistema. Isso possibilitou que os militares ganhassem tempo e manobrassem politicamente no médio prazo, de forma a reestabelecer o *status quo* no país.

A revolução egípcia de 2011 tem muito a ensinar. O exame dessa experiência ajuda a entender o desfecho de outros episódios, incluindo as manifestações brasileiras de 2013. Também nelas os setores dominantes manobram intensamente, seja através do uso da repressão em um primeiro momento, seja através de expedientes políticos ainda mais sofisticados do que aqueles empregados na experiência egípcia ou em outros países.

2.3. "CONTÁGIOS", DIFUSÃO, EMULAÇÃO E DECALQUE

Quando observamos os movimentos e aglutinações da sociedade civil analisados ao longo deste capítulo, chama atenção a recorrência de estruturas, estratégias e modos de atuação que podem ser flagrados tanto nos movimentos ligados às forças hegemônicas quanto no interior nas erupções não hegemônicas. Esses repertórios de atuação surgem em um país ou região e logo são adotados em outros espaços e tempos, configurando formas de "contágio" que resultam na formação de um patrimônio de práticas políticas e simbólicas encontráveis nas mais diversas ocorrências associativas.

A palavra *contágio*, entretanto, precisa ser problematizada. Como lembra Beissinger, o termo costuma referir-se, na Economia e na Ciência Política, aos efeitos de comportamentos de manada (por exemplo, aqueles que se verificam no mercado

classe média e encobrir a brutalidade do golpe. Após alguns meses no cargo, ao perceber que havia sido usado, ElBaradei renunciou (*ElBaradei renuncia à Vice-Presidência do Egito em protesto contra repressão*. G1, São Paulo, 14 ago. 2013b. Disponível em: <https://g1.globo.com/mundo/noticia/2013/08/elbaradei-renuncia-a-vice-presidencia-do-egito-em-protesto-contra-repressao.html>. Acesso em: 29 mar. 2023.).

financeiro) ou a transbordamentos ligados à proximidade geográfica[106]. É óbvio que nos casos em questão não se trata nem de uma coisa nem propriamente de outra. Estamos, diferentemente, diante de um fenômeno que surge da exploração de analogias entre uma situação atual e um caso anterior, que já se mostrou bem-sucedido.

Referindo-se ao modelo de revoluções coloridas — mas em afirmação extensível aos outros movimentos aqui analisados —, Beissinger nota que essas ocorrências não são fruto da proximidade (transbordamento) ou do conformismo (efeito de rebanho).[107] Por isso esse autor recusa o termo "contágio" e prefere classificar essas situações como resultantes da *emulação pelo exemplo*[108]. Bunce e Wolchik, embora também lancem mão do termo *emulação*, preferem encaixá-lo na definição mais ampla de *difusão*, que seria o espalhamento intra ou extraestatal de "ideias, instituições, políticas, modelos ou repertórios de comportamento"[109]. Já Castells, referindo-se aos movimentos contra-hegemônicos, fala em um "novo modelo organizacional" que, surgido nas experiências do Egito e da Espanha, "passou por um processo de coevolução entre os muitos lugares ocupados mediante a polinização cruzada, a consulta mútua e a retroalimentação".[110]

Embora o fenômeno da propagação de ideias e práticas possa ser definido de muitas formas, importa destacar, para os efeitos deste trabalho, que não pode ser concebido como algo estanque. Conforme mostraram Beissinger e Bunce e Wolchik, a repetição dos mesmos esquemas, ainda que com adaptações incrementais, torna-os cada vez menos efetivos conforme os casos se sucedem.[111] Pior ainda é a cópia pura e simples, o mero "decalque" de

---

106. BEISSINGER, 2007.

107. Ibid.

108. Esse termo já havia sido usado por Lênin em referência à disseminação de práticas coletivistas na Rússia do imediato pós-revolução. Cf: LÊNIN, Vladímir Ilitch. *As tarefas imediatas do poder soviético*. In: ______. *Obras escolhidas em três tomos*. Lisboa: Avante!; Moscou: Progresso, 1981b. v. 2, p. 557-587.

109. BUNCE; WOLCHIK, 2006b, p. 286, tradução nossa.

110. CASTELLS, 2013, p. 141-142.

111. BEISSINGER, 2007; BUNCE; WOLCHIK, op. cit.

uma situação para outra. Os casos de pura decalcagem costumam ser os menos bem-sucedidos — pelo menos enquanto insistem na cópia. É o que vimos nos primórdios do Occupy Wall Street.

Afirmar que esse movimento nasceu de convocações nas redes pode ser válido pelo que revela, mas não pelo que esconde. As chamadas precursoras eram inspiradas em exemplos como os da Grécia e do Egito. "Você está pronto para o momento Tahrir?", indagava a primeira convocação, postada em 13 de julho de 2011 no blog da *Adbusters*, uma revista de crítica cultural sediada em Vancouver, no Canadá. "Inundem a Baixa Manhattan, montem tendas, cozinhas, barricadas pacíficas e ocupem Wall Street",[112] dizia a postagem.[113] A data sugerida era 17 de setembro, dia em que se comemora o aniversário de assinatura da Constituição dos Estados Unidos.

A convocação logo foi reforçada por outros blogs e grupos, entre eles o coletivo de *hacktivistas* Anonymous. Iniciava-se um processo de debates que, no entanto, não chegaria a ganhar caráter de massa nas redes antes de confluir para as ruas, como havia acontecido no Egito e na Espanha. Mas a convocação da *Adbusters* também não caiu no vazio. Ela chamou a atenção de uma rede de coletivos militantes, que aproveitariam a chamada para mobilizar-se. Eles se aglutinaram em torno da criação da assembleia geral da cidade de Nova York, na qual predominavam grupos anarquistas.[114] A assembleia seria o núcleo inicial do movimento.

Ao analisar a trajetória do Occupy, Gerbaudo sugere que as primeiras convocações falharam em ganhar caráter massivo por causa de certo elitismo na comunicação, que priorizou o Twitter e desprezou uma ferramenta de maior alcance como o Facebook[115].

---

112. Essa postagem podia ser encontrada pelo menos até 2013 no endereço: <www.adbusters.org/blogs/adbusters-blog/occupywallstreet.html>. A página foi retirada, como se pode conferir.

113. KROLL, Andy. *Adbusters suggests Occupy Wall Street "declare 'victory'" and head home for winter*. Mother Jones, San Francisco, November 15, 2011. Disponível em: <www.motherjones.com/politics/2011/11/adbusters-occupy-wall-street-victory-nypd>. Acesso em: 29 mar. 2023, tradução nossa.

114. GERBAUDO, 2021.

115. Ibid.

Não deixa de ser curioso que, apesar do ímpeto em fazer "algo como Tahrir", as convocações tenham desconsiderado, em seus primórdios, a ferramenta mais usada pela juventude egípcia. Esse fator contribuiu para que o movimento seguisse, inicialmente, uma dinâmica distinta daquela de seus antecedentes. Embora tenha havido uma convocação inicial pelas redes, ela não se massificou. Em pleno país do Facebook e do Twitter, o Occupy foi se construindo lentamente, através de uma lógica de agregação presencial que culminou na primeira mobilização, ocorrida de fato no dia 17 de setembro.

A manifestação não foi grande, mas terminou com a ocupação do parque Zuccotti, um espaço público de administração privada no coração de Wall Street.[116] Nos dias seguintes, a violência policial, mais uma vez, contribuiu para chamar atenção da sociedade e despertar solidariedade em relação ao movimento, que logo se espalharia, gerando atividades e ocupações em mais de mil cidades americanas. Só a partir da ocupação na Baixa Manhattan as mídias sociais ganharam maior relevância.[117]

O Occupy se massificou no Twitter e no Facebook quando a ocupação já estava instalada. Ou seja: essas redes tiveram papel menor em convocar do que em sustentar o movimento, atraindo gente para as ocupações e criando uma ligação entre o dia a dia do parque Zuccotti e aqueles que não se encontravam lá. Neste ponto, entretanto, outra peculiaridade precisa ser lembrada. Nenhuma dessas redes teve o mesmo papel central desempenhado pelo Tumblr, cuja página *We Are the 99 Percent* "furou" as demais plataformas, ganhando certo apelo de massa ainda antes do 17 de setembro. A ideia era simples: reunir em uma mesma URL histórias de cidadãos atingidos pela crise. A iniciativa conectou o movimento com as pessoas comuns e foi decisiva para a construção da identidade do Occupy. Foi principalmente através do Tumblr que se popularizou o slogan "Nós somos os 99%".

---

116. O parque é administrado pelo banco Goldman Sachs e pela imobiliária Brookfield Properties. Cf.: ZUCCOTI Park. In: WIKIPEDIA: The Free Encyclopedia, September 14, 2022. Disponível em: <https://en.wikipedia.org/w/index.php?title=Zuccotti_Park&oldid=1110301866>. Acesso em: 31 mar. 2023.

117. GERBAUDO, op. cit.

> *A identidade construída na página do Tumblr era muito diferente daquela que se refletia no vínculo inicial com a Adbusters e na publicidade que ela produziu. A imagem da bailarina dançando sobre o touro [de Wall Street] evocou o formato dos enérgicos "partidos de protesto" do movimento antiglobalização e sua cultura do "faça você mesmo". [...] O conteúdo do Tumblr 99 percent rompeu esse imaginário declaradamente minoritário e voluntarista.*[118]

Portanto, quando analisamos o Occupy em seus primórdios, é possível perceber uma inclinação ao decalque. As primeiras convocações ainda traziam uma estética própria dos movimentos antiglobalização. No entanto, arrisco supor que a tendência à cópia ia além disso, abrangendo talvez uma excessiva fixação em reproduzir outros eventos do mesmo ciclo. Essa tendência pode ter acarretado certa idealização, isto é, um comportamento mais atento à reprodução de resultados do que à análise rigorosa da forma como foram produzidos — daí a subestimação de uma ferramenta como o Facebook. O fato é que foram necessários algum tempo e um acúmulo de articulações presenciais para que o movimento encontrasse seu leito próprio, e aqui exerceu grande papel a página do Tumblr, com sua crítica envolvente à ganância do mercado financeiro e seus efeitos sobre a vida das pessoas comuns.

É possível depreender da análise do Occupy Wall Street que a difusão de práticas e ideias envolve uma evolução e um aprendizado. Nesse processo, alguns elementos são abandonados, e passam à conta do testemunho da experiência passada. Outros são selecionados para investimento e adaptação, passando a servir em novas situações e realidades. Alguns elementos seguem em utilização, mas têm seu papel minimizado em relação a casos anteriores. Há, por fim, as inovações, que podem ser estruturais — quando implicam um salto de qualidade em relação a modelos anteriores — ou incrementais — quando se limitam a alterações tópicas e parciais.

118. GERBAUDO, 2021, p. 217.

Dessa forma vai-se compondo um arsenal de métodos de mobilização e ação política capazes de configurar, no limite, modelos como o que identificamos na análise de revoluções coloridas. E aqui devemos nos acautelar em relação a certas conotações acolhidas pela palavra *modelo*. Pois, por mais que ela sugira algo fixo e estabilizado, a verdade é que modelo algum sobrevive por largo período de tempo, principalmente sem experimentar transmutações. As próprias revoluções coloridas devem ser concebidas nesse dinamismo: embora sua ocorrência paradigmática tenha se dado no âmbito de sociedades da órbita pós-socialista, esse modelo não deixa de continuar inspirando lições e exalando repertórios. A difusão recente de ideias e expedientes por parte de uma extrema direita agora transnacionalizada, nucleada pelo trumpismo, baseia-se na observação atenta dessas experiências anteriores, hoje retomadas não como decalque, mas como a versão básica de soluções muito mais sofisticadas, adequadas a outros espaços e tempos.

2.4. DIFUSÕES E APRENDIZADO

Dando um passo à frente, é lídimo postular que essas mudanças evolutivas, fruto da experiência percorrida e do aprendizado, não ocorrem da mesma forma, com a mesma profundidade e o mesmo ritmo conforme tratemos de forças hegemônicas e não hegemônicas. Segundo Bunce e Wolchik, as redes de colaboração promovem processos de difusão que podem ser "formais ou informais"[119]. Essa é uma importante diferença entre as forças dominantes e as formações subalternas. Enquanto aquelas constroem redes de colaboração mais institucionalizadas, estas promovem a difusão de ideias e práticas de modo mais informal e menos planejado. Ora, por que as coisas se passam dessa forma?

Já Gramsci havia esclarecido que os fenômenos da consciência se manifestam de distintas e contraditórias maneiras consoante o grupo ou classe social que tenhamos em tela[120]. Essa

---

119. BUNCE; WOLCHIK, 2006b, p. 287.

120. GRAMSCI, 1977.

afirmação se aplica também ao aprendizado, às formas como um grupo examina sua experiência e extrai lições dela.

As classes e segmentos hegemônicos conseguem generalizar sua experiência e elaborar seu aprendizado de maneira mais sólida e menos fragmentada. Em primeiro lugar, porque sua experiência é mais extensa, assenta-se em trajetória mais longeva. Os grupos dominantes são produto de uma elaboração de séculos, assentada em toda uma experiência histórica percorrida por esses grupos — e, por meio das correias de transmissão da tradição, também pelos indivíduos que os representam. Nas palavras de Samir Amin,

> *A burguesia era inicialmente formada por famílias burguesas estáveis e, de geração em geração, os herdeiros desenvolveram as atividades especializadas de suas empresas. A burguesia foi construída e se construiu no longo prazo. Essa estabilidade encorajou a confiança nos "valores burgueses" e promoveu sua influência por toda a sociedade.*[121]

Os grupos hegemônicos têm à sua disposição um enorme volume de recursos, incluindo quadros atuando nas mais diversas áreas.[122] Por isso conseguem extrair lições dos acontecimentos mais rapidamente, cometem menos erros — e dificilmente os repetem. Além disso, as forças dominantes contam com uma dupla fonte de aprendizado: retiram lições de sua própria experiência, mas também vampirizam as lutas contra-hegemônicas, aprendendo com elas e buscando direcioná-las para seus próprios

121. AMIN, 2022, p. 174.

122. Em entrevistas que fizemos para o projeto de pesquisa "Nas redes e nas ruas: o ciberativismo à luz do materialismo cultural", desenvolvido sob nossa coordenação na Universidade Federal do Maranhão (UFMA), um ex-dirigente de organização juvenil de esquerda, hoje político experiente, lembra que na primeira metade da década passada já era visível o investimento financeiro da direita nas redes; isso proporcionou a esse campo político um maior entendimento a respeito dos algoritmos e das particularidades desse tipo de militância. Cf.: SOUSA, Maria Júlia Ferreira. *O reposicionamento das organizações juvenis de esquerda em ambiências virtuais no período pós-2013: o caso da União da Juventude Socialista (UJS).* Orientador: Fábio Palácio. 2020. Relatório final (Programa de Bolsas de Iniciação Científica) — Departamento de Comunicação Social, Centro de Ciências Sociais, Universidade Federal do Maranhão, São Luís, 2020.

objetivos. As classes dominantes não dominam à toa: são dotadas de grande descortino tático e conhecem diversificado repertório de manobras. Conseguem "variar o jogo" em maior medida, de forma a surpreender o adversário. No entanto, embora só isso já seja muito, seria um erro pensar que se trata de mera sagacidade tática. As forças dominantes têm, ainda, maior acuidade programática, discernem com clarividência seus objetivos estratégicos. Mais do que isso, conseguem projetá-los, através de seus aparelhos ideológicos, como objetivos "de todos", idênticos aos do conjunto da sociedade.

Entre os grupos subalternos, por outro lado, em função de sua relativa falta de autonomia histórica, decorrente da dominação, são mais agudos os efeitos da desagregação da consciência (decorrentes das contradições sociais). Entre essas forças é "mais grave e penosa a luta para libertar-se dos princípios impostos" e adquirir uma "consciência histórica autônoma",[123] isto é, uma consciência capaz de refletir seus verdadeiros interesses. Essa tendência conduz, frequentemente, à adesão acrítica a pressupostos que mais interessam ao adversário. Além disso, como detêm um arsenal menor em termos de recursos humanos e materiais, as forças não hegemônicas dificilmente aprendem com as iniciativas de seus antagonistas. Também encontram dificuldade em generalizar a própria experiência, em acumular ensinamentos a partir das próprias lutas, condenando-se, assim, à repetição de erros — às vezes infantis — e à retomada de fórmulas ultrapassadas, já condenadas pela história. Em função de tudo isso e de sua experiência histórica menos extensa, as classes subalternas caracterizam-se por possuírem consciência e práticas menos maciças e articuladas. Falta-lhes, muitas vezes, sagacidade tática e, mais do que isso, clareza estratégica.

Não obstante tudo isso, não nos pode passar despercebido que o pensamento dominante, embora mais articulado internamente, enfrenta os impasses oriundos de uma genuína inadequação ontológica. "As ideias da classe dominante são, em todas as épocas, as ideias dominantes", teorizavam Marx e Engels.[124] O

123. GRAMSCI, 1977, p. 1875.

124. MARX; ENGELS, 1982, p. 38.

excerto, tão célebre quanto rico em significados, reitera a ideologia dominante como pensamento de uma minoria sempre pronta a apresentar seus interesses particulares como os interesses do conjunto da sociedade. A afirmação contínua desses interesses autenticamente minoritários acarreta prejuízos cada vez maiores ao desenvolvimento social. Daí porque, com o passar do tempo, a disjuntiva entre a aparência "universalista" das ideias dominantes e sua essência particularista tende, afinal, a se impor.

Essa disjuntiva assume, no plano gnosiológico, a forma de debilidades cognitivas intrínsecas. Os setores dominantes jamais são completamente capazes de interpretar as reais condições que emolduram o exercício de sua hegemonia. Por mais que empreendam esforços maciços nesse sentido, o autoengano está sempre à espreita. Seu pensamento exibe forte inclinação ao tecnocratismo. Essa disposição é muito bem descrita por Octavio Ianni:

> *[...] os pesquisadores, assessores, policy-makers ou decision-makers não pensam todos os dados, problemas e relações, mas antes selecionam e calculam alternativas. [...] Ao lidar principalmente com fatores, variáveis e indicadores, esse pensamento esvazia os fatos de si mesmos. Retira os fatos de seus contextos reais, ao menosprezar as relações, os processos e as configurações histórico-estruturais. A inteligência de uma situação é reduzida à inteligência da performance mais adequada à preservação ou aperfeiçoamento do status quo.*[125]

É dessa forma que os setores dominantes, apesar da parafernália de meios e instituições culturais de que dispõem, também cometem equívocos, os quais, por sua vez, se somarão aos fatores imprevistos, bem como às "contradições conjunturais e estruturais que escapam ao seu controle".[126] Essas incongruências tendem a ser tanto maiores quanto mais uma dominância envelhece. Não por acaso, é mais comum que os interesses e a cosmovisão de uma classe ascendente, historicamente renovadora, coincidam

125. IANNI, Octavio. *Imperialismo e cultura*. Petrópolis: Vozes, 1976. p. 66-67.

126. Ibid., p. 66.

com os anseios e a visão de mundo de todas as classes populares — e, portanto, com os da maioria da sociedade. Como corolário, um bom indicador do definhamento de uma hegemonia é o fato de não mais conseguir ocultar a disjuntiva entre os interesses específicos dos setores dominantes e aqueles do conjunto da sociedade. O trabalho de "universalização" das ideias e concepções da minoria dominante torna-se, nesse caso, cada vez mais custoso. Quanto mais dificuldades uma ideologia tem de se fazer reconhecida por amplos segmentos sociais, tanto menos ela pode contribuir para a qualidade de uma hegemonia, e tanto mais exige o recurso a mecanismos de opressão. Em poucas palavras, o caráter de dominância que traduz a condição das ideias hegemônicas é, simultaneamente, sua força e sua fraqueza.

O mesmo se pode dizer, embora com sinal trocado, da cultura dos setores subalternos: sua fraqueza é, simultaneamente, sua força. Pois as ideias, os valores e as práticas das formações não hegemônicas representam um modo de vida majoritário, o qual é ontologicamente irredutível à visão de mundo das classes dominantes. Os interesses dos grupos subalternos coincidem, em qualquer hipótese, com os interesses do desenvolvimento do trabalho. De vez que se afirmem, esses interesses só poderão acarretar prejuízos à minoria privilegiada, jamais à totalidade do corpo social.

É bem verdade que, por condensarem a experiência dilacerada da maioria do corpo social, que vive sob condições extremas de exploração e opressão, as ideias e práticas dos segmentos subalternizados se expressam, em geral, de forma menos articulada, pois ainda não se acham depuradas dos pressupostos "onipresentes" do pensamento dominante. Essa desarticulação, porém, jamais é completa: pode ser maior ou menor conforme se trate desta ou daquela formação não hegemônica. É o que veremos a seguir.

2.5. FORMAÇÕES EMERGENTES E OPOSICIONISTAS NO CICLO 2011-13

Conforme vimos no primeiro capítulo deste livro, podemos identificar, entre os grupos não hegemônicos, formações oposicionistas, emergentes, alternativas e residuais. Esses segmentos materializam diferentes interesses: os grupos alternativos, por exemplo, não pretendem subverter a ordem, mas apenas vivenciá-la a partir de outra perspectiva e outros valores. Já as formações residuais têm como prioridade a própria sobrevivência — e não se trata, aqui, de uma sobrevivência meramente testemunhal. Esses grupos pretendem continuar cumprindo papel efetivo do ponto de vista político e simbólico, o que pode conduzi-los a diferentes soluções de compromisso com as forças da ordem hegemônica, de um lado, ou com grupos contra-hegemônicos, de outro.[127]

Mas as diferenças entre essas formações não se restringem a questões de orientação estratégica. Elas também podem revelar, dentro de uma mesma orientação, diferentes níveis de articulação e coerência interna no que respeita à formulação de suas ideias e perspectivas. Forças emergentes são renovadoras, mas nem sempre conseguem elaborar o significado dessa renovação com a mesma clareza que as forças oposicionistas, e pode acontecer até mesmo de confundirem o autêntico com o logro, a verdadeira renovação com a mudança meramente cosmética ou, pior, com a mudança de sentido regressivo. A fim de entender melhor esse ponto, vale a pena retornarmos às teses do materialismo cultural, alimentadas por elaborações de teóricos como Gramsci e Bakhtin.

Em *Marxismo e filosofia da linguagem*, Mikhail Bakhtin usa o termo *ideologia* para referir-se ao processo de produção do significado através de signos. Como explica Williams, na perspectiva bakhtiniana a ideologia é tomada como "a dimensão da experiência social em que significados e valores são produzidos".[128] Modelados pelos sistemas ideológicos, os sistemas linguístico-semióticos existem para dar feição concreta àqueles. Em outras

127. Veja-se, por exemplo, o que afirmam Zahreddine e Pires (2016, p. 130) a respeito de uma formação residual como a Irmandade Muçulmana, cuja atuação na revolução egípcia comentamos anteriormente: "Fica evidente o crescente pragmatismo da Irmandade Muçulmana, na medida em que ela buscou articular alianças políticas com grupos de ideologias distintas."

128. WILLIAMS, Raymond. *Marxism and literature*. Oxford: Oxford University Press, 1977. p. 70.

palavras, a linguagem estrutura a atividade mental, também chamada de *consciência*. A ideologia, por sua vez, condiciona a linguagem. Em outras palavras, todo signo é ideológico; o domínio dos signos é o mesmo da ideologia. Os arranjos ideológicos, por seu turno, refletem as estruturas sociais mais amplas.

No domínio da ideologia existem desníveis e irregularidades que configuram seus diversos níveis. Entre esses níveis há os mais formalizados, que conformam a consciência "oficial" ou "erudita": a ciência, a arte, a religião, a ética, o direito, o jornalismo, entre outros. Cada um possui uma orientação própria em relação à realidade que reflete e refrata. Dessa orientação particular brota sua função específica no conjunto da vida social. Se esses vários campos — a ciência e o jornalismo, por exemplo — são intercambiáveis e dialogam entre si, isso só é possível por conta de seu caráter igualmente semiótico, que "coloca todos os fenômenos ideológicos sob a mesma definição geral".[129]

Além desses sistemas estabelecidos, Bakhtin acusa a existência do que chama de "ideologia comportamental", instância em que não apenas se formam, mas também se renovam as ideologias oficiais, institucionalizadas. O que temos aqui é uma camada prática da consciência, que opera no nível da experiência concreta de vida e inclui os elementos que a referenciam. Essa camada é vívida, líquida, flexível e opõe-se às formas consagradas. Compõe-se de uma "atmosfera de fala interior ou exterior, não sistematizada nem fixa, que dota de significado cada uma de nossas instâncias de comportamento e ação e cada um de nossos estados 'conscientes'"[130].

Aquilo que em *Marxismo e filosofia da linguagem* é chamado de "ideologia comportamental" revela convergências em relação ao que é descrito, em outras obras, como "cultura popular". Na elaboração desenvolvida por Bakhtin, a cultura popular corresponde às formações simbólicas imperfeitas, instáveis, contrárias aos formalismos estreitos, ao cartesianismo e a "toda operação e decisão circunscritas ao domínio do pensamento e à concepção

129. BAKHTIN, Mikhail. *Marxismo e filosofia da linguagem*. 12. ed. São Paulo: Hucitec, 2006.

130. BAKHTIN, 2006, p. 119.

de mundo".[131] Conceituação similar foi trabalhada por Gramsci, e representa uma de suas contribuições ao debate sobre as estruturas ideológicas da sociedade. Tal qual Bakhtin, o pensador italiano vê a cultura popular como conjunto informal de práticas, valores e demais significados que existem a par das formações simbólicas propagadas de forma sistemática e reunidas sob o rótulo de *cultura erudita*. Ao contrário desta última, sancionada e transmitida pelas instituições educacionais e culturais, a cultura comunitária reúne traços de visões mais ou menos assistemáticas, articulando uma concepção de mundo que, embora brote da vida comunitária e afirme o estilo de vida autêntico das camadas populares, nem por isso é monolítica, livre de contradições. Note-se o sentido dialético dessa abordagem: a cultura popular compreende estratos fossilizados, conservadores e até retrógrados. Estes coexistem com elementos progressistas que se contrapõem, real ou potencialmente, aos esquemas oficiais, à moral e aos ditames das classes dirigentes.

Para Bakhtin, mesmo a consciência mais propriamente prática e comportamental encerra um nível inferior e outro superior. Os níveis inferiores são dotados de maior efervescência e vitalidade, enquanto os superiores são menos informais: são eles que se ligam aos sistemas ideológicos já completamente estruturados. Sendo, contudo, mais versáteis do que as ideologias estabelecidas, acabam por funcionar como a esfera em que germinam as primeiras energias daquilo que será futuramente um novo sistema formalizado — um novo método científico, uma nova formação religiosa, uma tendência artística de vanguarda. "As forças sociais emergentes encontram expressão ideológica e ganham forma, primeiro, nesses estratos superiores da ideologia do comportamento, antes que consigam dominar a arena de alguma ideologia oficial organizada", afirma Bakhtin.[132]

Na visão de Williams, a consciência prática "é um tipo de sentir e pensar que é realmente social e material, mas ainda em uma fase embrionária, antes que possa tornar-se um intercâmbio

131. BAKHTIN, 1999, p. 33., p. 2.

132. BAKHTIN, Mikhail. *Marxismo e filosofia da linguagem*. 12. ed. São Paulo: Hucitec, 2006, p. 120.

completamente definido e articulado. Sua relação com o já articulado e definido é excepcionalmente complexa".[133] Foi para entender essa relação "excepcionalmente complexa" que Williams criou o conceito de *estrutura de sentimento*, com o qual, entre outras motivações, pretendia compreender o fenômeno da *emergência*, isto é, das formações e práticas que irrompem para renovar a cultura. Conforme adiantamos no capítulo 1, Williams tende a conceber a noção de estrutura de sentimento em disjuntiva com a de ideologia. No entanto, entendemos que a contradição entre ambas não é necessária nem produtiva. As estruturas de sentimento podem ser concebidas como aquela zona de tensão entre os significados mais articulados e sistemáticos — que muitos veem como a única forma de ideologia — e a experiência primária da vida em comunidade, por definição mais instável e difusa.

Ainda que conceitos como os de *cultura popular* (Gramsci e Bakhtin), *ideologia comportamental* (Bakhtin) e *estruturas de sentimento* (Williams) não signifiquem rigorosamente a mesma coisa, todos eles chamam atenção para o fato de que a experiência vivenciada se encontra sempre previamente modelada, ainda que apenas de maneira instável, transitória e ambivalente. Essas conceituações parecem apostar na desconstrução de conceitos esquemáticos de ideologia como conjunto doutrinário rígido e inflexível, que se opõe à natureza fluida da experiência vivida. O que temos, em última instância, são diferentes níveis de cristalização da experiência. As ideologias mais elaboradas teoricamente — que configuram a chamada *cultura erudita* — representam a sedimentação de um nível mais fundamental e prático da existência humana. O relacionamento entre esses níveis, como destaca Eagleton, é dialético: "Os sistemas ideológicos formais devem retirar o sustento vital da ideologia do comportamento, sob o risco de definhar; mas também reagem vigorosamente a ela, determinando-lhe o 'tom'."[134]

Gramsci, Bakhtin e Williams pretendem captar a ebulição de novas formas de consciência que ainda não atingiram um grau razoável de formalização e lutam para firmar-se em meio à

133. WILLIAMS, 1977, p. 131.

134. EAGLETON, Terry. *Ideologia.* São Paulo: Editora Unesp; Boitempo, 1997. p. 54.

pressão das formas já estruturadas e inteiramente estabelecidas. Como explica Eagleton:

> *Essas experiências sociais ainda "em solução", ativas e prementes mas ainda não totalmente articuladas, sempre podem, é claro, sofrer incorporações nas mãos da cultura dominante [...]; os dois pensadores [Bakhtin e Williams] reconhecem, porém, um conflito potencial entre as formas de consciência "prática" e "oficial" e a possibilidade de relações variáveis entre elas: acordo, ajuste, incorporação, oposição total. Rejeitam, em outras palavras, aquelas concepções mais monolíticas e pessimistas de ideologia, para as quais a "consciência prática" não é mais do que uma instanciação obediente das ideias dirigentes.*[135]

É possível afirmar, tomando-se por base esse quadro de referência, que a principal diferença entre formações oposicionistas e emergentes, para além de questões de orientação estratégica, reside no fato de que os grupos oposicionistas exibem um nível mais articulado e coerente de elaboração de sua experiência e de seus objetivos. As forças emergentes, por outro lado, embora não apresentem o mesmo nível de racionalização, *sentem* melhor os impasses da vida social, intuem seus limites e contradições em um nível mais *líquido*, tanto mais próximo do que aqui chamamos de "ideologia comportamental". Em outro registro, e para lançar mão de conceitos que explicitamos no capítulo 1, podemos afirmar que, enquanto os grupos emergentes se acham mais afeitos à *consciência real*, as forças oposicionistas se aproximam da *consciência possível*.

Reside nessa diferença a fonte última dos dilemas enfrentados pelos movimentos da segunda onda. De maneira geral, esses movimentos não foram conduzidos por forças oposicionistas, mas por grupos emergentes. Esse fator é responsável tanto pela fortaleza do ciclo 2011-13 quanto por suas debilidades. As formações emergentes se caracterizam pela menor experiência política e pela relativa indefinição estratégica, fator que as torna mais

135. EAGLETON, 1997, p. 54.

abertas à disputa e, mesmo, à cooptação. Suas ações são, em grande medida, norteadas por vislumbres mais afetivos do que racionais. Essas características aumentam a margem de manobra das forças hegemônicas, que buscam, quando não reprimir, ao menos canalizar esses movimentos para o caminho da revolta estéril, sem maiores consequências.

Sem uma maior unidade entre formações oposicionistas e emergentes, dificilmente movimentos como os do ciclo 2011-13 alcançarão resultados robustos do ponto de vista da transformação social. Para que essa unidade seja alcançada, entretanto, é necessária uma dupla abertura: os grupos emergentes precisam reconhecer o papel dos grupos oposicionistas, sua capacidade de generalização da experiência anterior. Os grupos oposicionistas, por seu turno, precisam incorporar uma atitude menos vanguardista (ou "vanguardeira"), capaz de reconhecer a energia e a imensa vitalidade que brota espontaneamente das formações emergentes — uma energia sem a qual nenhum projeto transformador, por mais claro e consequente que seja, conseguirá se realizar.

3

"NÃO É PELOS VINTE CENTAVOS": FENOMENOLOGIA DAS MANIFESTAÇÕES DE 2013

As máscaras de Guy Fawkes espalhavam-se pela avenida Paulista na tarde de 20 de junho de 2013. Chegava ao ápice, ali, um dos principais movimentos de massas do Brasil em sua história recente. As manifestações de junho foram, inegavelmente, um movimento amplo, complexo e heterogêneo, que trouxe para o cenário do ativismo social e político novos atores e formas de agregação e protesto, nucleadas pela inédita utilização das mídias sociais na convocação e coordenação dos atos.

As manifestações de junho têm provocado ondas de reflexão sobre seu significado. Não raro nos deparamos com o entendimento de que aqueles acontecimentos condicionaram o processo político posterior[1]. Tornou-se recorrente ao longo do último período a ideia de que a inflexão política vivenciada pelo país nos anos seguintes, com a erosão rápida e continuada da hegemonia da esquerda, iniciou-se em junho de 2013. Será verídica essa percepção? Como explicar aqueles eventos? Que motivações haveria por trás do maior ciclo de protestos do pós-redemocratização?

Ao pisar terreno pantanoso, é prudente buscar as partes menos movediças. Partir daquilo que parece mais claro e pacificado pode ser um bom método quando se trata de explorar os sentidos de tão esquivo fenômeno. Isso nos remete às origens do movimento, que se relacionam à bandeira da melhoria do transporte urbano — uma luta que está longe de ter começado em 2013.

1. "O ano de 2018 foi gestado, mais acentuadamente, a partir de junho de 2013, naquelas jornadas cuja natureza ainda não nos foi dada ao pleno conhecimento", opina o ex-ministro Roberto Amaral em apreciação cujo teor tem sido comum entre formadores de opinião do campo progressista (AMARAL, Roberto. *A nação presa na gangorra*. Carta Capital, n. 984, p. 20, 27 dez. 2017).

3.1. ANTECEDENTES: A REVOLTA DO BUZU E CONGÊNERES

A mobilidade urbana é uma velha bandeira dos movimentos juvenis progressistas. Manifestações contra a carestia no transporte já ocorriam no Brasil desde pelo menos dez anos antes. A Revolta do Buzu (Salvador, 2003) e a Revolta da Catraca (Florianópolis, 2004-2005) foram alguns dos pontos altos dessa insatisfação. A primeira delas reuniu cerca de 40 mil pessoas[2]. Bloqueios foram realizados em distintos pontos da capital baiana. Cabe notar, sobre esse movimento, que abarcou formas de luta horizontais e descentralizadas — incluindo assembleias nos bairros e marchas alimentadoras[3] — antes mesmo do advento da *web* 2.0. Naquele momento, o emprego de formas horizontais de deliberação não significou o alheamento das entidades estudantis, que exerceram funções de coordenação e lideraram negociações com o poder público.

Entre 2004 e 2005, fatos semelhantes ocorreram na cidade de Florianópolis. Promovendo bloqueios — inclusive da ponte que dá acesso à cidade — e ocupando terminais, o movimento forçou o poder público a revogar o anunciado aumento das tarifas de transporte. Em 26 de outubro de 2004 foi aprovada a lei do passe livre estudantil. A Revolta da Catraca também inspirou a fundação do Movimento Passe Livre, em janeiro de 2005, durante uma plenária no Fórum Social Mundial de Porto Alegre. Naquela ocasião, ativistas pelo transporte urbano de várias partes do país criaram uma articulação federada que congregaria coletivos de várias cidades, dotados de autonomia orgânica e

2. MPL — MOVIMENTO PASSE LIVRE- SÃO PAULO. Não começou em Salvador, não vai terminar em São Paulo. In: MARICATO, Ermínia et al. *Cidades rebeldes: Passe Livre e as manifestações que tomaram as ruas do Brasil.* São Paulo: Boitempo; Carta Maior, 2013. p. 13-18.

3. Marchas alimentadoras: quando uma manifestação é construída a partir de concentrações em diversos locais, que se encaminham para um ponto central. Na revolta egípcia de 2011, tiveram grande papel na conquista da adesão das classes mais baixas, principalmente nas regiões periféricas do Cairo (GERBAUDO, 2021.).

sem lideranças ou centros de direção, mas unificados pelos mesmos princípios e modos de atuação.[4]

Outras lutas contra a carestia no transporte e pelo direito de ir e vir — algumas delas assumindo caráter de revoltas urbanas — se dariam em Vitória (2006), Brasília (2008-2009), São Paulo (2006, 2010-2011), Teresina (2011), Aracaju (2012) e Natal (2012). Muitas dessas mobilizações obtiveram revogações de aumentos. Em lugares como Brasília houve a aprovação do passe livre.[5] Ainda no mês de maio de 2013, logo antes das grandes manifestações de junho, protestos contra aumentos de tarifas eclodiram em Porto Alegre (abril), Natal (16 de maio) e Goiânia (21 e 28 de maio). Havia já, portanto, certa eletricidade no ar. Mas o que estava por acontecer, tendo São Paulo e Rio como epicentros, não era uma "revolta do buzu" como aquelas anteriores, mas algo de maior dimensão, que marcaria a história do país.

3.2. COMPOSIÇÃO DO MOVIMENTO

Costuma-se dizer que Junho de 2013 teve como protagonista a juventude urbana. Uma geração política fazia, então, sua estreia nas ruas, sob as influências contraditórias de uma década de governos de centro-esquerda no plano nacional e do neoliberalismo triunfante em âmbito planetário. Sob esse céu de lusco-fusco, ponteado de trevas e luzes, uma multidão tomou as ruas. Se considerarmos que desde 1992, com as passeatas pelo impeachment de Collor[6], o Brasil não vivenciava grandes manifestações de massas, não é de admirar que muitos estivessem participando pela primeira vez de um protesto. Segundo pesquisa nacional realizada pelo Ibope em sete estados do Brasil (SP, RJ, MG, RS, PE, CE, BA) e em Brasília durante a manifestação de 20 de junho de 2013, 46% das pessoas nunca haviam participado de um

---

4. LOCATELLI, Piero. *#VemPraRua: as revoltas de junho pelo jovem repórter que recebeu passe livre para contar a história do movimento*. São Paulo: Companhia das Letras, 2013.

5. MPL, 2013.

6. Houve alguns momentos altos da luta social após o movimento dos "caras pintadas", como é o caso da Marcha dos Cem Mil, ocorrida em 1999. Mas nenhum desses episódios teve a magnitude do "Fora Collor".

ato como aquele. Além disso, 63% dos manifestantes tinham até 29 anos.[7]

Mas a verdade é que 2013 foi menos uma questão etária do que de atitude: o movimento trazia consigo um novo etos — ou, em outra chave, aquilo que um autor como Raymond Williams classificou como uma nova *estrutura de sentimento*. Rodrigo Nunes menciona "os afetos mobilizados, as associações produzidas, contatos, redes, estruturas, práticas organizativas, repertórios de ação"[8]. Estamos falando da emergência de novas formas socioculturais, processo que nunca ocorre sem gerar ruídos e estranhamentos. Como sentenciou Castells em referência às manifestações de junho, trata-se de "um mundo que a gerontocracia dominante não entende, não conhece e que não lhe interessa, por ela encarado com suspeita quando seus próprios filhos e netos se comunicam pela internet, entre si e com o mundo, e ela sente que está perdendo o controle"[9].

A palavra de ordem "O gigante acordou", uma das mais destacadas nas manifestações, é indicativa desse processo de emergência e renovação sociocultural. Ora, o que significa exatamente esse despertar? Quem era o "gigante" que abandonava o sono esplêndido? Certamente não as forças contra-hegemônicas, que desde o fim da ditadura se batiam numa luta diuturna pela superação do neoliberalismo, em condições ora menos, ora mais favoráveis. O lema do gigante não fala do país como um todo, que nunca esteve "dormindo". Fala, sim, de uma juventude emergente, que inaugurava sua presença na arena pública ainda de forma hesitante, tateando a atmosfera política com as antenas de seus anseios muitas vezes difusos.

O episódio é por vezes identificado com a classe média, e essa percepção é em larga medida verdadeira. Entre os participantes da manifestação de 20 de junho de 2013 na avenida Paulista, 78%

---

7. *Veja pesquisa completa do Ibope sobre os manifestantes*. G1, São Paulo, 24 jun. 2013. Disponível em: <https://g1.globo.com/brasil/noticia/2013/06/veja-integra-da-pesquisa-do--ibope-sobre-os-manifestantes.html>. Acesso em: 6 maio 2023.

8. NUNES, Rodrigo. *Do transe à vertigem: ensaios sobre bolsonarismo e um mundo em transição*. São Paulo: Ubu, 2022. p. 180.

9. CASTELLS, 2013, p. 184.

eram pessoas com ensino superior, como mostra pesquisa do Datafolha realizada durante o ato[10]. Essa proporção cai para 43%, na mesma data, quando consideradas as oito metrópoles pesquisadas pelo Ibope — três delas (Salvador, Fortaleza e Recife) situadas no Nordeste.[11] No entanto, mesmo este último percentual é bastante alto, principalmente quando consideramos que, naquele período, apenas 8% dos brasileiros eram portadores de diploma, segundo dados de 2010.[12]

Em contraste com o alto número de graduados, era baixíssimo o número de jovens de baixa escolaridade, situação que predomina largamente na base da pirâmide social brasileira. No protesto do dia 20 de junho na avenida Paulista, apenas 2% tinham passado unicamente pelo ensino fundamental.[13] Na pesquisa realizada em sete capitais e no Distrito Federal, o dado sobre ensino fundamental não foi coletado, mas o Ibope revelou que 8% dos manifestantes tinham ensino médio incompleto — uma porcentagem igualmente baixa, considerada a realidade nacional[14].

É preciso notar, entretanto, como esses dados sobre escolaridade se relacionam com informações relativas a emprego e renda, formando um quadro que para muitos pode parecer paradoxal. Na pesquisa do Ibope, 15% tinham renda familiar de até dois salários-mínimos; para um total de 45% dos manifestantes, esse número não ultrapassava os cinco salários-mínimos.[15] Estamos claramente diante dos filhos de uma classe média empobrecida: jovens de alta escolaridade e baixa renda, muitos deles beneficiados pelas políticas de democratização do ensino superior promovidas no ciclo de governos Lula-Dilma. Segundo a pesquisa nacional do Ibope, 76% desses jovens estavam empregados.[16] Co-

---

10. *Manifestantes votariam em Barbosa para presidente*. Folha de S.Paulo, São Paulo, 22 jun. 2013b. Cotidiano, C6.

11. VEJA..., 2013.

12. SINGER, André. *Brasil, junho de 2013: classes e ideologias cruzadas*. Novos Estudos Cebrap, São Paulo, n. 97, p. 23-40, nov. 2013.

13. MANIFESTANTES..., op. cit.

14. VEJA..., op. cit.

15. Ibid.

16. Ibid.

tejados com as informações sobre renda, os dados sobre emprego revelam uma juventude ocupando postos de trabalho de baixa remuneração, muitos deles precarizados, incapazes de garantir perspectivas de futuro digno. O que temos é um perfil similar ao dos participantes das demais manifestações globais do ciclo 2011-2013. Estamos, novamente, diante dos "graduados sem futuro" de que fala Mason[17].

Ao sair às ruas, esses jovens de classe média baixa, que formam o contingente principal do movimento, acabaram atraindo outros segmentos sociais, alguns deles ainda mais desfavorecidos economicamente. Locatelli lembra que, na manifestação paulista de 17 de junho, uma coluna de ativistas saiu do Grajaú, região pobre e repleta de favelas na zona sul de São Paulo, e se deslocou até a ponte do Socorro, fechando o trânsito a alguns quilômetros do largo da Batata, onde acontecia a concentração principal.[18] No Rio de Janeiro, dados de uma pesquisa da Plus Marketing coligidos por Singer revelam que o movimento ganhou contornos nitidamente populares.[19] Entre os manifestantes cariocas do dia 20 de junho, chegavam a 14% os que tinham ensino fundamental completo ou incompleto. Além disso, 34,3% ganhavam até um salário-mínimo. Esses dados evidenciam como, a certa altura, "o movimento ganhou adesão e os sujeitos periféricos saíram de seus guetos, o que conferiu à luta traços de uma revolta popular"[20]. Contudo, o movimento não conheceu apenas a adesão de jovens da classe média empobrecida e da população da periferia. À medida que o movimento se ampliava, outros sujeitos, alguns deles compondo camadas mais bem aquinhoadas, ajudariam a engrossar as manifestações.

---

17. MASON, Paul. *Why it's still kicking off everywhere: the new global revolutions*. 2nd edition. London: Verso, 2012.

18. LOCATELLI, 2013.

19. SINGER, 2013.

20. FREDERICO, Celso. *Da periferia ao centro: cultura e política em tempos pós-modernos*. In: ______. *Ensaios sobre marxismo e cultura*. Rio de Janeiro: Mórula, 2016. p. 177.

3.3. ETAPAS DE JUNHO

Da mesma forma que reuniu grande diversidade de atores, o movimento também se desdobrou no tempo, conhecendo várias etapas. Dependendo do lugar e do momento, atores e organizações à esquerda e à direita alternaram-se em sua condução. Faz diferença se, ao nos referirmos a 2013, falamos do início ou do final de junho, e faz diferença se falamos de mobilizações em São Paulo, no Rio ou no Recife.[21]

Do ponto de vista das etapas, já se tornou comum periodizar as manifestações em três momentos principais. A primeira fase abrange as jornadas organizadas pelo Movimento Passe Livre (MPL) nos dias 6, 7, 11 e 13 de junho em São Paulo. No Rio, os primeiros atos aconteceram nos dias 6 e 10.[22] Essa fase gira em torno de uma pauta única: a revogação do aumento nas tarifas de transporte. Na capital paulista, o primeiro ato foi relativamente modesto: não reuniu mais do que duas mil pessoas.[23] Esse quantitativo se ampliou para cinco mil no dia seguinte.[24] O mesmo número[25] verificou-se nos protestos dos dias 11 e 13[26].

21. Para um bom panorama das diferenças regionais do movimento, com rica descrição das peculiaridades assumidas pelas manifestações em capitais como Belo Horizonte, Brasília, Porto Alegre, Curitiba, Florianópolis, Fortaleza, Recife, São Luís e Vitória, cf.: MORAES, Alana et al. (Org.). *Junho: potência das ruas e das redes*. São Paulo: Fundação Friedrich Ebert, 2014.

22. *Rio tem confronto de manifestantes e PMs*. Folha de S.Paulo, São Paulo, 11 jun. 2013. Cotidiano, C4.

23. *Protesto contra aumento de ônibus tem confronto e vandalismo em SP*. Folha de S.Paulo, São Paulo, 7 jun. 2013a. Cotidiano, C1. Disponível em: <www1.folha.uol.com.br/fsp/cotidiano/112751-protesto-contra-aumento-de-onibus-tem-confronto-e-vandalismo-em-sp.shtml>. Acesso em: 15 jun. 2023.

24. BERGAMIM JR., Giba. *Novo ato contra tarifa faz até colégio fechar mais cedo*. Folha de S.Paulo, São Paulo, 8 jun. 2013. Cotidiano, C1. Disponível em: <www1.folha.uol.com.br/fsp/cotidiano/112953-novo-ato-contra-tarifa-faz-ate-colegio-fechar-mais-cedo.shtml>. Acesso em: 15 jun. 2023.

25. Fornecido pela PM. As estimativas do MPL, quando citadas nos jornais, são sempre de duas a quatro vezes maiores.

26. *Bombas e balas de borracha deixam centro em pânico*. Folha de S.Paulo, São Paulo, 14 jun. 2013. Cotidiano, C2. Disponível em: <www1.folha.uol.com.br/fsp/cotidiano/113959-bombas-e-balas-de-borracha-deixam-centro-em-panico.shtml>. Acesso em: 15 jun. 2023.
Protestos mais violento contra tarifa tem confrontos em série e vandalismo em SP. Folha de S.Paulo, São Paulo, 12 jun. 2013b. Cotidiano, C1. Disponível em: <www1.folha.uol.com.br/

O ápice da etapa protagonizada pelo MPL aconteceu no dia 13 de junho, quando a truculência da polícia resultou em pelo menos 7 repórteres feridos[27] e mais de 200 militantes presos. Ativistas foram alvejados por bombas de gás lacrimogêneo e balas de borracha. Atingido por uma dessas balas, o repórter fotográfico Sérgio Silva, da agência Futura Press, ficou sem a visão do olho esquerdo.[28] Filmada por manifestantes e transeuntes, a truculência da polícia paulistana foi exposta no YouTube. O cenário de guerra gerou grande comoção não apenas na cidade de São Paulo, mas em todo o país. Uma onda de solidariedade se formou, unificando insatisfações e anseios, preparando terreno para o que estava por vir.

Tem início, então, a segunda etapa do movimento — aquela em que os atos alcançam maior expressão de massas. Consternado com a violência policial, um tropel multifacetado toma as ruas. Essa fase tem início no dia 17 de junho, quando mais de 250 mil pessoas protestam em 12 capitais e 16 cidades do interior. O maior ato ocorreu no Rio de Janeiro, reunindo 100 mil pessoas, enquanto em São Paulo 65 mil manifestantes foram contabilizados.[29] No Rio ocorre a ocupação do prédio da Assembleia Legislativa.[30] Em Brasília, manifestantes rompem o cordão de isolamento da Polícia Militar e ocupam a marquise do Congresso Nacional, no episódio que se tornaria a "foto oficial" de 2013.[31]

---

fsp/cotidiano/113648-protesto-mais-violento-contra-tarifa-tem-confrontos-em-serie-e-vandalismo-em-sp.shtml>. Acesso em: 15 jun. 2023.

27. *Jornalistas são feridos por disparos de policiais militares.* Folha de S.Paulo, São Paulo, 14 jun. 2013. Cotidiano, C2. Disponível em: <www1.folha.uol.com.br/fsp/cotidiano/113960-jornalistas-sao-feridos-por-disparos-de-policiais-militares.shtml>. Acesso em: 15 jun. 2023.

28. PEREZ, Olivia Cristina. *Sistematização crítica das interpretações acadêmicas brasileiras sobre as Jornadas de Junho de 2013.* Revista Izquierdas, Colômbia, n. 50, jun. 2021. p. 10.

29. *Protestos pelo país reúnem mais de 250 mil pessoas.* G1, São Paulo, 18 jun. 2013b. Brasil. Disponível em: <https://g1.globo.com/brasil/noticia/2013/06/protestos-pelo-pais-reunem-mais-de-250-mil-pessoas.html>. Acesso em: 30 maio 2023.

30. NADDEO, André; CIRILO JUNIOR. *RJ: manifestante teria sido baleado em frente à Alerj.* Terra, São Paulo, 17 jun. 2013. Disponível em: <www.terra.com.br/noticias/brasil/cidades/rj-manifestante-teria-sido-baleado-em-frente-a-alerj,1dec47206f45f310VgnVCM20000099cceb0aRCRD.html>. Acesso em: 4 maio 2023.

31. *Manifestantes invadem cobertura do Congresso Nacional.* G1, Brasília, 17 jun. 2013a. Distrito

Dois dias depois, em 19 de junho, o poder público anunciava a revogação do aumento das passagens. Algo entre 50 e 100 cidades seguiriam o exemplo de São Paulo, reduzindo suas tarifas de transporte.[32] Sentindo-se empoderados, os militantes decidem permanecer nas ruas. Muitos passam a defender o passe livre.

O movimento chega ao clímax em 20 de junho, quando mais de 1,2 milhão de pessoas ocupam as ruas de pelo menos 100 cidades brasileiras. O maior ato novamente ocorreu no Rio, onde 300 mil pessoas protestaram, enquanto em São Paulo 100 mil foram às ruas.[33] Os manifestantes invadiram as principais cidades do país externando uma miríade de reivindicações atomizadas, nem sempre coerentes entre si. Segmentos do campo político conservador misturam-se, então, aos manifestantes e aproveitam a onda de participação para propagar suas ideias. Entusiasmam-se com o campo fértil que encontram, e passam a disputar intensamente o protagonismo.

A partir do dia 17 de junho, o perfil dos manifestantes se altera. Placas tectônicas se movem também no campo das simbologias e demandas. As bandeiras do Brasil começam a tomar espaço na mesma proporção em que ganham corpo os gritos contra a corrupção e os altos impostos. No dia 20, o Ibope perguntou aos manifestantes quais razões os levaram às ruas. Quando consideradas as três principais reivindicações citadas espontaneamente, a mudança do ambiente político já aparecia em primeiro lugar, lembrada por 65% das pessoas, com 49% delas fazendo uma específica menção ao problema da corrupção. A questão do transporte se deslocava para a segunda posição, com 53,7% das respostas.[34]

Segundo Locatelli, a partir do dia 17 de junho uma "classe média menos simpática aos movimentos sociais mostrava sua

---

Federal. Disponível em: <https://g1.globo.com/distrito-federal/noticia/2013/06/manifestantes-invadem-cobertura-do-congresso-nacional.html>. Acesso em: 31 maio 2023.

32. LOCATELLI, 2013; MPL, 2013.

33. *Protestos pelo país têm 1,25 milhão de pessoas, um morto e confrontos*. G1, São Paulo, 21 jun. 2013c. Brasil. Disponível em: <https://g1.globo.com/brasil/noticia/2013/06/protestos-pelo-pais-tem-125-milhao-de-pessoas-um-morto-e-confrontos.html>. Acesso em: 31 maio 2013.

34. VEJA..., 2013.

cara"[35]. Singer fala em "cruzamento de classes" e cita um relato que ilustra essa definição[36]. O fato teria ocorrido durante a manifestação do dia 17, em uma estação de metrô de São Paulo. "Enquanto um grupo de jovens da periferia promovia uma espécie de 'passe livre já' por meio do 'pula catraca', jovens de classe média gritavam para eles: 'Sem vandalismo, sem vandalismo'." Para Singer, o episódio revela a existência de uma "tensão latente, às vezes transbordante", entre as distintas classes e segmentos que se somavam ao caudal das manifestações.[37]

A terceira etapa das jornadas tem início no final de junho e se estende até outubro, quando acontecem, já esvaziadas, as últimas passeatas. O MPL, protagonista da fase inicial do movimento, retira-se aos poucos de cena, impotente em pautar o sentido e os rumos das manifestações. O Rio de Janeiro se torna, a partir de julho, palco de protestos quase diários, liderados por militantes, artistas, midiativistas e coletivos de exibição pública de imagens[38]. Um dos ápices dessa fase foi o movimento "Ocupa Cabral", que consistiu em um acampamento com vigílias em frente à casa do governador do estado. Os ativistas cobravam informações sobre o pedreiro Amarildo, morador da favela da Rocinha desaparecido após abordagem de agentes da Unidade de Polícia Pacificadora (UPP). Exigiam também o impeachment do governador Sérgio Cabral, chamado de "ditador".[39]

Esse foi também um período de ascenso da luta sindical e trabalhista. Dados do Dieese mostram que 2013 registrou 2.050 greves, um crescimento de 134% em relação ao ano anterior, quando houve 877 greves. Esse número foi o maior de toda a série histórica.[40] O momento alto dessa onda reivindicatória foi

---

35. LOCATELLI, 2013, pos. 384.

36. SINGER, 2013, p. 32.

37. Ibid., p. 40.

38. Destaca-se, aqui, a ação do Coletivo Projetação, exibindo imagens e textos poéticos nos prédios do Leblon e em delegacias onde se encontravam detidos manifestantes de 2013.

39. *"Ocupa Cabral" promete outra noite em frente a casa do governador do RJ.* G1, Rio de Janeiro, 29 jul. 2013. Disponível em: <https://g1.globo.com/rio-de-janeiro/noticia/2013/07/ocupa-cabral-promete-outra-noite-em-frente-casa-do-governador-do-rj.html>. Acesso em: 3 maio 2023.

40. DIEESE. *Balanço das greves em 2013.* Estudos e Pesquisas, São Paulo, n. 79, dez. 2015.

a greve geral convocada pelas centrais sindicais no dia 11 de julho.[41] A paralisação foi bem-sucedida, reunindo cerca de 200 mil pessoas em mais de 150 cidades do país.[42] No Rio de Janeiro, entre agosto e outubro de 2013, professores das redes estadual e municipal paralisaram suas atividades por condições de trabalho dignas. A greve produziu duas grandes manifestações, em 7 e 15 de outubro, que polarizaram, na capital carioca, a reta final do ciclo de junho. A primeira delas, de maior dimensão, reuniu entre 10 mil — na contagem da PM — e 50 mil pessoas — segundo os organizadores.[43] Como parte do movimento grevista, uma segunda ocupação da Câmara Municipal teve lugar em 26 de setembro.[44] O primeiro "Ocupa Câmara" havia ocorrido em agosto, para acompanhar uma CPI sobre concessões no transporte público.[45] Desde a segunda metade de julho, muitas outras sedes de câmaras municipais vinham sendo ocupadas ao redor do país.[46]

Nos protestos do dia 7 de outubro no Rio de Janeiro — impulsionados pela violenta repressão policial contra a greve —, as reivindicações dos professores foram o vértice de um conjunto mais amplo de demandas que falavam do transporte público, do sumiço do pedreiro Amarildo e da remoção de populações para a execução de obras relacionadas à Copa do Mundo. Essa

41. BARRUCHO, Luís Guilherme. *Centrais sindicais testam Dilma com paralisação nacional.* BBC News Brasil, São Paulo, 11 jul. 2013. Disponível em: <www.bbc.com/portuguese/noticias/2013/07/130711_paralisacao_trabalhadores_lgb>. Acesso em: 27 abr. 2023.

42. SECCO, 2013. p. 78.

43. BARREIRA, Gabriel; THUM, Tássia. *Após ato pacífico de professores no Rio, grupo tenta incendiar Câmara.* G1, Rio de Janeiro, 8 out. 2013. Disponível em: <https://g1.globo.com/rio-de-janeiro/noticia/2013/10/apos-ato-pacifico-de-professores-no-rio-grupo-tenta-incendiar-camara.html>. Acesso em: 15 jun. 2023.

44. MAIA, Gustavo. *Professores da rede municipal ocupam plenário da Câmara no Rio.* UOL, São Paulo, 26 set. 2013. Disponível em: <https://educacao.uol.com.br/noticias/2013/09/26/professores-da-rede-municipal-ocupam-plenario-da-camara-no-rio.htm>. Acesso em: 4 maio 2023.

45. BARREIRA, Gabriel. *Manifestantes decidem manter ocupação da Câmara Municipal do Rio.* G1, Rio de Janeiro, 10 ago. 2013. Disponível em: <https://g1.globo.com/rio-de-janeiro/noticia/2013/08/manifestantes-decidem-manter-ocupacao-da-camara-municipal-do-rio.html>. Acesso em: 4 maio 2023.

46. *Ao menos 23 cidades tiveram Câmaras ocupadas.* Rede Brasil Atual, São Paulo, 25 jul. 2013. Política. Disponível em: <https://dev.redebrasilatual.com.br/politica/ao-menos-23-cidades-tiveram-camaras-municipais-ocupadas-3546>. Acesso em: 2 jun. 2013.

manifestação foi um dos raros momentos em que a juventude emergente marchou em harmonia com atores e grupos contra-hegemônicos, incluindo sindicatos e partidos políticos. "No 7-O, organizações e coletivos de base, sindicatos e ativistas juntavam-se num sincretismo multitudinário impossível de ser representado: um devir-sindicato da multidão e um devir-multidão do sindicato".[47]

É também na terceira fase que as reivindicações decantam e se segmentam. Isso ficaria claro nas celebrações do Sete de Setembro. De um lado, o Grito dos Excluídos, tradicional evento das esquerdas realizado na data nacional, reuniu cerca de 2 mil pessoas só no Rio de Janeiro.[48] Outras convocações, embora igualmente usando simbologias e motivos ligados às manifestações de junho, vinham de setores avessos ao que ocorria no Grito dos Excluídos. Essas convocações ostentavam o verde-amarelo e carregavam as tintas em críticas ao governo e ao sistema político em geral. A profusão de símbolos nacionais — hinos, bandeira, camisas da seleção — metaforizava uma ideia de nação una e indivisa, sem contradições ou componentes de diversidade, indicando que uma lógica de cunho fascistizante se alastrava perigosamente.

À medida que o movimento caminha para o ocaso, a maré participativa recua e dá lugar à violência de pequenos grupos. Os ímpetos violentos associados ao fetichismo da imagem assumem as rédeas. Em protestos liderados por *black blocs* e outros grupos anarquistas adeptos da "ação direta", o movimento revela sua face *tânatos*. As pulsões destruidoras ganham força à medida que o movimento definha, passando a devotar-se às depredações espetaculosas de bancos e outros símbolos do capitalismo. "A 'paixão pela destruição', tão louvada pelo jovem Bakunin,

47. COCCO, Giuseppe. *Introdução: a dança dos vagalumes*. In: CAVA, Bruno; COCCO, Giuseppe (Org.). *Amanhã vai ser maior: o levante da multidão no ano que não terminou*. São Paulo: Annablume, 2014. p. 15.

48. ANDRADE, Hanrrikson de. *"Grito dos Excluídos" percorre avenida no centro do Rio após desfile da Independência*. UOL, Rio de Janeiro, 7 set. 2013. Cotidiano. Disponível em: <https://noticias.uol.com.br/cotidiano/ultimas-noticias/2013/09/07/grito-dos-excluidos-percorre-avenida-no-centro-do-rio-apos-desfile-da-independencia.htm>. Acesso em: 1 jun. 2023.

fazia o seu ingresso em nossa vida política"[49]. Em seus estertores, o movimento decola de vez do solo da realidade e fica claro o abismo que há entre a retórica anárquica de recusa das mediações políticas e a existência de demandas concretas que clamam pela ação do Estado — e, portanto, por mediações políticas. Nas palavras de Nunes:

> *aqueles que seguiram nas ruas tenderam cada vez mais a compensar a falta de espaço para uma radicalização programática com a radicalização da própria identidade. Sem interlocução institucional, e com apoio popular e capacidade de mobilização em declínio, restava-lhes exagerar a performance de conflito para tentar projetar a imagem da força que haviam perdido.*[50]

Embora os impulsos anárquicos tenham se tornado mais nítidos na reta final do movimento,[51] não se pode dizer que não rondassem as manifestações desde seus primórdios. Isso resta bem expresso naquele que se tornou o principal símbolo do movimento: a máscara de Guy Fawkes. Popularizada no filme *V de vingança*, baseado na história em quadrinhos de Alan Moore e David Lloyd, a máscara era usada por um personagem de inspiração anarquista que lutava contra o totalitarismo em uma Inglaterra distópica. O adereço reproduz o rosto de Guy Fawkes, soldado britânico que tomou parte no episódio conhecido como Conspiração da Pólvora, em que rebeldes tramaram a explosão do parlamento inglês durante uma sessão em 1605 e o assassinato do

49. FREDERICO, 2016, p. 179.

50. NUNES, 2022, p. 187.

51. Momento alto dessa tendência foram as demonstrações de grupos *black blocs* nos atos do Sete de Setembro de 2013. Anunciados pelo grupo Anonymous como uma autêntica sublevação popular, o "maior protesto da história do país" (*Protestos e tumulto marcam 7 de Setembro pelo país*. BBC News Brasil, 7 set. 2013a. Disponível em: <www.bbc.com/portuguese/noticias/2013/09/130907_sete_setembro_mm>. Acesso em: 2 jun. 2023), os atos não chegariam a reunir contingentes expressivos, e em muitos lugares acabaram degringolando em cenas de batalha campal (*"Black Blocs" assumem linha de frente em SP*. Folha de S.Paulo, São Paulo, 8 set. 2013. Poder, A10. Disponível em: <www1.folha.uol.com.br/fsp/poder/128016-black-blocs-assumem-linha-de-frente-em-sp.shtml>. Acesso em: 16 jun. 2023).

rei protestante Jaime I, a fim de dar início a um levante católico. Fawkes era o responsável por guardar os barris de pólvora que seriam utilizados para explodir o parlamento. Terminou capturado pouco antes da execução do plano, e foi enforcado e esquartejado. Quatro séculos depois, tornou-se o símbolo de movimentos ciberlibertários como o grupo Anonymous, que surge usando o *hacktivismo* como forma de promover a liberdade de expressão na internet. A máscara se popularizou globalmente com os movimentos Indignados e Occupy.

Objeto de intensas disputas entre correntes e visões distintas, por vezes antagônicas, as manifestações chegam ao final de outubro com uma resultante política confusa e pouco definida. Há quem, como Nunes[52], fale em uma quarta etapa do movimento, que se estenderia até a Copa do Mundo de 2014, configurando um *ciclo longo* de protestos que não teria durado poucos meses, mas cerca de um ano. Se é que podemos falar nessa etapa derradeira, ela teve por eixo as críticas à corrupção, ao sistema político, aos investimentos realizados para a Copa do Mundo (também para as Olimpíadas, que ocorreriam em 2016) e a denúncia dos despejos de populações por conta dos megaeventos esportivos. Esse é também o período dos chamados *rolezinhos*, como ficaram conhecidas as visitas de jovens da periferia a shopping centers, organizadas via redes da internet. Os *rolezinhos* não deixavam de ser uma forma de ocupação, ainda que efêmera. Encarnavam um dos eixos marcantes não apenas das manifestações de 2013, mas de todo o ciclo global a que pertencem: a denúncia da privatização dos espaços públicos, higienizados contra qualquer dissensão social e política, inacessíveis à população mais pobre, colocados a serviço do consumo e do fetichismo da mercadoria.

A energia posta em circulação pelas manifestações de 2013 gerou relevantes conquistas, algumas mais tangíveis, como as revogações dos aumentos de tarifas e os "pactos em favor do Brasil" propostos pela presidenta Dilma Rousseff, sobre os quais falaremos adiante. Mas os protestos também arrancaram dos setores dominantes inesperados reconhecimentos. De forma constrangida, o jornal *O Globo* pediu desculpas pelo apoio dado à ditadura

52. NUNES, 2022.

militar de 1964[53]. Governantes de diversos níveis admitiram falhas no diálogo com a população, e os movimentos sociais, pelo menos durante certo intervalo de tempo, passaram a contar com uma atmosfera mais favorável ao acolhimento de suas demandas.

3.4. BANDEIRAS DE JUNHO

Como fica claro em sua fase mais massiva, as manifestações de junho não tiveram seu escopo restrito à questão tarifária. O lema "Não é pelos vinte centavos", um dos mais populares entre os cartazes exibidos pelos manifestantes, expressa essa tendência. Outras reivindicações entrariam em cena, chegando a ofuscar a bandeira inicial agitada pelo MPL — nem um centavo a mais na tarifa do transporte público. Que outras reivindicações eram essas? Quais suas motivações? É importante auscultar os sentidos do movimento com base no que propunham seus próprios artífices. Para isso, devemos passar em revista as bandeiras agitadas em junho de 2013. A tarefa revela-se, a princípio, não muito simples, pois as manifestações trouxeram à tona uma verdadeira sopa eclética de anseios e demandas muitas vezes contraditórias entre si. É possível identificar, contudo, em meio ao mar de bandeiras específicas, eixos unificadores que revelam demandas de maior alcance e dimensão, capazes de fornecer as grandes linhas de síntese do movimento.

Na pesquisa nacional realizada pelo Ibope em 20 de junho, procurou-se entender as motivações da militância presente aos protestos. Quando levada em conta apenas a primeira resposta dada de modo espontâneo, a questão do transporte público aparecia em primeiro lugar, com 37,6% das menções, seguida de preocupações com o ambiente político (29,9%). A saúde figurava na terceira posição, lembrada por 12,1% dos entrevistados. Em quarto e quinto lugar surgiam, praticamente empatadas, a luta contra a PEC 37 (5,5%)[54] e a questão da educação (5,3%).

53. *Apoio editorial ao golpe de 64 foi um erro*. O Globo, São Paulo, 31 ago. 2013. Política. Disponível em: <https://oglobo.globo.com/politica/apoio-editorial-ao-golpe-de-64-foi-um-erro-9771604>. Acesso em: 28 mar. 2023.

54. A proposta de emenda constitucional nº37/2011, alcunhada de "PEC da Impunidade",

Em sexto lugar, com 4,5% das citações, vinham os gastos com a Copa do Mundo de 2014, que seria realizada no Brasil.[55] O megaevento esportivo era antecipado por uma espécie de torneio preparatório, a Copa das Confederações, que também tinha o Brasil como sede e, desde o jogo de abertura, realizado em Brasília no dia 15 de junho, era palco de protestos por "saúde e educação padrão Fifa"[56].

Outra tabulação feita pelo Ibope considerava não apenas a primeira motivação lembrada por cada entrevistado, mas as três primeiras. Nesse caso a insatisfação com o ambiente político passava à primeira posição, superando a questão do transporte, e as críticas aos gastos com as copas do Mundo e das Confederações pulavam para a quarta colocação, com 30,9%, pouco atrás da questão da saúde, que somava 36,7% das menções.[57] Esses números nos ajudam a delinear um conjunto de eixos definidores das motivações que impulsionavam os protestos.

O primeiro desses eixos é a demanda pelo direito à cidade, intimamente relacionada à luta contra a carestia no transporte urbano, mas também a outras pautas constitutivas da questão urbana, como a questão da moradia e o imbróglio dos megaeventos esportivos. A par das agendas relacionadas ao direito à cidade, e no mesmo nível de importância, encontra-se a denúncia de um sistema político corrupto e pouco representativo. Os manifestantes queixavam-se do sequestro da democracia por políticos profissionais, fechados em seus gabinetes e alheios às reais necessidades da população. Essa crítica se voltava também contra a mercantilização do voto — sua transformação em moeda de troca na grande barganha operada por corporações empresariais e partidos de fachada. Importante lembrar que essa mesma

---

retirava o poder de investigação do Ministério Público. A luta contra a proposta, que tramitava então na Câmara dos Deputados e terminaria arquivada, tornou-se um dos leitmotivs das manifestações de 2013, em particular na segunda fase, e pode ser entendida como uma demanda específica dentro do eixo mais geral da crítica ao sistema político e da luta contra a corrupção.

55. VEJA..., 2013.

56. FELLET, João. *Tumulto marca abertura da Copa das Confederações*. BBC News Brasil, São Paulo, 15 jun. 2013. Disponível em: <www.bbc.com/portuguese/noticias/2013/06/130615_tumulto_copa_confederacoes_jp_jf>. Acesso em: 6 maio 2023.

57. VEJA..., 2013.

motivação já se encontrava entre os manifestantes da praça Tahrir, assim como nos movimentos do tipo Occupy. Ela resultou muitas vezes na recusa à representação política em nome de uma "democracia real já", como pediam os Indignados da Espanha em referência a um modelo político radicalmente transparente e participativo.

Além dos reclames por democracia e pelo direito à cidade, os protestos de 2013 trouxeram à cena a necessidade da melhoria de serviços públicos como educação, saúde e segurança — esta última citada por 1,3% dos entrevistados do Ibope como primeira resposta, e por 10,2% quando consideradas as três motivações principais. Os direitos trabalhistas também estavam em pauta — o aumento dos salários e a redução do desemprego surgem com quase 1% das menções quando consideradas as três motivações de cada entrevistado.[58] Completam o leque das principais exigências expressas pelas manifestações de junho um conjunto de direitos específicos e/ou relacionados a políticas de identidade — contra as discriminações de raça e gênero e a favor da preservação do meio ambiente, da legalização do aborto e da descriminalização da maconha —, todos eles indicados tanto na pesquisa do Ibope quanto nas cartolinas empunhadas pelos manifestantes.

Diante das reivindicações e cobranças trazidas a público, a então presidenta Dilma Rousseff valorizou as manifestações e, após reunir-se com jovens do Movimento Passe Livre, anunciou aquilo que chamou de "pactos em favor do Brasil". Eram cinco: 1) reforma política democrática: plebiscito para a convocação de uma Constituinte exclusiva para deliberar sobre esse tema, e aprovação de lei para definir a corrupção como crime hediondo; 2) responsabilidade fiscal; 3) melhorias na saúde: mais investimentos em UPAs e contratação de médicos estrangeiros, inclusive para atuar em áreas carentes; 4) melhorias na mobilidade urbana: 50 bilhões de reais em novos investimentos e isenção de impostos para o transporte coletivo; 5) mais verbas para a educação pública, com a destinação de 100% dos *royalties* do petróleo para o setor.[59]

58. Ibid.

59. *Confira os cinco "pactos em favor do Brasil" definidos por Dilma.* Folha de S.Paulo, São Paulo,

Alguns avanços foram conquistados, com destaque para a aprovação de projeto de lei que destinou 75% dos *royalties* do petróleo para a educação e 25% para a saúde, e 50% do Fundo Social do pré-sal para os dois setores. No que respeita ao transporte público, houve apenas a aprovação de uma lei que desonerou da cobrança de alíquotas do PIS/Pasep e Cofins a receita oriunda da prestação de serviços de transporte público municipal. O programa Mais Médicos melhorou e interiorizou o atendimento aos usuários do SUS. Um diploma legal com a previsão de direitos para os jovens — o Estatuto da Juventude — foi aprovado no Congresso Nacional. Mas, apesar das tentativas sinceras, as medidas implementadas estiveram longe de significar uma melhora estrutural.

Até pela natureza do movimento de 2013, o tema da reforma política ganhou proeminência entre os pactos firmados por Dilma Rousseff. Na tentativa de dar respostas aos anseios dos manifestantes, um projeto de lei sobre o tema foi encaminhado ao Congresso Nacional. O PL tinha como eixos o fortalecimento dos partidos políticos, a ampliação da representatividade dos mandatos eletivos e a promoção da participação do povo nas decisões do país, através de plebiscitos e referendos. Após batalhas procedimentais e tergiversações de todo tipo, o projeto foi enterrado no Congresso Nacional. Sacrificava-se uma vez mais, no altar dos caprichos da classe política, o desejo de mudança das instituições representativas.

Mas os "pactos em favor do Brasil" não encontraram resistências apenas no sistema político, senão também nos próprios arautos das manifestações de junho. Se para o sistema político os pactos pareciam muito — concessões exageradas —, para os ativistas pareciam muito pouco. Para usar dos termos de Marx[60], Dilma ofereceu aos manifestantes a emancipação política; eles queriam a emancipação humana. Não viam como seria possível realizá-la através de uma reforma política que, afinal,

---

25 jun. 2013. Disponível em: <www1.folha.uol.com.br/poder/2013/06/1300899-confira-os-cinco-pactos-em-favor-do-brasil-definidos-por-dilma.shtml?utm_source&>. Acesso em: 6 maio 2023.

60. MARX, Karl. *A questão judaica*. São Paulo: Boitempo, 2010.

circunscrevia seus anseios à arena da mesma política institucional que consideravam "corrompida" e incapaz de realizar suas elevadas aspirações.

3.5. "EI, OTÁRIO! NÃO VÊ QUE O MOVIMENTO É APARTIDÁRIO?"

As críticas dos manifestantes de junho terminaram por extrapolar modelos específicos de representação e conduta política. Em 2013 entram em cena com força, pela primeira vez em nosso país, ideias contrárias aos partidos e à própria atividade política, vista em si mesma como ilegítima — como uma espécie de "reino sujo" maculado por interesses e favoritismo. Conforme o movimento se desdobra, ganha espaço certa ojeriza à ideia de mediação: não apenas aquela que se realiza no campo eleitoral-parlamentar, mas também a ação mediadora realizada por partidos, sindicatos e demais entidades de representação ditas "tradicionais". Elas são vistas como "intrusas" que tentam, de maneira capciosa, apropriar-se do movimento, subvertendo sua autenticidade. Essas ideias favoreceram o esfarelamento da representação e se tornaram ingredientes de uma prolongada crise política.

É possível afirmar que, desde as primeiras nuvens, o céu de Junho já não se afigurava uma atmosfera favorável à atuação de partidos e entidades de representação. Embora tentassem integrar-se à dinâmica dos atos, essas organizações pareciam topar com uma barreira invisível, feita de imaginário e ideologias, que atravancava suas ações e as impedia de assumir papel de liderança. Isso já podia ser visto na primeira etapa do movimento, conduzida por um *coletivo*, isto é, um tipo de organização que reivindica as ideias de autonomia e horizontalidade. O MPL sempre se pronunciou contrariamente à ideia de liderança. Havia certa divisão de tarefas entre seus membros, mas nenhum deles era visto como líder. Segundo Locatelli, "não dar ênfase particular a cada um dos militantes do grupo é uma influência do zapatismo"[61].

61. LOCATELLI, 2013, pos. 152.

A opção do MPL pelo horizontalismo liga-se a um posicionamento que podemos classificar como *apartidário*. O termo significa, em primeiro lugar, que o movimento não se submete às injunções de nenhum partido político. Denota, além disso, um distanciamento em relação às práticas centralizadas e "verticais" próprias das agremiações partidárias. Mas, verdade seja dita, essa tentativa de diferenciação não implicava qualquer recusa dos partidos em si mesmos: o MPL apenas nutria outras opções político-organizativas. Alguns de seus coletivos chegavam a contar com simpatizantes e até membros de legendas de esquerda em suas fileiras, sem que isso afetasse suas concepções e métodos de atuação.

De todo modo, o discurso apartidário não tardou a ecoar nos protestos. A já mencionada pesquisa do Ibope revela que 89% dos manifestantes não se sentiam representados por nenhum partido político[62]. Pesquisa do Datafolha realizada em toda a capital paulista em 18 de junho — logo após a grande manifestação do dia 17, que inaugura a segunda fase do movimento — mostra que a aversão aos partidos havia subido para 44%, o dobro da taxa verificada dez anos antes. Segundo a mesma enquete, as instituições líderes em prestígio naquele momento, com o maior número de menções positivas, eram as redes sociais, com 65% de aprovação, e a imprensa, com 61%[63].

Porém, da mesma forma que a luta contra o aumento de vinte centavos no preço da passagem, também a postura apartidária do MPL representou apenas um ponto de partida. À medida que os atos se sucediam, o movimento escorregava em direção a outras perspectivas, afastando-se de suas conformações originais. Em meio às mudanças que sutilmente se operavam, a orientação apartidária foi dando lugar a um discurso que podemos mais propriamente classificar como *antipartidário*. Essa linha penetra com força nas manifestações a partir da segunda

---

62. VEJA..., 2013.

63. RODRIGUES, Fernando. *Descrença nos Três Poderes subiu em 10 anos*. Folha de S.Paulo, São Paulo, 19 jun. 2013. Cotidiano, C8. Disponível em: <https://m.folha.uol.com.br/cotidiano/2013/06/1297484-descrenca-nos-tres-poderes-e-a-maior-em-dez-anos-em-sp.shtml>. Acesso em: 16 jun. 2023.

fase. Já no dia 17 de junho o autor deste texto, presente à avenida Paulista, presenciou palavras de ordem sendo entoadas contra as agremiações políticas — com destaque para os gritos de “Sem partido!” e “Ei, otário! Não vê que o movimento é apartidário?”. Militantes de agremiações político-partidárias eram fustigados. Bandeiras eram rasgadas e queimadas, algumas vezes por grupos de *skinheads*. Fato bastante comentado foi a caçada promovida no dia 20 de junho contra um bloco de militantes do Partido dos Trabalhadores.[64] Logo ao entrar na avenida Paulista, o grupo passou a ser perseguido e refugiou-se junto a pelotões da UNE, do MPL e de outras entidades do movimento popular. Após o ocorrido, os militantes do Passe Livre cogitaram suspender os atos, decisão mais tarde desmentida.[65] Em nota divulgada na sequência das agressões, o coletivo afirmou: “O MPL é um movimento social apartidário, mas não antipartidário. Repudiamos os atos de violência direcionados a essas organizações durante a manifestação de hoje, da mesma maneira que repudiamos a violência policial.”[66]

Muitos dos que embarcaram no ódio a partidos e entidades de representação não se davam conta do caráter paradoxal desse tipo de posicionamento. A liberdade de associação em partidos e movimentos — “tradicionais” ou não — é um direito inalienável. Não faz sentido ecoar a justa crítica contra a violência policial e agir, em relação à militância de partidos e movimentos sociais, com a mesma truculência empregada pelas forças da ordem. “Teríamos, então, uma contradição chave em um movimento que, ao

64. *Hostilizados, petistas abandonam ato pós-redução de tarifa em SP*. Folha de S.Paulo, São Paulo, 21 jun. 2013. Disponível em: <www1.folha.uol.com.br/fsp/cotidiano/115090-hostilizados-petistas-abandonam-ato-pos-reducao-de-tarifa-em-sp.shtml>. Acesso em: 11 jun. 2023.

65. BERGAMIM JR., Giba; KREPP, Ana; SOUZA, Felipe. *Após suspender protestos, Movimento Passe Livre de SP volta atrás*. Folha de S.Paulo, São Paulo, 22 jun. 2013. Disponível em: <https://m.folha.uol.com.br/cotidiano/2013/06/1299643-apos-suspender-protestos-movimento-passe-livre-de-sp-volta-atras.shtml>. Acesso em: 11 jun. 2023.

66. *Movimento Passe Livre repudia violência contra partidos políticos*. Folha de S.Paulo, São Paulo, 21 jun. 2013. Disponível em: <https://m.folha.uol.com.br/cotidiano/2013/06/1298841-movimento-passe-livre-repudia-violencia-contra-partidos-politicos.shtml?mobile>. Acesso em: 11 jun. 2023.

mesmo tempo, revela-se absolutamente aberto à pluralidade de pautas e avesso a um pluralismo ideológico."[67]

Ocorre que o grito contra os partidos era, no fim das contas, um brado contra forças contra-hegemônicas e de esquerda, pois a direita jamais se apresentou nas manifestações sob o manto de partidos ou entidades de representação, preferindo, em vez disso, esconder-se sob o escudo genérico da bandeira nacional. Impossível não lembrar, aqui, as palavras do marxista peruano José Carlos Mariátegui, que, em seus artigos sobre a experiência fascista na Itália — que teve a oportunidade de presenciar —, afirma: "A bandeira da pátria cobria todos os contrabandos e todos os equívocos doutrinários e programáticos. Os fascistas se atribuíam a representação exclusiva da italianidade. Ambicionavam o monopólio do patriotismo."[68]

Percebe-se, portanto, que, se partidos e entidades de representação não encontraram nas manifestações um ambiente propício à sua atuação, isso não se deveu apenas ao formato tecnopolítico, que descentralizou convocatórias e ampliou protagonismos diversos. Para além desse elemento, os atores tradicionais — geralmente contra-hegemônicos — foram desalojados pela orientação geral que se instalou, contrária a organizações políticas e movimentos sociais com grande tradição na sociedade brasileira. Essa linha foi responsável por algo que não se verificou no Egito da praça Tahrir. Lá, como vimos no capítulo 2, forças oposicionistas e grupamentos emergentes *marcharam separados, mas golpearam juntos*, isto é, comportaram-se como forças distintas, porém com unidade de propósitos e ações coordenadas. No Brasil de 2013, o discurso contrário a lideranças e partidos produziu uma fratura entre forças oposicionistas e emergentes que inviabilizou qualquer possibilidade de concertação entre ambas. Mas isso não é tudo: a crítica das mediações políticas também abriu caminho para a penetração de atores e tendências alheios — e até

---

67. LIMA, Pedro Luiz; SAWAMURA, Mateus Hajime. *O ovo da serpente?: fundamentos e variações da crítica ao componente conservador das Jornadas de Junho de 2013*. Leviathan — Cadernos de Pesquisa Política, São Paulo, n. 13, 2016. p. 111.

68. MARIÁTEGUI, José Carlos. *Biología del fascismo*. Lanús Oeste: Nuestra América, 2012. p. 39, tradução nossa.

contrários — aos objetivos originais do movimento. Esses atores e tendências, que passaram a disputar a consciência dos grupos emergentes, dificilmente teriam a mesma chance no padrão tradicional de mobilizações.

É preciso notar ainda que, se não representou um ponto de partida (pois que precedido pela orientação apartidária), o discurso antipartidário tampouco pode ser tomado como linha de chegada. Da oposição a lideranças, partidos e entidades de representação derivou um posicionamento que ia além, condenando o sistema e a própria atividade política de forma indiscriminada. As manifestações de junho revisitavam, assim, a inclinação *antiestablishment* que já se verificara na Argentina em 2001. O "Que se vayan todos" brasileiro chegava com mais de uma década de atraso, em um momento mais complicado e perigoso, no qual, desde a ascensão do Tea Party nos Estados Unidos, assistia-se ao perigoso crescimento de *novas direitas*[69] que atualizavam dramaticamente ideias caras ao ideário fascista[70]. Essas vertentes se apoiavam na antipolítica para disseminar respostas conservadoras à crise econômica.

Na atmosfera de 2013, muitos manifestantes se tornaram presa fácil desse discurso, que apresentava indisfarçáveis tinturas autocráticas. A influência do julgamento dos envolvidos no escândalo de corrupção que ficou conhecido como "mensalão", decorrido em 2012 sob intensa cobertura midiática, fortaleceu uma percepção negativa sobre as instituições estatais e paraestatais. Essa percepção impulsionou o discurso antipolítica que tanto influenciaria escolhas nas eleições subsequentes, ensejando o

---

69. Para uma genealogia intelectual das chamadas *novas direitas*— termo que o autor prefere usar no singular —, cf.: VASCONCELOS, Francisco Thiago Rocha. *Alain de Benoist e a Nova Direita Europeia: gramscismo de direita, revolução conservadora e fascismo cultural.* Princípios, v. 41, n. 163, p. 208-239, jan./abr. 2022.
Para uma discussão sobre as dificuldades de definição do termo *novas direitas* e a evolução recente de grupos que a compõem no Brasil, cf.: CALDEIRA NETO, Odilon. *Neofascismo, "nova república" e a ascensão das direitas no Brasil.* Conhecer: debate entre o público e o privado, v. 10, n. 24, p. 120-140, 2020.
Para a categorização que considero mais adequada sobre o fenômeno do fascismo, cf.: MARTUSCELLI, Danilo. *Nicos Poulantzas e a teoria política do fascismo: 50 anos depois.* Princípios, v. 40, n. 161, p. 41-60, mar./jun. 2021.

70. STANLEY, Jason. *Como funciona o fascismo.* Porto Alegre: L&PM, 2018.

sucesso daqueles que se apresentassem como *outsiders*. Foi esse o resultado de uma crítica da política que pode ser classificada como *abstrata*. Pois de nada adianta reprovar o sistema político e fazer pouco caso de propostas que não deixam de ser ousadas, como a de uma Constituinte para deliberar sobre a reforma política. De nada adianta concentrar a crítica não nas engrenagens que produzem uma política deficitária e excludente, mas na política em si mesma, como se estivesse fora ou além dela a solução para os graves problemas que flagelam a sociedade brasileira.

3.6. "NÃO VAI TER COPA"?

Esse ambiente avesso a partidos, sindicatos e demais entidades tradicionais de representação favoreceu a dispersão de iniciativas e o fracionamento de bandeiras, as quais se atomizaram em um incontável número de demandas, muitas delas contraditórias entre si. Para ficar em um único exemplo, examinemos mais de perto a oposição a megaeventos esportivos como a Copa do Mundo. Ora, que sentido faz pedir mais investimentos em educação e desconsiderar a dimensão educativa do esporte — não apenas o de base, mas também o de alto rendimento?[71] Seria realmente o esporte o vilão dos baixos investimentos em saúde e educação? Por que não centrar a crítica — como fez, aliás, o movimento Occupy — na máquina de sucção de recursos e produção de desigualdades que se efetiva nos privilégios garantidos pelo Estado aos barões do mercado financeiro?

Claro, é preciso considerar que o problema das desapropriações e a justa indignação das populações atingidas influenciaram negativamente a percepção de amplos segmentos sobre a conveniência de abrigar megaeventos esportivos. A questão das remoções ligava-se, por seu turno, a um fenômeno mais amplo: o da "(re)orientação do planejamento público segundo interesses

71. CENTRO DE ESTUDOS E MEMÓRIA DA JUVENTUDE; INSTITUTO PENSARTE. *Política de esporte para a juventude brasileira: subsídios e proposta inicial para debate*. São Paulo, 2007. Disponível em: <https://old.cev.org.br/arquivo/biblioteca/4024931.pdf>. Acesso em: 4 jun. 2023.
Recomendamos vivamente todo o item 2 do livreto, "Um fenômeno social chamado esporte", mais especificamente o subitem 2.2., "Origens do nexo esporte-educação".

privados e de alto impacto territorial no que se refere à segregação socioespacial urbana"[72]. Estamos falando da penetração de modelos neoliberais de governança na gestão das cidades, no âmbito do paradigma da *cidade-mercado*[73], o mesmo que, ao submeter o planejamento urbano a estratégias empresariais, acaba por ampliar desigualdades, impactando em particular os direitos ao transporte e à moradia.

No entanto, é preciso registrar que a justa crítica a um *modelo* de megaeventos resvalou muito facilmente para a crítica dos megaeventos *em si mesmos*, orientação que exala fortemente da palavra de ordem "Não vai ter Copa". Nessa perspectiva, é como se abrigar grandes eventos esportivos fosse um luxo dispensável para um país em desenvolvimento como o Brasil. Como se realizar megaeventos devesse ser um privilégio reservado às nações ricas. O que não se percebe, nessa perspectiva, é que as nações abastadas só se tornaram o que são porque não se detiveram diante de falsos dilemas como aquele que nos faz optar pelo investimento em educação *ou* no esporte. E, se as nações do chamado Primeiro Mundo recusaram esse tipo de impasse obtuso, é porque perceberam que o investimento em uma área social potencializa, e não atrapalha, o investimento feito em outra. O que atrapalha é retirar recursos das áreas sociais para entregá-los a finalidades estranhas ao desenvolvimento social.

Portanto, a crítica politizada de um modelo de megaeventos que serve de porta de entrada para projetos de privatização do espaço urbano não se confunde com a crítica despolitizada que se volta contra a própria realização de megaeventos. Uma coisa não conduz necessariamente à outra, da mesma forma que a justa crítica à privatização da educação não implica propor o imediato fechamento de escolas privadas, medida que, no contexto atual, só faria ampliar desigualdades. A crítica, muitas vezes inconsequente, ao esforço brasileiro de sediar megaeventos esportivos desconsidera o caráter contraditório desses eventos, que, se de um lado ampliam flagelos, de outro também produzem legados

72. FONTES, Renato Barbosa. *Metamorfoses do poder político nas cidades: a disputa hegemônica entre a cidade-mercado e a cidade-direito.* Princípios, v. 40, n. 161, mar./jun. 2021. p. 142.

73. FONTES, 2021.

não apenas em termos de equipamentos culturais, esportivos e de infraestrutura urbana, mas também naquilo que concerne à elevação da imagem do país no exterior, algo que só pode ser desconsiderado se não enxergamos qualquer relação entre avanços sociais e projeção do poder de um país à escala internacional;[74] algo que só pode ser desconsiderado, igualmente, por quem não parece ter levado em conta todos os potenciais sentidos da palavra de ordem "O gigante acordou".

Ocorre que o céu de Junho trazia consigo, espargida em sua atmosfera, certa apologia à ideia de "multiplicidade" de atores sociais diferenciados, ideia essa que abstrai a necessidade de forjar identidades mais amplas, capazes de garantir um sentido comum às ações dos diversos segmentos. Esse "multiculturalismo unilateral" atenta apenas para a diversidade, mas não para o polo da unidade. Trata-se de uma diversidade morta, que existe para si mesma e não se reencontra no uno. Essa perspectiva traz implícita a noção de que, como cada ator é completo e infinito em si mesmo, só ele é capaz de avaliar a justeza de sua luta. Nessa perspectiva, *toda reivindicação é válida*. No entanto, é preciso indagar se o pluralismo pensado dessa forma não se acha circunscrito à concepção de sociedade como somatório de interesses individuais ou de grupos. Essa ideia de fundo liberal desconsidera macroagregados como as classes sociais, os quais revelam, para além da atomização de expectativas, a existência de interesses mais abrangentes, ademais opostos entre si.

Nesse sentido, como afirma Marx, "assim como não se julga o que um indivíduo é a partir do julgamento que ele faz de si mesmo, da mesma maneira não se pode julgar uma época de transformação a partir de sua própria consciência".[75] Essa é uma importante indicação metodológica, nem sempre levada em conta pelas ciências sociais. De fato, a justeza de uma reivindicação

---

74. "Os grandes Estados se tornaram grandes Estados precisamente porque estavam a cada momento preparados para inserir-se eficazmente nas conjunturas internacionais favoráveis, e estas eram favoráveis porque havia a possibilidade concreta de inserir-se eficazmente nelas." (GRAMSCI, 1977, p. 1589, tradução nossa.)

75. MARX, Karl. *Para a crítica da economia política*. In:______. *Para a crítica da economia política; Salário, preço e lucro; O rendimento e suas fontes*. São Paulo: Abril Cultural, 1982a. p. 25-26.

não pode ser avaliada apenas em função das razões de quem a agita. Uma causa só pode ser considerada justa no contexto de uma época e de um programa político definido. Nenhuma reivindicação é justa e válida em si mesma, apenas porque é agitada por um indivíduo ou coletivo que tem legitimidade para fazê-lo. Uma proposta aparentemente justa pode ser — em certo contexto ou na perspectiva de determinado programa político — contrária ao avanço social. Mesmo as lutas que podemos classificar como progressistas podem converter-se em bandeiras da reação se não se integram à corrente democrática mais ampla.

3.7. CRISE E MUDANÇA SOCIAL

As manifestações de 2013 foram deflagradas quando o Brasil chegava a uma década de gestões progressistas no plano federal. No ciclo de governos Lula-Dilma, o país conheceu uma série de avanços. O Estado voltou a assumir papel indutor do desenvolvimento. O governo paralisou o programa de privatizações, fortaleceu os bancos públicos e as empresas estatais, retomou os investimentos em infraestrutura e voltou a praticar políticas industriais. Através de ações estruturantes como o Programa de Aceleração do Crescimento (PAC), o desenvolvimento econômico tornou-se componente ativo da agenda nacional. A inflação estava sob controle. Os juros, que chegavam a 25% em dezembro de 2002, foram reduzidos até atingir 7,1% às vésperas das manifestações de 2013,[76] sendo esta a menor taxa da série histórica até então. O rendimento médio da população conhecia altas, passando de 2.736 reais em janeiro de 2012 para 2.864 em junho de 2013.[77]

A renitente crise social se atenuava, acompanhando um ciclo de redistribuição de renda. Já em 2004, segundo ano do governo

76. BRASIL. Banco Central do Brasil. *Histórico das taxas de juros*. Brasília, [*s.d*]. Disponível em: <www.bcb.gov.br/Pec/Copom/Port/taxaSelic.asp>. Acesso em: 4 jun. 2022.

77. IBGE. *Pnad Contínua: séries históricas*. Taxa de desocupação, jan-fev-mar 2012—fev-mar-abr 2023. Rio de janeiro, 2023a. Disponível em: <www.ibge.gov.br/estatisticas/sociais/trabalho/9173-pesquisa-nacional-por-amostra-de-domicilios-continua-trimestral.html?=&t=series-historicas&utm_source=landing&utm_medium=explica&utm_campaign=desemprego>. Acesso em: 4 jun. 2023.

Lula, a miséria caiu 8% em todo o país, um percentual bem superior aos 2,9% observados em todo o período que vai de 1993 a 2004.[78] Enquanto o mundo vivia um surto de crescimento da miséria, o Brasil reduziu a distância entre ricos e pobres. Apenas entre 2003 e 2004, o índice de Gini foi de 0,585 para 0,573, atestando queda na desigualdade.[79] Essa marca seguiria melhorando nos anos seguintes. Ao passo que entre 1995 e 2002 a concentração de renda no Brasil caiu 1,89%, de 2003 a 2011 a queda foi de 9,22%.[80] Milhões de pessoas saíram da condição de miséria e ascenderam ao que ficou conhecido como "nova classe média".

Entre as causas da queda na desigualdade de renda encontra-se a ampliação dos níveis de ocupação. No primeiro governo Dilma o país chegou a viver uma situação de virtual pleno emprego. Os índices de formalização da economia também cresceram consideravelmente. A proporção de trabalhadores com carteira assinada no setor privado nas seis principais regiões metropolitanas do país passou de 39,7% em 2003 para 49,2% em 2012.[81] Contribuiu ainda para a queda da pobreza e da desigualdade o crescimento da renda do trabalhador, possibilitado pelos aumentos reais do salário-mínimo, pela ampliação do crédito popular e por programas de transferência de renda como o Bolsa Família.

Outras políticas públicas permitiram a ampliação de direitos, em especial para os segmentos mais vulneráveis. Expandia-se o acesso à educação — bandeira cara à juventude: 18 universidades federais e 140 escolas técnicas foram inauguradas. Além disso, foram criados programas e fundos voltados ao financiamento

---

78. NERI, Marcelo (Coord.). *Miséria em queda: mensuração, monitoramento e metas*. São Paulo: Fundação Getúlio Vargas, 2005. Disponível em: <www.cps.fgv.br/ibrecps/queda_da_miseria/CPSdaFGV_IBRE_Mis%C3%A9riaEmQuedaFim2.pdf>. Acesso em: 4 jun. 2023.

79. NERI, 2005.

80. GUIMARÃES, Eduardo. *Desigualdade caiu 1,89% com FHC e 9,22% com Lula*. Blog da Cidadania, 30 jul. 2013. Disponível em: <www.blogdacidadania.com.br/2013/07/desigualdade-caiu-189-com-fhc-e-918-com-lula>. Acesso em: 4 jun. 2023.

81. IBGE. *Pesquisa Mensal de Emprego. Evolução do emprego com carteira de trabalho assinada (2003-2012)*. Rio de Janeiro, [*s.d.*]. Disponível em: <https://ftp.ibge.gov.br/Trabalho_e_Rendimento/Pesquisa_Mensal_de_Emprego/Estudos/Evolucao_emprego_carteira_trabalho_assinada.pdf>. Acesso em: 2 jun. 2023.

da educação básica, como o Fundeb; à ampliação do acesso ao ensino superior, como o ProUni; ao fortalecimento da educação profissionalizante, como o Pronatec; à reestruturação e expansão das universidades federais, como o Reuni; à expansão e interiorização da atenção à saúde básica, como o Mais Médicos.

A participação e o diálogo foram fortalecidos, com a criação de conferências, fóruns, conselhos e outros mecanismos de consulta que reforçaram a interlocução com atores e entidades da sociedade civil. Trabalhadores, mulheres, negros, indígenas e população LGBTQIA+ tiveram suas lutas valorizadas através da criação de políticas, ações e estruturas de governo voltadas à promoção da igualdade, características de um ambiente mais aberto e democrático.

Esse quadro parece incongruente com o clima de revolta que se instalou nas ruas do país em junho de 2013. Se havia avanços econômicos, se a crise social arrefecia, se o clima geral era de democracia e diálogo, por que a explosão de descontentamento? Por que os manifestantes saíam às ruas para condenar a política quando ela parecia — ao menos no plano federal — oferecer respostas para clamores ignorados por décadas? As respostas a essas indagações requerem, antes de mais, um olhar atento sobre a situação do país no imediato pré-Junho.

É verdade que, até 2012, o desempenho econômico do país conseguira contornar com êxito os efeitos danosos da crise mundial. Desde que o estouro da bolha imobiliária estadunidense, em 2008, começara a contaminar economias ao redor do mundo, o Brasil, adotando medidas econômicas contracíclicas, mantivera seu mercado interno relativamente ileso da depressão global. No entanto, a partir de 2012 as coisas começam a mudar. A crise, que num primeiro momento estivera restrita às economias centrais, alcançava enfim as grandes nações em desenvolvimento. A taxa de variação do PIB brasileiro, que chegara a 7,5% positivos no final de 2010 — melhor resultado de toda a série histórica iniciada em 1996 —, diminuiu até chegar a 1,9% no final de 2012 e 2,9% no período das manifestações[82]. A taxa de juros Se-

82. IBGE. *SCNT: séries históricas — PIB a preços de mercado: taxa acumulada em 4 trimestres (%), 1º trimestre 1996—1º trimestre 2023*. Rio de janeiro, 2023b. Disponível em: <www.

lic, após o piso de 7,1% em março de 2013, iniciava um ciclo de alta que a faria chegar a 14,1% em 2016, ano do impeachment. O enfraquecimento da atividade econômica derrubou a arrecadação e impôs limites à ação contracíclica do Estado. A taxa de desocupação medida pela Pnad/IBGE, que havia baixado a 6,9% no final de 2012, subiu para 7,5% em junho de 2013.[83] Ou seja: havia crescimento do desemprego, ainda que um crescimento moderado.

Esses sinais negativos foram primeiramente sentidos por uma classe média empobrecida, a mesma que havia sido beneficiada, de variadas formas, pelas políticas de inclusão social dos governos Lula-Dilma. Esse setor funcionou como antena capaz de detectar os primeiros traços de reversão do quadro econômico. As nuvens cinzentas que se formavam desde 2012 contrariavam os anseios de um segmento que ambicionava a continuidade dos avanços conquistados nos anos anteriores. Que esse segmento tinha forte presença nos protestos é algo que se depreende dos dados de pesquisa Cesop-Datafolha[84] que detalharemos mais à frente, e que mostram considerável apoio a Dilma Rousseff entre os manifestantes.

Junho de 2013 prova que as pessoas não necessariamente saem às ruas apenas quando a situação se tornou repentinamente catastrófica. Elas também o fazem por uma deterioração de expectativas, ou "porque há um descompasso entre o que vai bem e o que vai mal — isto é, porque as áreas em que as coisas melhoraram geram expectativas que são negadas por aquelas em que nada mudou, ou que parecem piorar".[85] Ora, entre essas áreas em que "nada mudou" e as coisas até pareciam piores estava justamente

ibge.gov.br/estatisticas/economicas/contas-nacionais/9300-contas-nacionais-trimestrais.html?=&t=series-historicas&utm_source=landing&utm_medium=explica&utm_campaign=pib#evolucao-taxa>. Acesso em: 2 jun. 2023.

83. Id., 2023a. Curiosamente, de acordo com a mesma Pnad, no final de 2013 a taxa voltaria a baixar, chegando a 6,3%. Cerca de dez meses depois, Dilma seria eleita para seu segundo mandato.

84. CESOP; DATAFOLHA. *Manifestação MPL (Vale do Anhangabaú)*. São Paulo, ago. 2013. Disponível em: <www.cesop.unicamp.br/por/banco_de_dados/v/3156>. Acesso em: 14 jun. 2023.

85. NUNES, 2022, p. 176.

a questão do transporte, componente de uma problemática urbana mais ampla cuja resolução pede reformas estruturais, e não apenas medidas parciais, que não chegam a arranhar o *status quo*.

As motivações de Junho não se relacionam, portanto, a qualquer cessação abrupta de direitos ou à piora imediata das condições de vida, mas ao cancelamento de expectativas. E é neste ponto que precisamos avançar em direção a um materialismo renovado, livre de influxos reducionistas. Gramsci é um autor que, com sua crítica certeira ao economicismo, ajuda-nos sobremaneira nessa tarefa. Segundo o italiano, na perspectiva economicista a alardeada concepção marxista de "predomínio" ou "prioridade" da base sobre a superestrutura leva a conclusões — muitas vezes não explicitadas — como a de que crises econômicas imediatas seriam as únicas condições não apenas necessárias, mas suficientes para a eclosão de uma grande efervescência social. Não por acaso, é comum entre as correntes economicistas a subestimação de iniciativas políticas e intelectuais — consideradas alheias à "inexorabilidade" das leis econômicas. Negligencia-se, desse modo, a tese de Marx segundo a qual é no terreno da ideologia que homens e mulheres conquistam a consciência acerca dos conflitos do mundo material.[86] Segundo Gramsci, poucos se dão conta de que essa tese não tem caráter "psicológico ou moralístico", mas, na verdade, "orgânico-gnosiológico".[87] O economicismo também esquece outra advertência de Marx: a de que as ideias podem assumir a validade de uma potência material.[88]

Ao contrário do que supõem abordagens reducionistas, a crise econômica representa apenas um elemento parcial no conjunto dos fatores que concorrem para a mudança histórica. A catástrofe econômica cria, quando muito, a possibilidade de um terreno mais favorável à solução política de certos problemas, bem como à formação de certos valores e modos de pensar. Se se vai além disso, "todas as afirmações relativas a períodos de crise ou de prosperidade podem dar origem a juízos unilaterais".[89] É o que

86. MARX, 1982a.

87. GRAMSCI, 1977, p. 1595, tradução nossa.

88. MARX, Karl. *Crítica da filosofia do direito de Hegel*. São Paulo: Boitempo, 2013.

89. GRAMSCI, op. cit., p. 1587, tradução nossa.

ocorre com muitos raciocínios sobre Junho de 2013 que, diante do aparente paradoxo entre a relativa prosperidade dos anos anteriores — prosperidade que, como vimos, já vinha em processo de estagnação ou mesmo de reversão — e a insatisfação das massas urbanas demonstrada nos protestos, refugiam-se em conclusões simplórias e redutoras como a de uma suposta essência "golpista" do movimento, que seria filho bastardo de uma "guerra híbrida" movida contra o país.

A história é pródiga no registro de crises que não decorrem de nenhuma situação de mal-estar imediato.[90] Mesmo na situação de crise econômica, frequentemente é preciso que o mal-estar se combine com outras questões (morais, por exemplo) capazes de sensibilizar o conjunto da sociedade. Ainda assim, na perspectiva de uma mudança histórica maior, é necessário que o mal-estar seja visto como insolúvel pelos meios ordinários, nos marcos da política realmente existente. "Todos esses elementos são a manifestação concreta das flutuações de conjuntura do conjunto das relações sociais de força, em cujo terreno sucede a passagem destas a relações políticas de força para culminar na relação militar decisiva", explica Gramsci.[91]

Cabe aqui uma explicação: o que Gramsci chama de "relação militar" não tem necessariamente sentido marcial. Ele se refere, antes, ao momento decisivo da atividade política, de caráter orgânico-prático, que se traduz em ações de mobilização.[92] Se não ocorrem as sucessivas transições a que se refere Gramsci, isto é, a passagem das relações sociais para o momento político, e deste para o instante orgânico decisivo, o processo termina truncado. Nesse caso, são diversos os desfechos possíveis. Um deles, que nos interessa mais diretamente, é a sobrevivência da velha sociedade, que "resiste e assegura para si um período de 'respiro', exterminando fisicamente [ou moralmente, podemos acrescentar] a elite adversária e aterrorizando as massas de reserva".[93]

90. Gramsci (1977) põe a Revolução Francesa nesse rol.

91. GRAMSCI, 1977, p. 1588, tradução nossa.

92. Não é demais lembrar que o termo *mobilização*, hoje tão usado na linguagem política, tem origem militar.

93. GRAMSCI, op. cit., loc. cit., tradução nossa.

A transição das relações socioeconômicas para as relações políticas, e destas para o passo orgânico decisivo, é um processo que, como lembra Gramsci, tem como protagonistas os seres humanos, dependendo diretamente de sua vontade política e de sua capacidade organizativa.[94] No que diz respeito ao plano organizativo, é preciso considerar que, em 2013, o discurso antipartidos privou os grupos emergentes dos instrumentos que poderiam dar maior consequência à sua luta. Além disso, esse discurso, como vimos anteriormente, afastou as forças emergentes dos grupos contra-hegemônicos, majoritariamente organizados em partidos e entidades populares. Isso abriu espaço para que atores ligados à ordem hegemônica entrassem furtivamente nos protestos e passassem a disputar a consciência emergente. E aqui já vamos saindo da esfera da capacidade orgânica para entrar no problema da vontade política.

Se é lídimo afirmar que as manifestações de 2013 foram protagonizadas por uma juventude conectada que compunha estratos de uma classe média desfavorecida — com bom nível de instrução, mas carente de oportunidades —, parece igualmente pacificado que essa não foi a única "classe média" a participar do movimento. Havia também setores médios mais tradicionais e abastados, que saíram às ruas principalmente na segunda etapa do movimento. Os dados sobre renda e escolaridade apresentados anteriormente indicam a presença não apenas de setores que se beneficiaram das políticas de inclusão educacional praticadas no ciclo de governos progressistas, mas também de uma camada — mesmo minoritária — que já se encontrava bem estabelecida ao menos desde a geração anterior. Um perfil razoável desse segmento é traçado pelo professor da USP e ex-prefeito de São Paulo Fernando Haddad:

> *Durante o governo Lula [...] os ricos estavam se tornando mais ricos e os pobres, menos pobres. Por seu turno, as camadas médias tradicionais olhavam para a frente e viam os ricos se distanciarem; olhavam para trás e viam*

94. Ibid.

> *os pobres se aproximarem. Sua posição relativa se alterou desfavoravelmente. Se os rendimentos dessas camadas médias não perderam poder de compra medido em bens materiais, perderam-no quando medido em serviços. O verdadeiro shopping center das camadas médias brasileiras sempre foi o mercado de trabalho. A abundância de mão de obra barata lhes garantia privilégios inexistentes no núcleo duro do sistema. A empregada barata, a babá barata, o motorista barato. Serviços domésticos em quantidade eram a grande compensação pela falta de serviços públicos de qualidade.*[95]

Em outras palavras, mudanças — ainda que tópicas — na estrutura social do país geraram, de um lado, esperanças de avanços ainda maiores. Mas de outro lado geraram resistências por parte de um setor ligado aos valores da ordem, interessado na manutenção do *status quo* anterior aos governos progressistas. Faz sentido, nessa perspectiva, a tese do cruzamento de classes esposada por Singer. Junho de 2013 não vocalizou apenas as insuficiências de um país que avançava, mas a passo de tartaruga; vocalizou também anseios diversos e soluções opostas para esses mesmos problemas. Junho trouxe a luta de classes para as arenas das redes e das ruas.

Nesse ponto, é preciso lembrar que a insatisfação da classe média tradicional não havia encontrado, até 2013, canais adequados de expressão. A defesa da desigualdade social, ainda mais em um país como o Brasil, sempre havia sido feita de forma envergonhada, sem jamais exibir-se com desenvoltura no debate público. Discurso que jamais poderia ser proferido senão de modo oblíquo. Uma alternativa engenhosa seria pulverizar tais ideias na "atmo-esfera" pública, fazendo delas um sentimento difuso, daqueles que apenas se insinuam sem jamais se revelar por completo, e que muitas vezes se misturam até mesmo a noções de sentido oposto, besuntando-se do brilho iconoclasta do ideário

95. HADDAD, Fernando. *Vivi na pele o que aprendi nos livros: um encontro com o patrimonialismo brasileiro*. Piauí, n. 129, jun. 2017. Disponível em: <http://piaui.folha.uol.com.br/materia/vivi-na-pele-o-que-aprendi-nos-livros>. Acesso em: 5 jun. 2023.

progressista. Junho de 2013, com sua nova morfologia e seus modelos orgânicos inéditos — menos argumentativos do que afetivos, baseados antes na imagem do que na palavra —, mostrou-se o ambiente ideal para dar vazão a tais inquietações.

Refração a partidos e lideranças, e consequente fragmentação da representação; dispersão e atomização de demandas; formação de nichos de interesse setorizados e, mesmo, individualizados, contando com a facilitação dos novos avatares digitais. Essas características permitiram que setores ligados às forças hegemônicas se imiscuíssem no movimento, disputassem intensamente seus rumos e por fim, em muitos momentos e lugares, passassem a lhe ditar os passos. Essas forças não tardariam a perceber que o novo modelo de protestos poderia servir de cobertura para inúmeras reivindicações, boa parte delas incompatível com a orientação inicial.

É esse o elemento que se oculta por trás do caráter mutante de Junho de 2013. Caprichoso como a deusa Juno[96] — na qual se inspira a denominação do sexto mês do ano —, o movimento deslizou para muito além de suas motivações iniciais. Nessa situação de volatilidade e imensa fluidez, as manifestações seguiram por sendas imprevistas. O movimento ganhou uma margem de liberdade semântica que lhe garantiu abertura a significados diversos. Modelos orgânicos atuantes nos primórdios das manifestações contribuíram para isso. "Ao, coerentemente, recusar uma prática que impusesse desde o alto o sentido das mobilizações, o MPL as abriu para visões de mundo muito diferentes da sua."[97] Essas visões encontraram terreno fértil para propagar-se, pois não havia atores preocupados em politizar o debate, já que o MPL, principal referência da primeira fase do movimento, optou por focar a causa específica que defendia, abstendo-se de conectá-la às questões políticas mais gerais.

Permitiu-se, dessa forma, que os sentidos de Junho passassem a ser disputados por distintas confissões. Essa disputa assumiu contornos semióticos. Ícones de grande tradição, como a

96. Na mitologia romana, a esposa do deus Júpiter, a quem tantos dilemas causou por ter personalidade forte e exigir sempre a mais estrita satisfação de suas vontades.

97. SINGER, 2013, p. 33-34.

camisa da seleção brasileira de futebol, acabaram sacrificados às conveniências de um dos lados do espectro ideológico. A camisa canarinho foi ganhando, aos poucos, outras conotações. Terminaria capturada por aqueles que reivindicam, para voltar às palavras de Mariátegui, o "monopólio do patriotismo".[98]

Foi assim que atores e grupos de perfil conservador entraram na disputa, com o fito de imprimir aos acontecimentos suas próprias interpretações. A questão social, bem representada na luta pela redução do preço da passagem, foi gradativamente substituída pela agenda de setores neoconservadores da classe média, ancorada no moralismo e na negação da política. É importante analisarmos com maior detalhamento as formas como se processou a disputa política no interior do movimento. Comecemos pela seara virtual.

3.8. A DISPUTA NAS REDES

Ideias não brotam espontaneamente. Têm um tempo próprio de maturação, ao longo do qual são elaboradas e agitadas. Esse tempo pode variar conforme essas ideias se achem mais próximas ou mais distantes do senso comum. Mas é certo que nenhum ideário cai do céu. Mesmo aquelas noções e valores que surgem de modo inopinado, sem que pareçam ter vindo de qualquer geografia social específica, foram plantadas e adubadas com a utilização de meios materiais, antes de virem à luz na esfera pública.

Foi o que aconteceu em 2013. Muitas vertentes de pensamento que surgem ali de forma aparentemente repentina, surpreendendo lideranças e organizações de maior tradição, já eram elaboradas e testadas havia tempos nos laboratórios subterrâneos da internet. Foi no ciberespaço que grupos pouco expressivos — muitos deles ligados à direita mais conservadora — começaram a ganhar terreno e conquistar adeptos. Usavam para isso um discurso de fácil digestão, repleto de expressões de ódio e preconceito, oferecendo soluções fáceis, do mais absoluto senso comum, a almas angustiadas, sedentas de uma vida plena de beleza e justiça.

98. MARIÁTEGUI, 2012, p. 39.

Germinava dessa forma, nas galerias freáticas da internet, uma transformação ideológica imperceptível a boa parte das pessoas. Era uma autêntica *revolução cultural* — na verdade uma contrarrevolução — que se processava longe dos olhos das instituições políticas e midiáticas. A invisibilidade desse processo em sua fase de maturação pode passar a impressão de que as ideias então gestadas vinham de algum espaço transcendente e atemporal, onde aguardavam pacientemente à espera de serem descobertas na hora propícia. Nada mais falso. Essas ideias resultaram de investimentos deliberados, conduzidos por atores de carne e osso ligados ao campo hegemônico. Esses atores nadavam a favor da corrente — seja pelo conteúdo de suas ideias, absolutamente intuitivas, de fácil assimilação para quem busca respostas fáceis e "soluções" imediatas, seja pelas funcionalidades e regras estabelecidas pelas plataformas. A estratégia de monetização de conteúdos, para citar um exemplo, favoreceu imensamente atores estribados no poder econômico. Não foi por acaso que esses atores ganharam proeminência à medida que o movimento se desdobrava.

> *Nos meses seguintes de 2013 as páginas ligadas a um discurso contra a corrupção, contra a realização da Copa e contra as prioridades de investimentos do governo federal ganharam milhares de seguidores. Páginas que elogiavam a atuação de Jair Bolsonaro, como a da OCC[Organização de Combate à Corrupção], ultrapassaram 400 mil seguidores. O Movimento de Combate à Corrupção (MCC)*[99] *ganhou mais de 1 milhão de adeptos. Até junho de 2013, o MCC não possuía 100 mil likes. Entre as páginas que obtiveram um crescimento vertiginoso do número de simpatizantes, medido por likes no Facebook, entre junho e dezembro de 2013, destacam-se apenas duas páginas claramente vinculadas ao pensamento de esquerda, o Movimento Passe Livre e a Mídia Ninja.*[100]

99. Ao que tudo indica, o autor se refere, na verdade, ao Movimento Contra Corrupção (MCC).
100. SILVEIRA, 2015, pp. 222-223.

Em 2013 a internet se firma, em definitivo, como um destacado ringue de disputa política e ideológica. Segundo a Pesquisa Brasileira de Mídia 2014, cujos dados foram coletados entre os dias 12 de outubro e 6 de novembro de 2013, 53% dos brasileiros permaneciam, àquela época, sem qualquer acesso à internet. Entre os que se declaravam conectados, 26% acessavam a internet todos os dias da semana, "com uma intensidade diária de 3h39 de 2ª a 6ª feira e de 3h43 no final de semana".[101] Chamam atenção as disparidades no acesso. Os que entravam na internet ao menos uma vez por semana totalizavam 77% dos respondentes com até 25 anos, número que caía para apenas 3% na população com mais de 65 anos; entre os moradores de grandes cidades e regiões metropolitanas, a proporção era de 56%, contrastando com os 34% de habitantes de cidades com menos de 20 mil habitantes; no recorte econômico, 75% dos que tinham renda familiar superior a 5 salários mínimos se conectavam ao menos uma vez por semana, contra 21% dos que ganhavam até 1 salário; por fim, quando o critério é a escolaridade, a proporção chegava a 87% entre os respondentes com ensino superior, e baixava para 8% na faixa dos que estudaram até o 4º ano do ensino fundamental.[102] Em 2013, portanto, as pessoas mais conectadas eram os jovens, os moradores de grandes centros urbanos e os integrantes dos estratos de maior escolaridade e renda.

A mesma pesquisa evidenciou o peso das redes sociais nos hábitos de consumo de internet no Brasil. Quando questionados sobre quais sites, blogs ou redes sociais eram usados como fonte de informação, em tabulação que levava em conta as duas primeiras respostas, 33,5% dos participantes citaram plataformas de redes sociais. Chama atenção o peso desproporcional do Facebook à época: 30,8% das citações mencionavam essa rede, contra 1,4% que mencionavam o YouTube, 0,8% o Twitter e 0,5% o Instagram. Em outro momento da pesquisa, quando se perguntava sobre o uso de sites, blogs ou redes de segunda a sexta-feira e eram tabuladas as três primeiras respostas, o Facebook surgia

---

101. BRASIL. Presidência da República. Secretaria de Comunicação Social. *Pesquisa Brasileira de Mídia 2014: hábitos de consumo de mídia pela população brasileira*. Brasília: Secom, 2014. p. 48.

102. BRASIL, 2014.

com 63,6% das menções, o YouTube com 4,9%, o Twitter com 1,6%, o Instagram com 1,5% e o Orkut com 0,5%.[103]

Quando levamos em conta as mencionadas disparidades de acesso à internet entre as diversas faixas de idade, escolaridade e renda, fica mais fácil entender por que muitas entidades populares — sindicatos e associações de moradores, por exemplo — demoraram a transitar do mundo off-line para o on-line, e vivenciaram imensas dificuldades em fazer a defesa de seus pontos de vista no ciberespaço. As bases, mas também as direções desses movimentos, faziam parte de estratos que, pelo menos até 2013, tinham pouca intimidade com o mundo virtual. Quem primeiro ocupou a internet foram os novos atores e lideranças ligados, de forma geral, às classes médias urbanas, tanto aquelas mais abastadas quanto as menos favorecidas. É por isso que, nos anos anteriores a 2013, a internet se tornou palco do avanço tanto das novas direitas quanto das novas esquerdas que dialogavam de perto com as diversas frações das camadas médias urbanas.

Por outro lado, da mesma forma que muitos movimentos sociais ditos "tradicionais", também os partidos, incluindo os de esquerda — com raras exceções —, foram lentos em ocupar espaços no mundo digital. "De 2003 a 2016, o PT liderou sucessivos governos quase inteiramente analógicos", observa Nobre.[104] Outros segmentos, atuando de modo menos institucionalizado, foram mais ágeis nesse terreno, ocupando espaço de forma precoce. É o caso das campanhas e articulações de direita que já cresciam na internet desde os tempos das comunidades do Orkut,[105] divulgando críticas à corrupção e memes como "direitos humanos para humanos direitos".

O resultado desse acúmulo viria à tona em 2013, quando setores do espectro conservador se lançaram nas manifestações de

103. BRASIL, 2014.

104. NOBRE, Marcos. *Limites da democracia: de junho de 2013 ao governo Bolsonaro*. São Paulo: Todavia, 2022. p. 127.

105. Citando a pesquisadora Camila Rocha, Nobre (2022) lembra que no Orkut, em meados de 2006, a comunidade "Fora Lula 2006" contava com 110 mil membros. Outra com o mesmo perfil, intitulada "Eu odeio o PT", tinha 93 mil. No mesmo período, a comunidade "Lula presidente 2006" congregava 30 mil membros, e a comunidade oficial do PT, 12 mil.

junho, disputando intensamente sua pauta e seus rumos. O quanto tiveram êxito nesse esforço é algo que fica claro no estudo conduzido por Nina Santos.[106] Ela analisou o uso do Twitter durante as manifestações de 2013. Foram examinados 97.707 tuítes que continham a hashtag #vemprarua — uma das mais populares durante os protestos. Esses tuítes foram postados entre 1º de julho e 30 de setembro de 2013. Se por um lado esse recorte deixa de fora as duas primeiras fases do movimento, por outro cobre o momento de decantação que se verifica na terceira fase. Um dos tratamentos dados a esse material é relativo às postagens mais retuitadas — foram consideradas aquelas que tinham sido compartilhadas ao menos 10 vezes. A partir desse critério, a pesquisadora chegou a um total de 358 postagens. As contas responsáveis pelos posts foram divididas em 6 categorias: grande mídia, mídia alternativa, indivíduos, figuras públicas, organizações e políticos/partidos.

Os achados são interessantes e dão um bom quadro dos atores e visões que polarizavam o movimento. Entre as contas de indivíduos, aquela que aparece mais vezes entre os posts mais retuitados é um perfil que se define como pró-Lula e Dilma. Dos 5 tuítes mais repostados desse perfil, 4 continham críticas às organizações Globo. Na categoria organizações, chama atenção a presença de 4 perfis do grupo Anonymous entre os mais populares, indicando que o coletivo de *hacktivistas* ganhou força na etapa de maior difusão do movimento[107] pautando não apenas a questão do transporte público, mas também críticas ao sistema político.

Ainda na categoria organizações, 2 dos perfis mais compartilhados debatiam com centralidade o tema da corrupção. Um deles trazia o termo *mensalão* no próprio *username*. Essa conta detinha o maior número de mensagens entre as mais retuitadas — 6 no total —, embora contasse com apenas 16,9 seguidores

106. SANTOS, Nina. *Social media logics: visibility and mediation in the 2013 Brazilian protests*. London: Palgrave Macmillan, 2022.

107. Segundo Silveira (2015), já no dia 20 de junho a página do Anonymous Brasil aparecia entre as mais compartilhadas no Facebook, ao lado de páginas como *Movimento Contra Corrupção*, *Isso É Brasil* e *A Verdade Nua & Crua*. Enquanto isso, o Movimento Passe Livre perdia força relativa no Facebook.

quando da pesquisa. Outros perfis catalogados como de organizações traziam críticas diretas ao Partido dos Trabalhadores. Termos como *PT nunca* e *PT nunca mais* compunham as arrobas de duas das contas mais retuitadas.

Na categoria políticos/partidos, chama atenção o predomínio de atores e agremiações de esquerda. Entre as figuras públicas, a conta campeã em posts mais retuitados foi a do lutador de UFC Wanderlei Silva, que mais tarde se declararia apoiador de Jair Bolsonaro. Entre os posts classificados como oriundos da grande mídia, note-se a presença, ao lado de veículos da mídia nacional — como *O Globo* — e internacional — como *The Guardian* —, de postagens de apresentadores do humorístico CQC, como Marcelo Tas e Rafinha Bastos, que faziam sucesso à época com comentários ácidos na linha da antipolítica. Quanto aos perfis classificados como de mídias alternativas, surgem com destaque Flávio Morgenstern, editor do site *Senso Incomum*, e a conta do *Tijolaço*, um site de esquerda bastante visitado à época. No primeiro caso, as postagens mais retuitadas traziam críticas à corrupção e citavam o Hino Nacional. Já o tuíte mais compartilhado do *Tijolaço* falava de um escândalo de corrupção envolvendo o governo de São Paulo, controlado pela direita.

Essa breve amostragem dá conta da intensa disputa travada em torno das bandeiras e dos sentidos do movimento por atores à esquerda e à direita que projetavam suas visões utilizando as redes. Conforme fica claro na batalha cibernética travada durante as manifestações de 2013, as potencialidades da internet não promoveram apenas formas de resistência com sentido progressista, mas também inúmeras correntes e articulações de teor regressivo.

3.9. A INFLEXÃO DA DIREITA MIDIÁTICA

Do lado das forças conservadoras, a disputa do movimento não se deu apenas nas redes e nas ruas. A mídia tradicional representou um importante recurso tático, manobrado pelas formações dominantes para impor sua pauta, sua interpretação dos fatos e, por óbvio, seus interesses. Sem desconsiderar o papel da mídia impressa e de outras modalidades de veículos tradicionais, não resta dúvida de que, nesse terreno, o destaque cabe à televisão.

Como mostram dados da Pesquisa Brasileira de Mídia 2014, a televisão era à época o meio de comunicação mais utilizado pela população brasileira, presente em 91% dos lares. Mesmo a TV paga já era bastante abrangente: 31% dos domicílios contavam com esse serviço — percentual que subia para 61% na faixa de renda acima de 5 salários-mínimos. Praticamente 2/3 dos brasileiros (65%) assistiam a programas televisivos diariamente, permanecendo em frente à tela por 3h29 de segunda a sexta-feira e por 3h32 nos fins de semana. Além disso, "os dados sugerem que a intensidade de uso é diretamente proporcional ao tamanho do município, ou seja, quanto maior a cidade, mais intenso tende a ser o uso da TV"[108]. Sobre as preferências de conteúdo, em tabulação que levava em conta as três primeiras respostas, os programas jornalísticos recebiam 80% das citações no período de segunda a sexta-feira; em seguida vinham as telenovelas, com 48% das citações. Já nos finais de semana os programas de auditório eram os mais lembrados, com 79% das menções; depois vinham os programas jornalísticos e de variedades, com 35%, e os programas esportivos, com 27%.

No que respeita ao tratamento dado às manifestações de 2013, os meios tradicionais seguiram, de forma geral, uma linha uníssona, caracterizada por um enquadramento que deslegitimava a causa e marginalizava os manifestantes, sempre retratados de forma superficial e caricata. O noticiário focava "as ações violentas dos manifestantes e não seus problemas, seus anseios, lutas e necessidades".[109] Porém, enquanto esse enfoque continuou sendo empregado por muitos veículos da mídia tradicional, alguns deles registraram, na segunda fase das manifestações, uma notável inflexão. Foi o caso das Organizações Globo, principal grupo de comunicação do país. A mudança de opinião em relação às

---

108. BRASIL, 2014, p. 20.

109. AMÔR, Ana Cristina Consalter. Enquadramentos jornalísticos dos protestos de junho de 2013: a revista Veja. In: IRIGARAY, Fernando et al. (Org.). *Audiovisual, cidades, mobilidade, cidadania, jornalismo, mídia e tecnologia*. Rosario: Editorial de la Universidad Nacional de Rosario, 2018. p. 155.

manifestações pode ser conferida na voz de um de seus principais profissionais, o jornalista Arnaldo Jabor, então titular de um comentário editorial veiculado diariamente no *Jornal da Globo*, programa jornalístico de destaque na emissora.

Na noite do dia 12 de junho, ainda na primeira fase das manifestações, Jabor condenou o movimento. Naquela oportunidade seu comentário seguiu a linha da deslegitimação dos manifestantes, caracterizados como vândalos e rebeldes sem causa, motivados apenas pelo "rancor". Importante notar, contudo, que já nesse primeiro comentário, apesar do tom negativo, verifica-se uma tentativa de pautar o movimento, que, na visão do jornalista, deveria focar a luta contra a PEC 37. Revisitemos a íntegra da fala:

> *Mas, afinal, o que provoca um ódio tão violento contra a cidade? Só vimos isso quando a organização criminosa de São Paulo [refere-se ao Primeiro Comando da Capital — PCC] queimou dezenas de ônibus. Não pode ser por causa de vinte centavos... A grande maioria dos manifestantes são filhos de classe média, isso é visível. Ali não havia pobres que precisassem daqueles vinténs, não. Os mais pobres ali eram os policiais apedrejados, ameaçados com coquetéis molotov, que ganham muito mal. No fundo, tudo é uma imensa ignorância política. É burrice misturada a um rancor sem rumo. Há talvez influência da luta na Turquia, justa e importante, contra um islamismo fanático. Mas aqui se vingam de quê? Justamente a causa deve ser a ausência de causas. Isso! Ninguém sabe mais por que lutar, em um país paralisado por uma disputa eleitoral para daqui a um ano e meio. O governo diz que está tudo bem, apesar dos graves perigos no horizonte, como inflação, fuga de capitais, juros e dólar em alta. Por que não lutam contra o projeto de emenda constitucional 37, a PEC 37, por exemplo, que será votada no dia 26, no Congresso, para impedir o Ministério Público de investigar? Talvez eles nem saibam o que é a PEC 37, a lei da impunidade eterna. Esses caras vivem no passado de uma ilusão, eles são a caricatura violenta*

> *da caricatura de um socialismo dos anos [19]50, que a velha esquerda ainda defende aqui. Realmente esses revoltosos de classe média não valem nem vinte centavos.*[110]

Cinco dias depois, em 17 de junho, Jabor volta ao tema em sua coluna na rádio CBN, afiliada do grupo Globo. Aquilo que havia começado como peremptória desaprovação transforma-se em encômios e apreciações laudatórias. Nesse momento, torna-se ainda mais nítida a tentativa de pautar a agenda e ditar os rumos do movimento, a fim de direcionar a energia das ruas para finalidades simpáticas às forças hegemônicas. No novo comentário, cujo teor apologético seria reproduzido — embora com outras palavras, mais sóbrias — na noite do mesmo dia, no *Jornal da Globo*[111], Jabor é ainda mais enfático em sugerir bandeiras estranhas às causas que animavam os manifestantes na primeira fase do movimento:

> *Amigos ouvintes, outro dia eu errei. Sim. Errei na avaliação do primeiro dia das manifestações contra o aumento das passagens em São Paulo. Falei na TV sobre o que me pareceu um bando de irresponsáveis fazendo provocações por causa de vinte centavos. Era muito mais que isso, pois eu fiz um erro de avaliação e essa é minha autocrítica. Esse movimento, Passe Livre, que começou outro dia, tinha toda a cara de anarquismo inútil, e critiquei-o porque temia que tanta energia fosse gasta em bobagens, quando há graves problemas a enfrentar no Brasil. Mas a partir de quinta-feira, com a violência maior da polícia, ficou claro que o Movimento Passe Livre expressava uma inquietação que tardara muito no país, pois desde [19]92 faltava o retorno de algo como os caras pintadas, os jovens que derrubaram o presidente. Hoje eu acho que o Movimento*

110. JABOR, Arnaldo. *Arnaldo Jabor fala sobre onda de protestos contra aumento nas tarifas de ônibus*. São Paulo: Jornal da Globo, 12 jun. 2013b. 1 vídeo (1 min). Disponível em: <https://globoplay.globo.com/v/2631566/?s=0s>. Acesso em: 10 jun. 2023.

111. Preferimos reproduzir aqui o comentário feito na rádio CBN por considerá-lo mais representativo no conteúdo e, além disso, mais franco na linguagem utilizada.

Passe Livre expandiu-se como uma força política original até mais rica do que os caras pintadas, justamente porque não tem um rumo, um objetivo certo a priori. Como escreveu Carlos Diegues no jornal outro dia, o Movimento Passe Livre é importante porque talvez o mundo tenha perdido a esperança em mudanças radicais, talvez porque a revolução tenha perdido prestígio para a mobilidade social, talvez porque não nos sentimos mais representados por nenhuma força política. É isso. Não vivemos diante de acontecimentos, amigos ouvintes, mas só de incertezas, de não acontecimentos. Na mídia só aparecem narrativas de fracasso, de impunidade, de derrotas diante do mal. Essa energia do Passe Livre tem que ser canalizada para melhorar as condições de vida do Brasil, desde o desprezo com que se tratam os passageiros pobres de ônibus, passando pelo escândalo ecológico, passando pela velhice do Código Penal do país, que legitima a corrupção institucionalizada. Tudo está parado e essa oportunidade não pode ser perdida. De um fato pequeno pode sair muita coisa, muito crime pode estar escondido atrás de uma bobagem, os fatos concretos são valiosos. Exemplo: não basta lutar genericamente contra a corrupção, há que se deter em fatos singulares e exemplares como, por exemplo, a terrível ameaça da PEC 37, que será votada daqui a uma semana na Câmara dos Deputados e que acaba, na prática, com o Ministério Público, que pode reverter as punições do mensalão, que pode acabar até com o processo da morte de Celso Daniel. Outros alvos concretos existem: por exemplo, descobrir por que a Petrobras comprou uma refinaria por 1 bilhão de dólares em Pasadena, no Texas, se ela só vale 100 milhões. Por quê? Por que a ferrovia Norte-Sul, que está sendo feita há 27 anos, desde a era Sarney, ainda quer mais 100 milhões para mais um trechinho novo. Por que o PAC não andou? Por que aeroportos e ferrovias e rodovias estão podres e sem concessões resolvidas? Por que as obras do rio São Francisco estão secas? Por que as obras públicas custam o dobro dos orçamentos? Por

> *que a inflação está voltando? Por que a infraestrutura do país está destruída? Por quê? E por aí vai, amigos ouvintes. Por quê, por quê, por quê... O Passe Livre pode nos ajudar a responder a essas perguntas.*[112]

O segundo comentário de Jabor é um claro chamado para que atores alinhados aos valores da ordem ingressem nas manifestações, misturando-se a grupos alternativos e à juventude emergente para disputar os rumos de uma energia social que "tem que ser canalizada". O jornalista agora sugere aos manifestantes não apenas uma, mas várias bandeiras. Ele já não acha "inútil" o "anarquismo" dos manifestantes; ao contrário, vê vantagens na ausência de "um rumo, um objetivo certo *a priori*". Assim seriam as coisas no tempo em que "não nos sentimos mais representados por nenhuma força política". Ao contrário do comentário anterior, o MPL já não é visto como um grupo adversário, como um bando de "revoltosos de classe média" que "não valem nem vinte centavos", mas como um ator que "pode nos ajudar". Quando o adversário passa a nos elogiar efusivamente, é bastante provável que algo tenha saído errado.

O comentário de Jabor está longe de ser voz isolada. Ele é a face mais visível da mudança de opinião das Organizações Globo e, logo, de setores destacados da classe média tradicional e das elites dominantes, que identificaram no apoio às manifestações uma oportunidade de se contrapor a um governo progressista sem assumir a face carrancuda típica dos porta-vozes do conservadorismo. Curiosamente, a mencionada pesquisa do Datafolha do dia 18 de junho constatou que 77% dos paulistanos apoiavam os protestos, número bastante superior aos 55% registrados uma semana antes pelo mesmo instituto.[113]

A nova linha editorial verbalizada por Jabor espalhou-se rapidamente pelos noticiários da Globo, passando a fundamentar cada cobertura. Na noite do dia 18 de junho, um grupo de

---

112. JABOR, Arnaldo. *A declaração e a retratação*. Publicado pelo canal Cezar Marques Pimentel. YouTube, 17 jun. 2013a. 1 vídeo (5 min). Disponível em: <www.youtube.com/watch?v=46pFy-nGEGo>. Acesso em: 13 jun. 2023.

113. RODRIGUES, 2013.

manifestantes afastou-se da concentração principal e dirigiu-se à sede da prefeitura paulistana, onde queimou um boneco do prefeito, Fernando Haddad, proferiu ameaças aos gestores e promoveu depredações. Lojas nos arredores foram saqueadas. Um carro da Record e uma base da PM foram incendiados. A polícia demorou a agir e só chegou ao local três horas após a tentativa de invasão da prefeitura.[114] Integrantes do Movimento Passe Livre tentavam impedir os atos violentos. "Éramos minoria. Nós gritávamos 'sem vandalismo' e eles gritavam 'com vandalismo'", afirmou Amanda Cimeco, uma integrante do movimento[115]. Enquanto isso, veículos de comunicação que antes enquadravam os manifestantes como vândalos preferiram fingir que nada de mais acontecia. "O 'vandalismo' tinha sumido da emissora [a Rede Globo], que mostrava o prédio da Federação das Indústrias do Estado de São Paulo (Fiesp) com uma bandeira do Brasil".[116]

Ao passo que os setores hegemônicos mudavam de posição e abraçavam as manifestações, as forças contra-hegemônicas — partidos e movimentos sociais do campo popular — faziam o movimento oposto, primeiro se retirando delas, depois passando a condená-las. Os atores à esquerda, extremamente confiantes como protagonistas na primeira fase das manifestações, deslocaram-se para a posição oposta, passando a definir o movimento de forma crítica. Essa postura confundiu-se muitas vezes com os posicionamentos de figuras carimbadas da política tradicional. Embora tal não tenha sido a atitude da presidenta Dilma Rousseff[117], foi a de muitos dos membros de seu governo e de seu partido. Gestava-se, assim, uma antipatia difusa, porém crescente, da qual brotariam termos pejorativos como *coxinhas*,

114. *Ato tem violência, saque e depredação; PM demora a agir*. Folha de S.Paulo, São Paulo, 19 jun. 2013. Disponível em: <www1.folha.uol.com.br/fsp/cotidiano/114776-ato-tem-violencia-saque-e-depredacao-pm-demora-a-agir.shtml>. Acesso em: 11 jun. 2023.

115. ATO..., 2013.

116. LOCATELLI, 2013, pos. 477.

117. MACEDO, Danilo. *Dilma diz que é preciso traduzir as vozes das ruas em ações de governo*. EBC, Brasília, 17 jul. 2013. Disponível em: <https://memoria.ebc.com.br/noticias/politica/2013/07/dilma-diz-que-e-preciso-traduzir-as-vozes-das-ruas-em-acoes-de-governo>. Acesso em: 11 jun. 2023.

usados para identificar atores e tendências à direita que emergiam das manifestações.

Como numa espécie de "profecia autorrealizável", essa aversão ajudou a abrir ainda mais o movimento à influência dos setores conservadores. Desconsiderava-se, desse modo, uma importante lição derivada das teorias da hegemonia: todo poder, como parte intrínseca de seu próprio equilíbrio interno, precisa acolher tensões. Como vimos no capítulo 1, uma hegemonia saudável é aquela que comanda suas próprias formas de oposição — embora, claro, esse processo exija extremo descortino e habilidade, e ainda assim jamais ocorra sem riscos.

3.10. JUNHO COMO ARENA DE DISPUTA

Junho de 2013 foi uma arena discursiva na qual grupos de diferentes orientações, e seus intelectuais orgânicos, mediram forças, ensaiaram movimentos e testaram inéditas formas associativas, muitas delas ligadas às novas tecnologias de informação e comunicação. Naquele espaço de natureza comunicacional, forças sociais, políticas e midiáticas ligadas ao campo conservador disputaram palmo a palmo o controle das redes e das ruas, e a consciência de uma juventude emergente, com partidos do campo progressista e movimentos sociais populares. Essa disputa chegou, por vezes, às vias de fato, como no mencionado episódio ocorrido na avenida Paulista em 20 de junho, quando um confronto violento opôs militantes de partidos, entidades estudantis e MPL, de um lado, e grupos que se diziam "contra os partidos", de outro.

A chave para a compreensão das manifestações reside na luta política que se travava — e ainda se trava — na sociedade brasileira. As jornadas de junho não podem ser compreendidas em si mesmas, mas apenas à luz da disputa mais ampla em torno dos destinos do país. O movimento abrigou em seu ventre tendências contraditórias, tanto futuristas quanto passadistas, tanto avançadas quanto regressivas. Em vez de "encaixotar" os acontecimentos de junho em definições apriorísticas como *conservador* ou *progressista*, melhor é atentar para o comportamento das diferentes orientações políticas e para o que fizeram do episódio. O movimento não teve significados unívocos — Junho foram muitos "Junhos". Por isso o movimento conservou desde sempre, e conserva ainda hoje, certa abertura de significados.

Essa abertura esteve garantida desde sempre pelas próprias soluções orgânicas do movimento, que revelou uma morfologia ampla, aberta e flexível, tecida de múltiplas vozes nem sempre afinadas entre si. O que confere a essa polifonia ruidosa uma aparência de unidade são os *significantes vazios* que a revestiram: lemas como "Vem pra rua!", "O gigante acordou" ou "Amanhã vai ser maior"; adereços como as máscaras de Guy Fawkes; práticas como a ocupação de espaços públicos. Essas formas são significantes vazios porque podem ser preenchidos por significados os mais diversos, inclusive antagônicos entre si, permitindo múltiplos deslocamentos semânticos e trocas de sinais. É dessa forma que o movimento escorregou, sorrateiramente, do apartidarismo para o antipartidarismo; do entusiasmo com a ação coletiva para a crítica da política em si mesma; do elogio do pluralismo para a expulsão violenta de atores e correntes; da oposição à ordem para as representações que repõem a violência da ordem; das lutas por justiça social para o moralismo anticorrupção.

O que tivemos no Brasil de 2013 foi uma singularidade sociológica: correntes hegemônicas e contra-hegemônicas disputando espaços nos mesmos eventos. Havia ali atores e grupos interessados em golpear o ciclo de governos progressistas Lula-Dilma, mas havia também os que pugnavam pelo aprofundamento do mesmo ciclo. Esse último contingente não era nada desprezível, a julgar pelos dados Cesop-Datafolha coletados em manifestação no Vale do Anhangabaú no dia 13 de agosto — em plena terceira fase do movimento. Segundo a pesquisa, o governo Dilma Rousseff era avaliado como ótimo ou bom por 36,1% dos manifestantes. Se incluirmos os que o consideravam regular, a taxa sobe para 63%. Na mesma enquete, a gestão de Geraldo Alckmin, à época governador de São Paulo pelo PSDB, partido de oposição às gestões petistas, tinha 13% de ótimo e bom, percentual que subia para 29,8% se considerarmos os que o tinham por regular. Não é possível entender esses números sem admitir que havia entre os participantes das manifestações a opinião de que a situação do país não era ruim. Isso não significa, contudo, que entre os mais satisfeitos não houvesse também o desejo de avançar nas mudanças.

Investimentos e gastos sociais cresceram em termos absolutos no ciclo de governos de esquerda. Ainda assim, não acompanharam os avanços de uma população que adquiria maior poder de consumo. Vejamos, por exemplo, o caso dos investimentos em infraestrutura de transporte. Grandes massas da população trocaram os ônibus pelos jatos comerciais na hora de viajar, mas o investimento em aeroportos não acompanhou essa transição. Subestimou-se o fato, incontornável, de que a resolução de contradições em um nível engendra contradições em outro nível, mais elevado. É preciso manter sempre os olhos nas tendências que se abrem, pois o real é fluxo, e, como explanava Hegel, "a tendência é o puro impulso que ainda carece de sua realidade efetiva; e o resultado nu é o cadáver que a coisa deixou atrás de si".[118]

A verdade é que chegamos ao ponto em que os aumentos reais do salário-mínimo e a ampliação do crédito popular já não bastavam. Apesar das inúmeras melhorias, questões estruturais permaneciam intocadas, sacrificadas que eram no altar da governabilidade. É esse o elemento capaz de explicar por que Junho assistiu, conforme já mencionado anteriormente, a uma explosão de greves e lutas trabalhistas, em um momento no qual se acumulavam melhoras, mas nuvens carregadas também se formavam no horizonte. Havia em significativos contingentes de manifestantes um clamor por "mais e melhores conquistas", mas também, simultaneamente, um temor pela possibilidade de retrocessos. E havia, na mão oposta, os que viam esses retrocessos como "avanços" a serem buscados.

Não é possível compreender Junho de 2013 sem considerar a gradação de colorações ideológicas que o movimento foi capaz de abarcar. Nessa perspectiva, seria um equívoco pensar os protestos como mera antessala do "Fora Dilma!" e de tudo o que se seguiu, como se o significado das manifestações pudesse ser

118. HEGEL, Georg Wilhelm Friedrich. *Fenomenologia do Espírito*. São Paulo: Nova Cultural, 1991. p. 192.

extraído apenas dos acontecimentos que lhe sucederam, numa espécie de "teleologia retrospectiva". É verdade que Junho não pode ser desvinculado de seus desdobramentos. Mas também não pode ser reduzido a eles, como se todo o período posterior já estivesse contido desde sempre, ainda que em germe, nas manifestações. O posterior movimento pelo impeachment de Dilma Rousseff não foi a "essência" de 2013, mas, na verdade, uma de suas tendências: aquela que — por uma série de motivos discutidos neste trabalho — foi a que conseguiu ganhar maior vigor de massas no período posterior.

3.11. DESDOBRAMENTOS DE 2013

O período pós-2013 pode ser entendido a partir da "clivagem" das manifestações de junho, com a cisão entre as orientações opostas que nele coexistiram. As ações do lado conservador ganhariam, no período posterior, maior expressão de massa, desaguando no movimento pelo impeachment de Dilma Rousseff, enquanto organizações de esquerda e movimentos populares marchavam em direção oposta, impulsionando causas de sentido popular e democrático. Ambas as partes aprenderam com o episódio. Bandeiras surgidas em 2013 — as que se mostraram mais promissoras — foram selecionadas para investimento e, posteriormente, desenvolvidas como campanhas autônomas, como é o caso das iniciativas "anticorrupção" e do movimento "Não vai ter Copa", entre outras. Junho também se constituiu em verdadeira incubadora de novas formas organizativas, contribuindo para oxigenar o associativismo civil.

Dito de outro modo, as manifestações de 2013 foram um gigantesco experimento a céu aberto, um laboratório social que projetou demandas e gestou métodos de mobilização que marcariam o cenário associativo dali em diante. Nessa fonte beberam tanto a esquerda quanto a direita, que procuraram, cada qual a seu modo, tirar lições daquela experiência. Ambos os campos foram forçados a repensar suas formas de atuação, mas as forças conservadoras, em função de sua experiência e do maior investimento, foram mais ágeis.

O segmento político à direita passou a investir intensamente em novos modelos de ação civil[119], apropriando-se da linguagem emanada das manifestações de junho. Desenvolveram-se nesse campo articulações como o Movimento Brasil Livre (MBL), criado em novembro de 2014, e o Vem pra Rua, que data de outubro do mesmo ano. Mais à direita, o estridente Revoltados OnLine é o único que já existia em junho de 2013, porém com caráter distinto — era um movimento de combate à pedofilia.[120] Esse grupo foi mais tarde repaginado, passando a servir a causas políticas mais gerais, de conteúdo conservador. De forma geral, as lideranças desses movimentos são "homens brancos, que se apresentam como empresários, e têm seu discurso reverberado em setores de classe média e média alta [...]. Embora se afirmem apartidários, é comum o envolvimento de suas lideranças com as campanhas do PSDB."[121]

Vem pra Rua, MBL e Revoltados OnLine representaram uma possibilidade de renovação para setores da classe média tradicional que se encontravam órfãos de opções associativas à direita. Esses movimentos surgem da observação atenta das manifestações de junho. É o que confirma Renan Santos, dirigente do MBL, em entrevista concedida ao projeto "Nas redes e nas ruas — o ciberativismo à luz do materialismo cultural", desenvolvido sob nossa coordenação na Universidade Federal do Maranhão. Ao ser indagado sobre como os acontecimentos de

---

119. Esse investimento não provém apenas de atores e organizações do próprio país. Compreende os esforços de grupos de ultradireita com ação transnacional, que se aproveitam do rescaldo das manifestações de 2013 para promover no Brasil iniciativas diversas de formação e cooptação de quadros, incluindo cursos sobre "como construir com êxito um movimento social" (DEMORI, Leandro. *O criador: radical católico da Espanha treinou extrema direita brasileira em 2013 com táticas que elegeram Bolsonaro.* The Intercept Brasil, 18 ago. 2021. Disponível em: <www.intercept.com.br/2021/08/18/catolico-espanha-citizengo-treinou-extrema-direita-2013-bolsonaro>. Acesso em: 26 jun. 2023).

120. PAVARIN, Guilherme. *O ostracismo do maior revoltado online.* Piauí, São Paulo, 26 maio 2017. Disponível em: <https://piaui.folha.uol.com.br/o-ostracismo-do-maior-revoltado-online>. Acesso em: 13 jun. 2023.

121. TATAGIBA, Luciana; TRINDADE, Thiago; TEIXEIRA, Ana Cláudia Chaves. *Protestos à direita no Brasil* (2007-2015). In: CRUZ, Sebastião Velasco e; KAYSEL, André; CODAS, Gustavo (Org.). *Direita volver!: o retorno da direita e o processo político brasileiro.* São Paulo: Editora Fundação Perseu Abramo, 2015. p. 205.

2013 influenciaram a forma como o MBL se organiza, Santos responde:

> *Houve uma influência de 2013, tanto que a primeira manifestação que a gente organizou enquanto MBL [...,] a gente marcou no [para o] Masp, porque o meu referencial de manifestação era o Masp, por conta das manifestações de 2013 e tal. A gente colocou caminhão de som porque achava que dali em diante tinha que haver liderança e foco e não virar aquela balbúrdia, de todo mundo falando o que queria e ninguém fazendo nada de útil, que foi 2013.*[122]

A influência que tiveram as manifestações de junho sobre os novos movimentos juvenis de direita pode ser rastreada desde suas denominações. O Vem pra Rua toma de empréstimo a conhecida palavra de ordem consagrada em 2013. Já a sigla MBL foi pensada como corruptela da abreviação MPL, fato corroborado por Renan Santos na entrevista supramencionada:

> *O nome Movimento Brasil Livre foi criado pelo Fábio Ostermann, originalmente em 2013, e eu acho que ele pensou numa brincadeira ali com o MPL, né? Mas quando a gente começou a tocar o nome a partir de 2014 esse referencial já não fazia mais sentido porque o Passe Livre já tinha meio que desaparecido, mas, enfim, na gênese tem relação, sim.*[123]

Além da sigla, porém, não há qualquer outra similaridade entre os dois movimentos. Segundo a prestigiada *The Economist*, o MBL foi fundado para "promover as respostas do livre mercado para os problemas do país"[124]. Vários de seus dirigentes tiveram atuação na ONG Estudantes pela Liberdade, filial brasileira da Students for Liberty, que recebe financiamento dos irmãos Koch,

---

122. SANTOS apud NUNES, 2020.

123. Ibid.

124. *NICHE no longer: Thatcherism is winning adherents.* The Economist, London, February 26, 2015, tradução nossa. Disponível em: <www.economist.com/the-americas/2015/02/26/niche--no-longer>. Acesso em: 14 jun. 2023.

donos de um dos maiores conglomerados empresariais dos Estados Unidos, com atuação principal nos setores de petróleo e gás. A corporação, que tem interesse no pré-sal brasileiro, é famosa nos Estados Unidos por escândalos diversos, incluindo compra de votos, degradação do meio ambiente e extração ilegal de petróleo em terras indígenas[125]. A fim de assegurar seus interesses, os irmãos Koch "gastaram centenas de milhões em financiamentos de campanhas de candidatos extremistas hostis aos impostos, aos direitos sindicais e a qualquer tipo de controle de emissões de gases de efeito estufa".[126]

Dirigentes do MBL como o citado Fábio Ostermann também tomaram parte em cursos do Institute for Humane Studies[127], organização educacional sem fins lucrativos mantida pelos irmãos Koch para promover o estudo e a difusão dos princípios liberais que "fundamentam sociedades livres e abertas"[128]. Note-se, aliás, a semelhança entre esse padrão de formação de quadros — ligado a iniciativas e financiamentos de instituições estrangeiras — e aquele que apresentamos no capítulo 2, na seção destinada ao modelo de revoluções coloridas.

Ocorre que, apesar da aparência de "espontaneidade" das ações que lideravam, movimentos juvenis como MBL e Vem pra Rua dependiam de estruturas de poder pré-estabelecidas, vinculadas a setores do empresariado — de dentro e de fora do país — e à mídia corporativa. No mesmo sentido, embora tenham florescido em meio ao discurso contra os partidos e a política, esses movimentos se beneficiaram do apoio financeiro e logístico de partidos da direita tradicional.[129] Esses partidos, evi-

---

125. CARLOS, Antônio. *Quem está por trás do protesto no dia 15.* Outras Palavras, São Paulo, 11 mar. 2015. Disponível em: <http://outraspalavras.net/brasil/quem-esta-por-tras-do-protesto-no-dia-15>. Acesso em: 13 jun. 2023.

126. MOLINA, Antonio Muñoz. *Irmãos Koch, os donos do mundo.* El País, 23 set. 2019. Disponível em: <https://brasil.elpais.com/brasil/2019/09/17/cultura/1568729920_158582.html>. Acesso em: 14 jun. 2023.

127. CARLOS, 2015.

128. IHS. *Institute for Humane Studies: promoting intellectual discovery and human flourishing, 2022.* About IHS. Disponível em: <www.theihs.org/about-ihs>. Acesso em: 13 jun. 2023.

129. LOPES, Pedro; SEGALLA, Vinícius. *Áudios mostram que partidos financiaram MBL em atos pró-impeachment.* UOL, São Paulo, 27 maio 2016. Disponível em: <http://noticias.uol.

dentemente, não podiam aparecer como tais. Era necessário algum tipo de cobertura que conferisse às suas ações a aparência de erupções "espontâneas" de uma juventude enérgica, em busca de "mudanças".

Nascem assim movimentos biônicos, que lembram a Otpor sérvia e a Kmara georgiana, apresentadas no capítulo 2, além de outras organizações protagonistas de revoluções coloridas. São entidades postiças, que surgem para cumprir finalidades *ad hoc*, sem qualquer tradição de lutas, sem histórico de mobilizações em torno de causas especificamente juvenis. São movimentos de juventude que não empunham bandeiras típicas da juventude — o primeiro emprego, a ampliação de vagas em escolas e universidades, a melhoria da educação, a ampliação de políticas de cultura, esporte e lazer. Em vez disso, já nascem travando lutas políticas gerais, como se fossem partidos políticos. A fim de rivalizar com os movimentos sociais populares, com sua larga experiência no campo da mobilização democrática, essas entidades foram apresentadas como movimentos "modernos", "horizontais" e "conectados", em oposição às "velhas" entidades sindicais e estudantis.

Conectadas subterraneamente à política oficial e dotadas de financiamento e apoio técnico, essas organizações logo trataram de montar estruturas profissionais nas redes sociais, as quais, aliadas à cobertura implacável da grande mídia, contribuíram para a produtividade de seus esforços mobilizadores. As grandes manifestações por eles convocadas a partir de 2015, embora apresentassem uma multiplicidade de reivindicações, tinham sempre como alvo o governo da presidenta Dilma Rousseff. Com o passar do tempo, essas manifestações — frequentadas em sua esmagadora maioria por pessoas das classes médias e altas[130] — revelaram um caráter intolerante e preconceituoso, descambando abertamente para demonstrações de histeria fascista.

---

com.br/politica/ultimas-noticias/2016/05/27/maquina-de-partidos-foi-utilizada-em-atos-pro-impeachment-diz-lider-do-mbl.htm>. Acesso em: 13 jun. 2023.

130. BÄCHTOLD, Felipe. *Protesto cresce, mas manifestante mantém perfil de alta renda*. Folha de S.Paulo, São Paulo, 14 mar. 2016. Disponível em: <www1.folha.uol.com.br/poder/2016/03/1749640-protesto-cresce-mas-manifestante-mantem-perfil-de-alta-renda.shtml>. Acesso em: 14 jun. 2023.

O lado oposto — nucleado pelos movimentos sociais de extração popular — também soube extrair lições de Junho. Essa parte do espectro civil ganhou expressão de massas em alguns momentos do período posterior, como na chamada Primavera Feminista de 2015, um marco da luta das mulheres pela igualdade de gênero. O movimento, com morfologia algo semelhante à de Junho, mesclou o formato de mobilização horizontal pelas redes com a liderança de partidos de esquerda e entidades do movimento feminista. Essa vertente da luta popular voltaria a protagonizar ações de massa durante a campanha eleitoral de 2018, com as manifestações de denúncia das posições misóginas de Jair Bolsonaro organizadas em torno da hashtag #elenão.

No mesmo campo político, o movimento estudantil — em particular o secundarista, com a flexibilidade que lhe é característica — também conseguiu ser efetivo na incorporação das novas formas gestadas em 2013, como se tornou claro no período das ocupações de escolas contra a reforma do ensino médio entre 2015 e 2016. Nesse caso, a combinação de estruturas horizontalizadas, comando unificado e clareza programática inaugurou uma forma de luta inédita. As ocupações conseguiram pautar a necessidade de uma formação humanista e cidadã, e representaram para o governo Temer um primeiro desafio.

No que tange à postura da esquerda partidária, é possível afirmar que, contando com recursos inferiores àqueles do campo oposto e com colunas de quadros menos adensadas — de mais a mais absorvidas pela presença em postos de governo e na burocracia estatal —, essa porção da esquerda demorou a entender o que se passava nas redes e nas ruas.[131] Mais próxima das formas institucionalizadas e da *consciência possível*,[132] subestimou o alcance do movimento e demonstrou debilidades ao disputar ideias

131. "Assessores presidenciais disseram ontem [20 de junho] reservadamente que o governo estava 'atônito' e 'perplexo' com as manifestações em todo o país, mas monitorava a evolução dos protestos" (CRUZ, Valdo; SADI, Andréia. *Dilma cancela viagem ao Japão e marca reunião emergencial.* Folha de S.Paulo, São Paulo, 21 jun. 2013. Cotidiano, C3. Disponível em: <www1.folha.uol.com.br/fsp/cotidiano/115082-dilma-cancela-viagem-ao-japao-e-marca-reuniao-emergencial.shtml>. Acesso em: 16 jun. 2023).

132. Para o conceito de *consciência possível*, cf. o capítulo 1, mais especificamente a seção 1.3.2., dedicada à noção de *estruturas de sentimento.*

naquela arena. Faltou-lhe um olhar mais atento, capaz de perceber com acuidade as novas formas políticas e orgânicas trazidas pela estrutura de sentimento que emergia.

No entanto, mesmo a esquerda "social", parte dela classificada como "nova esquerda", tampouco se mostrou à altura de conduzir o episódio que havia inaugurado. Esposando métodos autonomistas já exaustivamente criticados pela tradição marxista — conforme veremos no próximo capítulo —, essas forças se mostraram, de modo geral, política e organicamente aquém das necessidades postas naquele momento pela luta hegemônica.

A direita foi mais ágil. Ela se posiciona, num primeiro momento, contrariamente às manifestações, mas logo começa a "gostar do jogo", muda de posição e entusiasma-se com a possibilidade de disputar os sentidos de Junho. Nesse processo, surpreende a rapidez das manobras efetuadas. Esse campo político, mais bem dotado de recursos táticos, também mostrou visão estratégica apurada. Não por acaso, como indica o período posterior, conseguiu tirar melhor proveito de 2013, compreendendo o potencial do episódio e usando-o como alavanca para a construção da nova hegemonia liberal-conservadora. O êxito das forças dominantes revela o quanto a esquerda andou fragilizada em um território que desde o golpe de 1964 tinha sido esmagadoramente seu: as manifestações de rua.

No pós-Junho, a iniciativa política passou à direita, que entendeu rapidamente como atuar na nova realidade e passou a dar as cartas. O que esse campo político fez em 2013 foi usar a força do inimigo contra ele próprio — uma manobra que, em sua dimensão mecânico-muscular, pode ser conferida nos melhores filmes de Bruce Lee. Já no campo da mecânica política (sim, pois a política possui uma metafísica, mas também uma mecânica), essa tendência se materializou na forma como os anseios de renovação do sistema político expressos em 2013 foram ganhando caráter cada vez mais destrutivo e acabaram canalizados, como aponta Nobre, para a chamada operação Lava Jato.[133]

Reunindo Poder Judiciário, Polícia Federal e Ministério Público, a operação surge no início de 2014 para investigar

133. NOBRE, 2022.

esquemas de pagamento de propinas envolvendo a Petrobras e grandes empreiteiras. Com o passar do tempo, a Lava Jato agigantou-se e passou a ser peça central nos estratagemas da oposição de direita. Contando com a cobertura apologética da grande mídia, transformou-se em uma espécie de poder paralelo. Seus agentes optaram por limitar as investigações relacionadas à Petrobras apenas ao período recente, poupando deliberadamente os governos neoliberais. Desde os personagens indiciados — pinçados de um conjunto mais amplo de políticos e empresários sob suspeita — até as datas escolhidas para a deflagração das operações — quase sempre às vésperas de eventos políticos importantes, como as votações do processo de impeachment —, a Lava Jato foi concebida para operar seletivamente, atingindo o Partido dos Trabalhadores e outras legendas da base de apoio do governo Dilma Rousseff.

A operação foi comandada por Sergio Moro, um obscuro juiz de primeira instância que saiu do anonimato para, em um par de anos, dar as cartas no processo político brasileiro. O trabalho de Moro inspirou-se declaradamente na célebre Operação Mãos Limpas, que, na Itália dos anos 1990, ajudou a varrer a esquerda do mapa político e conduziu à eleição do ultradireitista Silvio Berlusconi. Como relata o jornal *The Washington Post*, a abordagem de Moro foi também influenciada por sua exposição aos métodos jurídicos e policiais adotados nos Estados Unidos com a deflagração da "guerra ao terrorismo". Ainda em 1998, ele passou um mês em programa especial na Escola de Direito de Harvard. Já em 2007, retornou para um curso de formação política de três semanas, destinado a "potenciais líderes". A iniciativa foi patrocinada pelo Departamento de Estado dos Estados Unidos.[134]

Outros protagonistas da operação — como o procurador do Ministério Público Federal do Paraná Deltan Dallagnol, espécie de "número dois" da Lava Jato —, são quadros de extração cristã

---

134. PHILLIPS, Dom. *Brazil's new hero is a nerdy judge who is tough on official corruption*. The Washington Post, Washington, December 23, 2015. Disponível em: <www.washingtonpost.com/world/the_americas/brazils-new-hero-is-a-nerdy-judge-who-is-tough-on-official-corruption/2015/12/23/54287604-7bf1-11e5-bfb6-65300a5ff562_story.html>. Acesso em: 14 jun. 2023.

evangélica que costumam atribuir à própria atividade profissional um sentido "missionário". Suas ações revelam, a todo momento, caráter justiceiro, sendo muitas vezes conduzidas ao arrepio da lei. Não foram poucas as vezes que juízes e procuradores da operação — sempre contando com o respaldo da grande mídia — rasgaram as regras democráticas inscritas na Constituição e no ordenamento jurídico brasileiro.

Com o passar do tempo, a Lava Jato tornou-se motor de uma prolongada crise, que conduziu não apenas à falência da hegemonia da esquerda, mas também à decomposição orgânica do sistema político e à anomia no funcionamento das instituições estatais. Como teorizava Gramsci, situações desse tipo atestam a existência de contradições insanáveis que amadureceram na base infraestrutural da sociedade.[135] Revela-se, nesse caso, a operação de forças políticas que, interessadas na conservação e defesa da ordem, buscam por todos os meios, se não superar a crise a partir de sua perspectiva e seus interesses, pelo menos saná-la dentro de certos limites políticos aceitáveis.

É característica desse tipo de crise a falência total ou parcial do sistema político-partidário, que caduca e se descola dos interesses das classes ou frações de classe que deveria representar. Não por acaso, muitos partidos da própria direita tradicional — como o PSDB — foram reduzidos a frangalhos com a crise política. Esse tipo de situação abre espaço para a atuação de outros tipos de instituição, estatais ou paraestatais, reforçando o poder da burocracia, da finança, dos meios de comunicação e de toda uma série de organismos dotados, em geral, de maior estabilidade e permanência, mas que não se definem como organizações políticas. Nas palavras de Gramsci:

> *Em certo ponto de sua vida histórica, os grupos sociais se destacam de seus partidos tradicionais, isto é, os partidos tradicionais naquela dada forma organizativa. [...] Quando essas crises se verificam, a situação imediata torna-se delicada e perigosa, porque o campo é aberto às soluções de*

135. GRAMSCI, 1977.

> *força, à atividade de poderes sombrios representados pelos homens providenciais ou carismáticos. Como se formam essas situações de contraste entre representantes e representados, que do terreno dos partidos (organizações partidárias em sentido estrito, campo eleitoral-parlamentar, organizações jornalísticas) reflete-se em todo o organismo estatal, reforçando a posição relativa do poder da burocracia (civil e militar), da alta finança, da Igreja [...]? Em cada país o processo é diverso, se bem que o conteúdo seja o mesmo. E o conteúdo é a crise de hegemonia da classe dirigente, que acontece ou porque a classe dirigente faliu em algum grande empreendimento político [...] ou porque vastas massas [...] passaram de repente da passividade política a uma certa atividade e apresentam reivindicações que em seu complexo inorgânico constituem uma revolução. Chama-se de "crise de autoridade" o que na verdade é a crise de hegemonia, ou crise do Estado no seu complexo.*[136]

Muitos dos aspectos descritos por Gramsci confirmam-se dramaticamente no caso brasileiro. Sublinhe-se que as reivindicações das "vastas massas" não apenas permaneceram irrealizadas como foram bloqueadas pelo sistema político. Nem tanto pela porção mais à esquerda do *establishment*, que chegou a propor "pactos pelo Brasil" em cujo âmbito se destacava uma ousada proposta de reforma política. É preciso reconhecer, contudo, que mesmo setores desse campo se encastelaram, reforçando as resistências — estas sim, empedernidas — da direita tradicional. Ao mostrar-se impermeável à carga mudancista que vinha das redes e das ruas, o sistema político acabou fazendo com que essa energia fosse escoada e absorvida pelo campo da ultradireita, primeiro em sua forma lavajatista, depois em uma vertente ainda mais truculenta.

A juventude emergente que saiu às ruas em 2013 não necessariamente ansiava por esse desfecho. Muitos jovens que despertavam naquele momento para a vida pública tomaram parte nas

136. GRAMSCI, 1977, p. 1602-1603, tradução nossa.

manifestações sem saber com clareza qual sua identidade política. Nas palavras de um militante do MPL em depoimento concedido a Locatelli, "eram pessoas que estavam ali inseridas no senso comum, mais do que sendo de direita ou de esquerda. Pessoas que não estavam acostumadas a ir para atos"[137]. Muitos desses jovens entraram nos protestos desfraldando anseios transformadores; saíram deles com uma visão confusa, na melhor das hipóteses, e, na pior delas, direcionada para o rumo de uma falsa transformação. É por isso que, à luz de formulações do materialismo cultural, podemos definir as manifestações de junho como uma *emergência* mal compreendida e mal aproveitada pela esquerda, e capturada em larga medida pela direita mais conservadora, que soube fazer confluir para seus propósitos as energias do movimento.

137. LOCATELLI, 2013, pos. 534.

"VEM PARA RUA": MORFOLOGIA DAS MANIFESTAÇÕES DE 2013

Ao longo de sua história moderna, os movimentos de protesto se desenvolveram a partir de diferentes tipos de ação: passeatas, marchas, sublevações, greves, motins, boicotes, aulas públicas, comícios e assembleias, acampamentos e ocupações. Com seus inéditos modelos organizativos, as manifestações de 2013 revelaram uma surpreendente capacidade de combinar essas diferentes formas de luta: todas elas estiveram de algum modo presentes. Mas o *céu de Junho* também viu nascer novas morfologias associativas, algumas delas inéditas, outras compondo reconfigurações de modelos preexistentes.

As ocupações são exemplos dessa última tendência. Como vimos no capítulo 2, elas estão longe de ser inéditas. Remetem a fatos tão antigos quanto a tomada de Paris pelos *communards*, em 1871. As ocupações de nosso tempo trazem, contudo, formas e significados originais. Expressam a demanda pelo direito à cidade, em tempos de avanço do capital e privatização em toda linha. Os movimentos sociais contemporâneos expressam sua insatisfação com essa tendência por meio do ato de demarcar o caráter comum de um espaço público, como uma praça ou um parque. A prática, que já se fazia presente nos acampamentos de juventude do Fórum Social Mundial, volta a ser vista na praça Tahrir do levante egípcio; em Puerta del Sol ocupada pelos Indignados; no parque Zuccotti, em Nova York, que viu nascer os movimentos da grife Occupy.

No Brasil, as manifestações de junho de 2013 tiveram como estopim a questão da mobilidade urbana, diretamente conectada ao tema do direito à cidade. É verdade que, no Junho brasileiro, o modelo de ocupações não se repetiu da mesma forma. Não houve a tomada de um espaço público central, como em outras experiências do mesmo ciclo. Por aqui as ocupações, quando tiveram caráter semipermanente, seguiram um padrão de menor escala, numa espécie de *guerrilha ocupacional*, como vimos no caso das múltiplas tomadas de câmaras municipais ou no movimento "Ocupa Cabral". Por outro lado, quando assumiram caráter maior e mais amplo, as ocupações foram efêmeras, como vimos na avenida Paulista em dias de protesto.

Além da ressignificação de formas tradicionais, como as ocupações, 2013 assiste ao surgimento de novas formas de expressão e luta, muitas delas diretamente ligadas ao avanço das tecnologias interativas. São *performances*, escrachos, *flash mobs*, exibições públicas de imagens em muros e prédios, além de outros rituais, muitas vezes de natureza teatral, unindo política e cultura. Algumas dessas formas são simultaneamente bandeiras e métodos de luta, como é o caso do *midiativismo*, que surge como crítica ativa dos monopólios midiáticos e incorpora um tipo de militância que se propõe a tomar nas próprias mãos a narrativa do movimento, a partir de formas colaborativas de produção e distribuição de conteúdo, baseadas nas possibilidades engendradas pelas novas mídias.

Se no capítulo anterior procedemos a uma descrição dos fatos e acontecimentos que marcaram o Junho brasileiro, nesta seção discutiremos as formas associativas que emergem com as manifestações, destacando sua articulação central com as novas tecnologias. Há amplo consenso sobre a importância das redes sociotécnicas para o ciclo de lutas globais decorrido entre 2011 e 2013, incluindo seu capítulo brasileiro. Essa *segunda onda* de mobilizações populares assinala o advento da tecnopolítica no plano do associativismo civil, fenômeno que traz consigo formas inovadoras. Nosso esforço será o de desenvolver um olhar teórico capaz de lançar luz sobre as relações entre mídias sociais e demais elementos das manifestações. Para além disso, contudo, discutiremos o significado e as implicações políticas dos novos modelos de mobilização construídos a partir das redes, destacando suas potencialidades e insuficiências. Ao assim proceder, buscamos propiciar um entendimento mais amplo acerca dos sentidos de 2013, bem como sobre as ideologias que ecoaram sob o céu de junho.

4.1. REDES E PARTICIPAÇÃO

As manifestações brasileiras de junho de 2013 foram pioneiras na utilização das redes sociodigitais para fins de convocação e mobilização política. Isso proporcionou àquele movimento traços inéditos, corporificados em novas fisiologias de expressão e ação política. Com o advento do ambiente *web*, as interações sociais ganharam alcance e agilidade jamais vistos. Essa mudança de qualidade ocorre com a passagem da comunicação descentralizada, que caracteriza os meios tradicionais, à comunicação distribuída. "O que define uma rede distribuída é, como dizem Alexander Bard e Jan Söderqvist, que 'todo ator individual decide sobre si mesmo, mas carece da capacidade e da oportunidade para decidir sobre qualquer dos demais atores'".[1]

Em contraste com as propriedades descentralizadas dos meios de comunicação tradicionais, o caráter distribuído que caracteriza os fluxos comunicativos na internet possibilitou ampla conectividade, com níveis inéditos de interação entre os usuários. As redes também reduziram custos de reprodução, possibilitando uma radical descentralização de conteúdo. O ambiente virtual revelou-se, dessa forma, um dos mais ágeis canais de produção, disseminação e consumo de informações, propiciando, muitas vezes, acesso instantâneo à dimensão factual. Esses elementos alteraram a capacidade dos indivíduos, agindo isolada ou coletivamente, de tomarem parte ativa nos debates das esferas públicas.

A evolução da internet foi tipificada em fases que se diferenciam pelo progressivo encorpamento tecnológico. Assim, o primeiro estágio da rede possibilitou a navegação por sites conectados. A versão seguinte — denominada *web* 2.0 pelo consultor norte-americano Tim O'Really[2] — garantiu maior protagonismo ao internauta, abrindo-lhe a possibilidade de publicar por conta própria, através de blogs, seus textos e vídeos. O internauta também ganhou a capacidade de promover perfis e conteúdo, através

1. UGARTE, David de. *O poder das redes: manual ilustrado para pessoas, organizações e empresas chamadas a praticar o ciberativismo*. Porto Alegre: EDIPUCRS, 2008. p. 25-26.

2. CORRÊA, Elisabeth Saad. *As mídias sociais e o ciberjornalismo: reconfiguração de vozes*. In: MARQUES, Ângela; COSTA, Caio Túlio et al. *Esfera pública, redes e jornalismo*. Rio de Janeiro: E-papers, 2009. p. 189-207.

de avaliações e compartilhamentos. Com a mineração de dados e as conexões semânticas surge um terceiro momento, no qual a *web* se estrutura como banco de dados, habilitando-se a encontrar padrões em conteúdos os mais diversos[3].

O termo *web 2.0* foi usado para denominar a fase "colaborativa" da internet. Independentemente daqueles que, como o próprio Tim Berners-Lee, criador da World Wide Web, afirmam ter sido a rede desde sempre colaborativa[4], o fato é que, na nova etapa, mesmo internautas com pouquíssimas competências técnicas interagem com maior facilidade. Os refinamentos da segunda fase ampliaram exponencialmente as possibilidades de interação e colaboração entre usuários. Entre esses refinamentos se destacam as redes sociais digitais, definidas por Boyd e Ellison[5] como serviços ofertados na *web* que permitem aos internautas: "(1) construir um perfil público ou semipúblico em um sistema limitado, (2) articular uma lista de outros usuários com quem compartilham uma conexão e (3) visualizar e cruzar sua lista de conexões com aquelas feitas por outras pessoas no âmbito do sistema".

A comunicação em redes digitais trouxe consigo mudanças que não se restringem à ecologia dos meios de comunicação. As redes catalisaram transformações nos ordenamentos econômicos e políticos, assim como no campo sociocultural. Entre as transformações deflagradas com a era digital e, especialmente, com a segunda fase *web*, algumas das mais visíveis podem ser detectadas no campo das práticas associativas. Ambientes e formas de participação, assim como o próprio significado do termo, conheceram alterações de profundidade. Elas se tornam ainda mais impactantes com o crescimento do número de internautas, que em 2022 chegaram a 5 bilhões de pessoas, 63% da população mundial,

---

3. LIMA JÚNIOR, Walter Teixeira. *Mídias sociais conectadas e jornalismo participativo*. In: MARQUES, Ângela; COSTA, Caio Túlio et al. *Esfera pública, redes e jornalismo*. Prefácio de André Lemos. Rio de Janeiro: E-papers, 2009. p. 168-188.

4. Ibid.

5. BOYD, Danah M.; ELLISON, Nicole B. *Social network sites: definition, history, and scholarship*. Journal of Computer-Mediated Communication, Oxford, v. 13, n. 1, October, 2007. p. 211, tradução nossa.

segundo dados do estudo "Digital 2022: global overview report", publicado pelo site *DataReportal*.[6]

As redes sociais digitais deram mais poder a indivíduos e coletivos; subverteram esquemas tradicionais de organização; facilitaram o estabelecimento de compromissos cívicos; garantiram maior abertura ao debate público; impulsionaram plataformas de discussão e organização mais atrativas e envolventes, especialmente quando as entidades e articulações do universo associativo se mostraram realmente dispostas a atuar no ciberespaço.

As redes oferecem aos participantes funcionalidades que impulsionam debates e ações coletivas. Ficam reduzidas as barreiras à expressão de opiniões e ao engajamento cívico-político. Em 2013 vivíamos a descoberta plena das possibilidades associativas da *web* 2.0, que havia potencializado a ação dos usuários ao permitir ampla difusão de opiniões, desejos e reivindicações. Os sujeitos ganhavam protagonismo inserindo conteúdos, compartilhando experiências e assumindo maior controle sobre os fluxos de informação, numa fase em que a rede ainda contava com algoritmos abertos e um controle menos rígido por parte das corporações de informação. Conforme destacou Jenkins, a *web* revelava-se uma poderosa alavanca para a participação.[7]

O exercício ampliado da participação por meio de suportes digitais e midiáticos configurou novas possibilidades de cidadania, convertendo a manifestação cívica em uma das formas dominantes na esfera das interações sociodigitais[8]. As redes abriram caminhos e iluminaram possibilidades de participação ativa, pondo seus usuários em conexão com fatos e causas dos quais dificilmente tomariam conhecimento antes do advento dos ambientes digitais. É assim que as redes e outras ferramentas interativas se constituíram como plataformas para a participação social e o

---

6. *Mundo se aproxima da marca de 5 bilhões de usuários de internet, 63% da população*. Insper, São Paulo, 15 fev. 2022. Disponível em: <www.insper.edu.br/noticias/mundo-se-aproxima-da--marca-de-5-bilhoes-de-usuarios-de-internet-63-da-populacao>. Acesso em: 13 maio 2023.

7. JENKINS, Henry. *Cultura da convergência*. Tradução Susana L. de Alexandria. 2. ed. São Paulo: Aleph, 2009.

8. GARCÍA-GALERA, María Carmen; DEL-HOYO-HURTADO, Mercedes; FERNÁNDEZ-MUÑOZ, Cristóbal. *Jóvenes comprometidos en la red: el papel de las redes sociales en la participación social activa*. Comunicar, Huelva, v. 22, n. 43, p. 35-43, 2014.

ativismo cívico-político, frequentemente em escala global. O ciclo de manifestações e protestos iniciado com a "Primavera Árabe" e disseminado em diversos países entre os anos de 2011 e 2013, ao lado de episódios do campo eleitoral-partidário, a exemplo da campanha de Barack Obama à Presidência dos Estados Unidos em 2008, são episódios reveladores do impacto das redes na construção de ações e campanhas, independentemente dos diferentes objetivos e orientações de cada uma dessas iniciativas.

Multiplicam-se, dessa forma, possibilidades não apenas de promover, mas de influenciar politicamente ações de mobilização, em particular aquelas organizadas pelos grupos socialmente mais ativos e irrequietos, como o segmento juvenil. Potencialidades tais despertam imenso interesse, e obviamente isso não se restringe aos movimentos sociais. Governos, partidos e corporações buscam tirar proveito dessas possibilidades, pois percebem que as redes podem servir como ferramentas para canalizar a solidariedade da juventude e de outros segmentos para seus próprios interesses.

4.1.1. Produção e consumo de informações na internet: possibilidades e limites

A interatividade ampliada com o advento da segunda geração *web* fez surgir novas definições. É o caso do conceito de *prosumidor*, com o qual se busca caracterizar o internauta como alguém capaz de exercer simultaneamente funções de produtor e consumidor de dados e informações. É quando o consumo adquire caráter ativo, tornando-se ao mesmo tempo produção. A nova tendência teria flexibilizado a linha demarcatória entre emissores e receptores de conteúdos informativos, distinção que surge nítida nos meios de comunicação tradicionais.

Essa realidade foi objeto da atenção de intelectuais das mais diversas orientações, desde Jenkins[9] até um conjunto de teóricos contemporâneos inspirados em concepções da esquerda autonomista. Estes últimos, mesmo sem utilizar termos como *prosumidor*, desenvolveram concepções integradoras sobre as relações

9. JENKINS, 2009.

entre produção e consumo, segundo as quais boa parte da produção econômica "saiu dos muros da fábrica e penetrou na sociedade como um todo, criando a 'fábrica social' ou uma 'fábrica sem paredes' [...]. Isso se tornou possível pelo fato de que grande parte da produção agora envolve pouco ou nenhum trabalho material", afirmam Ritzer, Dean e Jurgenson referindo-se às ideias de autores como Antonio Negri e Maurizio Lazzarato.[10]

Podemos discutir se o termo *trabalho imaterial*[11] é mesmo adequado para descrever essa produção que "saiu dos muros da fábrica".[12] É certo que se trata de um trabalho intangível, mas este só poderia ser considerado imaterial se o que denominamos *matéria* fosse restrito ao domínio do tangível. De qualquer modo, a realidade de diluição das fronteiras entre produção e consumo, ou entre emissão e recepção de conteúdos informacionais, representa um elemento novo a ser considerado em qualquer discussão sobre sistemas de hegemonia. O chamado *prosumo* implicaria, simultaneamente, individuação e socialização. Ao passo que impulsiona a personalização dos conteúdos informacionais, o fenômeno faz com que os internautas contribuam coletivamente, por meio de compartilhamentos e demais interações, para a produção de significados construídos socialmente, em meio à atitude colaborativa e à criação de novos relacionamentos.

> *Gera-se, assim, no conteúdo e na mensagem, um excedente ético em comunidade. Quer dizer, se estabelece um modelo informativo à la carte [...] ao mesmo tempo que se conforma um esforço conjunto de prosumidores no desenvolvimento dessas mensagens. Assim, Bruns se refere, nesses ambientes do prosumo, à figura do produser como aquele que se baseia*

---

10. RITZER, George; DEAN, Paul; JURGENSON, Nathan. *The coming of age of the prosumer*. American Behavioral Scientist, v. 56, n. 4, March 21, 2012. p. 382, tradução nossa.

11. LAZZARATO, Maurizio. Immaterial labour. In: HARDT, Michael; VIRNO, Paolo (Ed.). *Radical thought in Italy: a potential politics*. Minneapolis: University of Minnesota Press, 1996. p. 133-147.

12. Uma visão sobre essa tendência, elaborada em chave marxista, pode ser conferida em: DANTAS, Marcos et al. *O valor da informação: de como o capital se apropria do trabalho social na era do espetáculo e da internet*. São Paulo: Boitempo, 2022.

> *na colaboração para produzir e consumir a informação, em lugar de trabalhar por si mesmo como prosumidor. Assenta seu fundamento na produção de conteúdos mediante a filosofia de colaboração em redes de trabalho da web 2.0 com outros usuários.*[13]

Configuram-se, dessa forma, não apenas novas tendências no plano da economia informacional, mas também novos modelos de ação cívico-política. A filosofia de construção colaborativa que fundamenta a *web* 2.0 propiciou a emergência de novos formatos narrativos capazes de potencializar as ações de movimentos, campanhas, entidades e atores do universo associativo. São formas narrativas diferenciadas, construídas em ambientes informativos não lineares: blogs, videologs e fotologs; novas narrativas audiovisuais, como os *games*, a crônica de última hora e a infografia interativa; modos participativos de indexação, avaliação, seleção e construção de conteúdos, por meio da "tagsonomia", dos formatos *wiki* e da hipertextualidade.

Exemplo destacado de como os formatos narrativos não lineares auspiciados pela *web* fornecem ao associativismo civil novas e alvissareiras ferramentas encontra-se nas *tags* e, em especial, nas *hashtags*, que permitem a rápida recuperação, o "ranqueamento" de temas públicos e a construção de narrativas colaborativas, baseadas em peças de informação de diferentes origens. As *hashtags* são utilizadas por movimentos e articulações sociais para expressar demandas ou como forma de protesto. Emplacar *trending topics* no Twitter, por exemplo, tornou-se uma forma eficaz de conquistar visibilidade para causas e bandeiras.

Nesse novo contexto, ações de protesto nem sempre são convocadas por um emissor privilegiado, seja ele uma liderança ou uma entidade representativa. As convocações muitas vezes partem dos próprios convocados, num processo em que comunicação e organização se confundem e interpenetram. É quando se torna evanescente a distância entre *conversação cívica* e *engajamento*

---

13. BERROCAL-GONZALO, Salomé; CAMPOS-DOMÍNGUEZ, Eva; REDONDO-GARCÍA, Marta. *Prosumidores mediáticos en la comunicación política: el politainment en YouTube*. Comunicar, Huelva, v. 22, n. 43, 2014. p. 66, tradução nossa.

associativo.[14] Ações voltadas à construção de opiniões e pontos de vista são cada vez mais inseparáveis do momento propriamente político, voltado a influenciar escolhas e definições institucionais.

Embora despertem importantes percepções sobre a natureza das mudanças que marcam a vida contemporânea, termos como *prosumidor* também podem nutrir, mesmo inadvertidamente, visões enganosas e até fetichistas acerca da internet. Em particular, a ideia de que todos seriam agora "produtores e consumidores" de informações pode induzir à impressão errônea de que as pessoas desempenham, no ciberespaço, idênticos papéis, no sentido de uma equivalência de eficácia entre ações de distintos sujeitos. Cabe à Ciência da Comunicação verificar até que ponto esse discurso se ajusta ao que acontece na internet *real.*

Não se trata de negar a possibilidade de que as linhas demarcatórias entre emissores e receptores, ou entre produção e consumo de informações, se tenham flexibilizado com a emergência dos ambientes de rede. Trata-se, isso sim, de verificar em que medida, dadas as condicionalidades sociais, esse fenômeno não permanece como uma possibilidade *in abstracto* ou meramente técnica, consideradas as assimetrias de vários tipos e origens que insistem em insinuar-se na rede, oriundas do "misterioso" mundo de além-*web.*

Por mais que o fim da rígida divisão de papéis entre emissores e receptores seja sugerido pelas arquiteturas distribuídas das redes informacionais, são flagrantes as diferenças de uso e de posicionamento na rede. Mesmo se desconsiderarmos os grandes *players* para nos concentrar apenas no internauta comum, veremos que a produção de informações comporta níveis muito diferenciados, com o predomínio de ações passivas. O "prosumidor" na maioria das vezes tem participação meramente incremental na produção de conteúdo. É o que concluem Berrocal-Gonzalo, Campos-Domínguez e Redondo-García a partir de estudo com vídeos do YouTube:

14. MATOS, Heloiza. *Opinião pública e conversação cívica.* In: MARQUES, Ângela et al. Esfera pública, redes e jornalismo. Rio de Janeiro: E-papers, 2009. p. 107-122.

> *Em um primeiro nível, o prosumidor é unicamente consumidor de informação: seleciona o tipo de vídeos a que assiste, mas não exerce nenhuma outra ação sobre o conteúdo. [...] Em um segundo nível, o prosumidor é unicamente um fã ou seguidor da mensagem. [...] O usuário cria significados compartilhados mediante o "curtir" ou "não curtir" ou "compartilhar" o conteúdo da mensagem em redes sociais, mas não elabora nenhum comentário nem conteúdo sobre a própria mensagem. [...] Em um terceiro nível, o prosumidor elabora, a partir de uma mensagem principal — ou vídeo —, conteúdos sobre a mensagem com o resto da comunidade. [...] Finalmente, em um quarto nível, o prosumidor é o produtor da mensagem. Contempla-se a ação do prosumidor como criador total ou parcial.*[15]

Cabe mencionar algumas observações dos autores em relação a esses níveis. Quanto ao terceiro deles, é lembrado que a maioria dos comentários se vincula à "cascata de conformismo" proposta por Cass Sunstein — mensagens em geral breves, que apenas reafirmam a opinião majoritária. Mesmo no quarto nível, que compreende os criadores propriamente ditos, no mais das vezes o que faz o internauta é tomar um fragmento produzido por outrem — geralmente um programa de televisão — e publicá-lo com o único acréscimo de um título ou descrição.[16]

A internet de fato dissolveu barreiras à participação das pessoas comuns nos processos de comunicação midiatizada. Porém, a participação dos usuários na produção de informações é bastante assimétrica e desnivelada. Essa questão tem ainda outro lado. Não obstante todos poderem expressar-se de alguma forma pela internet, muito poucos têm a real possibilidade de ser ouvidos. Embora em tese todos sejam "prosumidores", uma pequena minoria produz os conteúdos que serão consumidos pela imensa maioria.

---

15. BERROCAL-GONZALO; CAMPOS-DOMÍNGUEZ; REDONDO-GARCÍA, 2014, p. 68, tradução nossa.

16. Ibid.

Isso ocorre porque, ainda que sejam mais abertos e flexíveis, os ambientes virtuais não são imunes à concentração de poder. Hoje surge clara a percepção de que o ciberespaço não é tão simétrico quanto se pensava a princípio. Nele, poucos atores concentram a maioria dos fluxos comunicacionais, e um número ainda menor mantém a possibilidade de direcionar esses fluxos. Isso é visível nos mecanismos de busca — poderosos instrumentos de poder informacional. Grandes corporações multinacionais como a Alphabet, proprietária do Google, estabelecem, isentas de autêntico escrutínio público, os critérios que determinarão a visibilidade relativa de conteúdos informacionais (e, logo, também de atores do universo associativo) em todo o planeta. A verdade é que a internet ostenta modelos tão concentradores quanto aqueles que se viam nos meios tradicionais, se não ainda mais do que eles. A multiplicação de canais e fluxos de informação não conduz por si só a uma comunicação radicalmente democrática.

A questão, portanto, não está em discutir se a internet se encontra ou não eivada de relações de poder, mas em explicitar as diferenças de organização entre um poder, digamos, ostensivo, organizado territorialmente, e um poder intangível, embora não menos efetivo, que se estabelece por meio de distribuições de atenção e prestígio em um espaço lógico.[17] Nessa perspectiva, o que existe na internet não é a ausência de relações de poder, como alguns chegaram a pensar, mas uma "nova política", entendida como novas relações de dominação e poder.

4.1.2. Transformações no processo de mediação e a miragem da "desintermediação"

Por óbvio, as oportunidades de influir na produção social de conteúdos não foram inauguradas pela *web* 2.0 e suas redes sociodigitais. No entanto, as novas tecnologias propiciam a participação do público em níveis jamais idealizados no quadro de conceitos como os de *jornalismo comunitário* ou *jornalismo cidadão*. Quando

17. SILVEIRA, Sérgio Amadeu da. *Esfera pública interconectada, blogosfera e redes sociais*. In: MARQUES, Ângela; COSTA, Caio Túlio et al. Esfera pública, redes e jornalismo. Rio de Janeiro: E-papers, 2009. p. 70-89.

qualquer pessoa consegue acessar ativamente uma imensa variedade de informações a baixíssimo custo, temos um cenário qualitativamente diverso daquele em que esse acesso estava controlado por *gatekeepers*. A validação da informação, antes mais fortemente dependente de jornalistas, acadêmicos e outros "formadores de opinião", como também de organizações de larga escala, entra num processo sem precedentes de compartilhamento de responsabilidades com o conjunto dos usuários conectados, o que inclui, naturalmente, os diversos atores do universo associativo.

Não por acaso, as novas tecnologias afetaram diversas práticas socioculturais de intermediação, com impactos econômicos sobre as indústrias cinematográfica, fonográfica e editorial, entre outras. O próprio jornalismo foi obrigado a buscar modelos de negócio adequados à nova situação — um processo que ainda não se encerrou. Paradoxalmente, a grande indústria cultural enfrenta esses dilemas no tempo mesmo em que os bens simbólicos se tornam, cada vez mais, elementos importantes da economia e da produção de riquezas, com a explosão das chamadas indústrias criativas.

A nova realidade trouxe consigo perspectivas alvissareiras, principalmente quando pensamos na concentração de poder nos meios de comunicação de massa, uma das mais sérias ameaças à democratização da cultura. Estamos diante de um complexo fenômeno da sociedade capitalista, em que os poderes econômico e político se combinam na criação de formas profundamente antidemocráticas. Nessa perspectiva, a "fábrica social" de sentidos impulsionada pelas redes é de grande interesse para os movimentos associativos, pois pode contribuir para contrabalançar relações de poder hegemônicas.

Williams criticou a tendência dos meios ditos de massa, em particular a televisão, ao monopólio do debate público. Já no início dos anos 1970, quando da publicação de *Televisão: tecnologia e forma cultural*[18], ele apontava semelhanças entre os processos de mediação nos planos político e midiático. Da mesma forma que os procedimentos representativos na política parlamentar

18. WILLIAMS, Raymond. *Television: technology and cultural form*. New York: Routledge, 1990.

e governamental, também na esfera da comunicação um poderoso meio centralizador como a TV pode pretender esgotar os processos necessariamente múltiplos e irregulares de autêntica discussão pública. Não por acaso, a denúncia das organizações midiáticas tradicionais veio somar-se à crítica das instituições políticas nas manifestações de 2013, compondo um eixo discursivo que propunha uma "desintermediação", isto é, um "faça por si mesmo" tanto no campo político quanto no midiático.

É verdade que, com o advento dos novos meios digitais, erguem-se potencialmente barreiras ao monopólio da representação da realidade pretendido pelos meios convencionais. Se neles, pela própria configuração tecnológica dos suportes impressos e eletrônicos, a participação dos diversos atores do associativismo civil fica secundarizada, nas novas tecnologias de informação e comunicação as possibilidades de inserção elevam-se a outro patamar. Com a relativa liberação do polo da emissão, amplia-se o antagonismo entre atores que, na velha lógica fordista de emissão de mensagens, detinham o controle da informação e os novos atores que entram em cena com a *web* 2.0. Movimentos e organizações da sociedade civil ganham novas possibilidades de contra-arrestar as tendências midiáticas dominantes. Como mostra Cabalín-Quijada, o uso do Facebook representou para o movimento estudantil chileno, na revolta de 2011, uma possibilidade — bem aproveitada naquele caso — de impor seu relato sobre os acontecimentos, contrapondo-se à narrativa dos oligopólios midiáticos.[19]

Os ambientes virtuais são mais abertos e menos tolerantes a relações assimétricas, embora elas não deixem de existir, acompanhando a concentração de poder que se reproduz nesse meio. Como afirma Nina Santos, isso "não significa que todos os atores que participam do processo estejam agora em igualdade de condições como mediadores; significa, sim, uma mudança no processo de mediação, que costumava ser altamente concentrado na grande mídia"[20]. Em outras palavras, estamos diante de no-

---

19. CABALÍN-QUIJADA, Cristian. *Estudiantes conectados y movilizados: el uso de Facebook en las protestas estudiantiles en Chile*. Comunicar, Huelva, v. XXII, n. 43, p. 25-33, 2014.

20. SANTOS, Nina. *Social media logics: visibility and mediation in the 2013 Brazilian protests*.

vos processos de mediação, que envolvem um número maior de camadas — com diferentes pesos de curadoria — e incluem novos atores na edição e promoção de conteúdo. Esse processo é, cada vez mais, parte inextricável da própria sociabilidade, pois as conversações que praticamos na rede, como parte dos relacionamentos construídos ou fortalecidos no espaço virtual, acabam servindo como recomendação ou censura. Isso acrescenta novos níveis ao processo de filtragem e curadoria de conteúdo. Esse novo modelo de mediação é um elemento importante para a compreensão das novas morfologias do universo associativo.

Por outro lado, as transformações no processo de mediação de forma alguma autorizam a falar em relações vivenciadas diretamente, sem intermediários. O que existe não é "desintermediação", mas, quando muito, uma *ilusão de desintermediação*. Esse fenômeno já era identificado por Raymond Williams bem antes do advento da internet, quando de sua análise da televisão:

> *Pode-se argumentar, com certa razão, que a sensação televisual de "ver os acontecimentos por si próprio" é, por vezes, e talvez sempre, enganosa. Importa muito, por exemplo, no relato visual de uma perturbação da ordem pública, se a "câmera" está filmando por cima da cabeça dos policiais que estão sendo apedrejados ou por cima da cabeça dos manifestantes que estão sendo atingidos por gás lacrimogêneo. A primeira situação é muito mais comum, e a exibição "equilibrada", que com frequência se pretende no comentário, raramente está presente visualmente — um fato que pode tornar a "neutralidade" do comentário essencialmente abstrata. Um intermediário está sempre presente, mesmo que não visível, e isso pode ser mais enganador do que situações em que a consciência de um intermediário é inevitável. Tal consciência, entretanto, é comumente absorvida, em grau não desprezível, pelo hábito e pela rotina, e realmente há muitos elementos oriundos da*

London: Palgrave Macmillan, 2022. p. 80, tradução nossa.

câmera de televisão que chegam com menor processamento ou filtragem do que em qualquer outro meio.[21]

A sensação de "desintermediação" que já era patente em um meio como a TV ressurge ainda mais forte na internet. Coletivos de *midiativismo* participantes das manifestações de 2013, como a Mídia Ninja, utilizaram largamente a ideia de "desintermediação" — sem necessariamente usar esse termo. Ao veicular os acontecimentos diretamente do *front*, numa narrativa produzida de forma colaborativa por protagonistas das próprias manifestações, esses coletivos reivindicavam um compromisso maior com a realidade. "Ao contrário da grande mídia, que teria interesses investidos na produção de suas próprias narrativas, os ativistas poderiam então mostrar o que acontecia nas ruas de maneira 'direta' e 'não editada' por meio das mídias sociais".[22]

Em entrevista concedida a Santos, Pablo Capilé, líder do coletivo Fora do Eixo — ao qual se vincula a Mídia Ninja —, fala em "crise de intermediários". "Na minha opinião, a primeira grande crise de intermediários aconteceu na indústria fonográfica. A segunda foi na mídia. A terceira está na representação política. Tudo isso é consequência do modelo organizacional da internet, com esse mosaico de parcialidades."[23] Nessa perspectiva, as novas tecnologias trariam à tona uma crise das velhas mediações, num processo do tipo avalanche que afetaria as mais diversas esferas, levando as pessoas a clamarem não apenas, de um lado, por uma comunicação "desintermediada" — abaixo os *gatekeepers*! —, mas também, de outro, por formas diretas de democracia.

Cabe notar, em primeiro lugar, o quanto esse discurso se baseia no ilusionismo de um "acesso direto" à realidade — algo que nunca existiu nem existirá. Em qualquer situação, a realidade jamais é percebida de modo direto, como algo natural, à margem das mediações histórico-sociais. Mesmo na percepção individual temos a mediação da linguagem e da cultura interiorizada no processo de apreensão da *imediatidade*. Porém, no jornalismo

21. WILLIAMS, 1990, p. 43-44, tradução nossa.

22. SANTOS, 2022, p. 87, tradução nossa.

23. CAPILÉ apud SANTOS, 2022, p. 88, tradução nossa.

— inclusive o *cidadão* — temos ainda outras ordens de mediação, como a pauta, as concepções de quem reporta, as relações de produção noticiosa, as características dos meios técnicos utilizados.[24] Cabe lembrar aqui as afirmações de Matallo Jr., mesmo que ele não se refira especificamente ao jornalismo:

> *É do senso comum a afirmação de que a observação direta de fatos e fenômenos oferece a base segura a partir da qual se pode derivar qualquer conhecimento e decidir sobre afirmações duvidosas. Isto se deve às ideias de que o mundo exterior tem certas propriedades que lhe são inerentes e de que diferentes observadores olhando o mesmo fenômeno veem a mesma coisa. [... Mas] a observação direta dos fatos não é algo tão seguro quanto à primeira vista se supõe. Em muitos casos, até mesmo componentes culturais, vivências pessoais e expectativas intervêm na observação, dando-lhe grande subjetividade.*[25]

O que Pablo Capilé poderia argumentar, portanto, é que sua abordagem dos acontecimentos é peculiar, feita a partir de uma perspectiva diferente daquela da grande mídia. Dizer, contudo, que a cobertura da Mídia Ninja é "desintermediada" porque feita diretamente do solo das lutas, ou porque os novos meios técnicos o permitem, não é apenas equivocado conceitualmente: trata-se de um equívoco que se permite apropriar pelos mais diversos tipos de interesse, inclusive por interesses opostos.

O campo conservador se nutriu de algumas das formas discursivas que emergiram em 2013, cuidando apenas de empregá-las com sinal trocado. É esse o caso do discurso sobre "autenticidade" que se esconde por trás da ideia de "desintermediação". Os intermediários, sejam eles políticos ou midiáticos, são os arautos de uma realidade falsa porque inautêntica. Seu mundo não é o que vivenciamos genuinamente. Trata-se de uma realidade apresentada como verdadeira, mas na verdade postiça, dado que submetida

---

24. GENRO FILHO, 1987.

25. MATALLO JR., Heitor. *A problemática do conhecimento*. In: CARVALHO, Maria Cecília M. de (Org.). *Construindo o saber: metodologia científica — fundamentos e técnicas*. Campinas: Papirus, 1994. p. 19-20.

ao filtro de interesses sempre ocultados. Impressiona o que há de romântico nessa descrição, que recupera a crítica anti-iluminista contra a inautenticidade, a afetação e o distanciamento do "modo de vida autêntico" das classes populares, atitudes que seriam cultivadas pelos intelectuais ilustrados[26]. Hoje, surge nítido como as correntes da extrema direita contemporânea parasitaram o discurso sobre "desintermediação" e "autenticidade".

Uma vez capturadas pelo campo conservador, essas ideias impulsionaram a fragmentação da esfera pública, com a criação de esferas paralelas pautadas na negação dos consensos civilizatórios ("inautênticos", dado que incompatíveis com "nossa experiência genuína") que servem de base ao debate público razoável e informado. Temos chamado esse processo de *fim do acordo inicial*. No que consiste? Qualquer pessoa sabe que o objetivo do diálogo racional é chegar a algum tipo de acordo. Menos óbvio, porém, é o fato de que, como explica Reboul, toda discussão parte de acordos mínimos[27]. A própria língua a ser utilizada, por exemplo, já é ela própria uma convenção aceita. Ou seja: se todo diálogo aponta para um *acordo final*, ele também parte de um *acordo inicial*. A "novilíngua" da extrema direita — seu vernáculo pobre e idiossincrático — visa liquidar esse acordo inicial e, com ele, qualquer possibilidade de mediação dialógica e de acordo final. Assim, a ideia de "desintermediação", vista por muitos como algo que fortalece o debate público, pode ser usada no sentido oposto: triturar a esfera pública, com a criação de esferas fracionadas que não se pautam nos consensos firmados pelo processo civilizatório — a democracia, a igualdade, os direitos humanos etc.

Por isso é importante trazer a discussão para os trilhos do razoável. Não há "desintermediação", mas, para usar os termos de Santos, uma "reintermediação",[28] isto é, uma realidade marcada

26. Remeto, nesse ponto, à breve discussão sobre Romantismo e Neorromantismo feita no capítulo 1. Para uma abordagem mais circunstanciada, sugiro o capítulo 2 de nossa tese de doutorado: AZEVEDO, Fábio Palácio. *Marxismo, comunicação e cultura: Raymond Williams e o materialismo cultural*. 2014. Tese (Doutorado em Ciências da Comunicação) — Escola de Comunicações e Artes, Universidade de São Paulo, São Paulo, 2014.

27. REBOUL, Olivier. *Introdução à retórica*. São Paulo: Martins Fontes, 1998.

28. SANTOS, 2022, p. 92.

por novas formas de mediação, que incluem uma maior variedade de vozes e uma flexibilização do processo de *gatekeeping*. Isso afeta a ecologia comunicacional como um todo, incluindo o comportamento dos meios tradicionais, mas em nenhuma hipótese se pode falar em "acesso direto" à realidade. A ideia de "desintermediação" se baseia, no fundo, em certa naturalização de alguns mediadores, apagando os rastros de seus pressupostos.

Essa forma de perceber as coisas ganha espaço com a esquerda autonomista, mas as chamadas novas direitas não tardaram a perceber que a ideia lhes era útil. Servia ao apagamento dos indícios de suas próprias preconcepções, apresentadas como manifestações diretas do "povo", numa espécie de "populismo de direita" que se pretende "livre de intermediários", uma mágica alcançada por meio dos "novos meios técnicos". É assim que as críticas à grande mídia e os encômios ao *jornalismo cidadão* contribuíram para o descrédito dos *gatekeepers*, facilitando o caminho para a enxurrada de *fake news* à qual o país assistiria em 2018.

O problema, aqui, reside em que a justa crítica à propriedade da mídia *mainstream* descambou para uma crítica aos meios de massa *em si mesmos*. Nesse processo se gestaria, em perspectiva, um ambiente volúvel, em que surgia diminuído o prestígio da fonte e das instâncias tradicionais de validação da informação. Configurava-se, em seus contornos mais nítidos, a atmosfera ética e epistêmica denominada *pós-verdade*[29]. Vê-se como, do realismo ingênuo embutido na ideia do "acesso direto", desliza-se inadvertidamente para o extremo oposto: um mundo gelatinoso, coalhado de bolhas de desinformação e autoengano, em que a própria ideia de verdade surge secundarizada em função de crenças e emoções arraigadas. Afinal de contas, o que vale é a "minha experiência direta". Foi dessa forma que o discurso contra os oligopólios midiáticos transitou da esquerda para a direita, numa transmutação semântica que representa, em si mesma, um

---

29. Evidentemente, esse é apenas um dos componentes que concorrem para prefigurar a atmosfera de pós-verdade, a qual tem determinantes muito mais amplos. Cf.: PALÁCIO, Fábio; CAPOVILLA, Cristiano. *Posverdad: etapa suprema de la postmodernidad*. In: MANCINAS-CHÁVEZ, Rosalba; CÁRDENAS-RICA, María Luisa. *Medios y comunicación en tiempos de posverdad*. Madrid: Editorial Fragua, 2021. p. 183-203.

fractal das metamorfoses sofridas pelas manifestações de junho, à medida que se desdobravam.

4.1.3. Relações entre *on-line* e *off-line*

Em 1996, John Perry Barlow, um militante autodeclarado anarquista (e vinculado ao Partido Republicano dos Estados Unidos), lançou o manifesto *Uma declaração da independência do ciberespaço*. Motivado por uma tentativa do Congresso americano de regular a exposição de material pornográfico na internet[30], o documento exibia tinturas programáticas. Barlow apresentava a internet como o "novo lar da Mente", sobre o qual os "governos do mundo industrial" não teriam "nenhuma soberania". Nesse intrépido novo mundo não haveria governo. Ele seria construído autonomamente, como um "ato da natureza" que se faz apenas "por meio de nossas ações coletivas". Nessa visão ciberlibertária, os internautas estavam a forjar seu próprio "contrato social". Um contrato de novo tipo, "livre de tiranias", moldado pela própria natureza do ciberespaço. Esta consistiria apenas em "transações, relacionamentos e no próprio pensamento, organizado como uma onda estacionária na teia de nossas comunicações". A "civilização da Mente" — isto é, a internet — seria "um mundo que está em toda parte e em lugar nenhum, mas que não é onde os corpos vivem".[31]

O texto de Barlow é representativo do imaginário sobre a internet que se formou nos primórdios da rede. Ele chama atenção, em primeiro lugar, pelo excessivo otimismo, mas também por algo que fundamenta esse entusiasmo e lhe serve de pilar: a ideia da internet como espaço autônomo, espécie de universo à parte (a "civilização da Mente") que jamais poderia ser tomado pelo limo do autoritarismo. A ideia de um mundo mais "puro"

30. *John Perry Barlow*. In: ***WIKIPEDIA: The Free Encyclopedia***, April 13, 2023. Disponível em: <https://en.wikipedia.org/w/index.php?title=John_Perry_Barlow&oldid=1149690717>. Acesso em: 14 abr. 2023.

31. BARLOW, John Perry. *A declaration of the independence of cyberspace*. San Francisco: Electronic Frontier Foundation, 1996, tradução nossa. Disponível em: <www.eff.org/cyberspace-independence>. Acesso em: 28 mar. 2023.

e "autêntico" está sempre a pairar por sobre esse imaginário que não esconde sua dívida com o pensamento romântico.

Ideias desse tipo fundamentaram as formas como nos acostumamos a ver a internet. Isso inclui a insistência na separação dicotômica entre o on-line e o off-line como reinos distintos, por mais que vinculados. Com base nesse pressuposto também foram construídas visões sobre o ciberativismo. Na tentativa de entender as relações estabelecidas entre o *dentro* e o *fora* da rede surgiram termos como *clickativismo*, a designar formas de militância que, havidas exclusivamente na rede, não transbordavam para o "mundo real". Morozov denuncia o que chamou de *slacktivism* (algo como "ativismo preguiçoso").[32] Trata-se de um modelo de intervenção política e social que dispensa a organização de base e se contenta com postagens, gerando no militante uma sensação de orgulho e satisfação que não passa de autoindulgência, dada a sua fragilidade em alcançar uma verdadeira mudança política.

O fenômeno a que se refere Morozov é real. Ele alertou para o risco de as redes contribuírem para a dispersão de uma energia que poderia ser usada na atividade político-organizativa. A "civilização da Mente" ganha, nesse caso, um tom menos glamouroso. Afinal, aquilo que não é "onde os corpos vivem" pode ser louvado — como faz Barlow —, mas também criticado por esse caráter excessivamente etéreo, distanciado da vida material. Essa questão tem ainda outro lado: se é verdade que as redes conectam, também podem isolar as pessoas da experiência coletiva nos espaços públicos "reais".

Ainda assim, não é demais lembrar que as redes também compõem a esfera pública. Mesmo que a participação de grande parte dos jovens se restrinja ao mundo on-line, essa tendência não pode ser interpretada sempre em chave negativa, como um sinal de passividade, conformismo ou mesmo, como afirma

32. MOROZOV, Evgeny. *The brave new world of slacktivism*. Foreign Policy, Washington, DC, May 19, 2009. Disponível em: <https://foreignpolicy.com/2009/05/19/the-brave-new-world-of-slacktivism>. Acesso em: 19 maio 2023.
MOROZOV, Evgeny. *The net delusion: the dark side of internet freedom*. New York: Public Affairs, 2011.

Morozov, de narcisismo.[33] Óbvio que há um pouco de tudo isso, mas, visto sob outro registro, o fenômeno pode revelar avanços rumo à coletivização dos assuntos públicos, através da participação de um número maior de pessoas. Pode significar, ainda, um passo adiante na tendência à simbolização da atividade política, isto é, à imbricação entre cultura e política — um dos axiomas do materialismo cultural.

Há bons motivos para recusar abordagens reducionistas sobre o ciberativismo, mesmo enquanto boa parte dos indivíduos segue participando apenas por meio de cliques. Podemos citar, em primeiro lugar, a evidência de que uma ação considerada meramente virtual pode assumir consequências nada desdenháveis — como vimos, por exemplo, nos primórdios da "Primavera Árabe". Além disso, a fim de confirmar que o ativismo exclusivamente on-line não significa uma forma de participação "acovardada" ou "narcisista", devemos ir além dos rótulos e refletir sobre sua substância, isto é, sobre como ocorre na prática essa forma de participação. Como lembram García-Galera, Del-Hoyo-Hurtado e Fernández-Muñoz, os jovens são ativos na rede em dois sentidos: "Como produtores de conteúdo capaz de convidar outros à mobilização social e como receptores ativos que transpõem para a realidade sua empatia perante situações de necessidade social."[34]

No entanto, mesmo a distinção entre essas duas formas de ação pode ser insuficiente para captar a complexidade das relações entre ativismo on-line e off-line. Em questionários[35] que aplicamos a militantes da União da Juventude Socialista — maior movimento juvenil de esquerda do Brasil, com atuação destacada nas redes e nas ruas —, ficaram claras as conexões e transições entre formas de ativismo dentro e fora da rede. Questionados sobre como definiriam sua militância no que respeita às

33. MOROZOV, 2011.

34. GARCÍA-GALERA; DEL-HOYO-HURTADO; FERNÁNDEZ-MUÑOZ, 2014, p. 39, tradução nossa.

35. Os questionários são parte da pesquisa "Nas redes e nas ruas: o ciberativismo à luz do materialismo cultural", que conduzimos com colaboradores na Universidade Federal do Maranhão. Os questionários foram aplicados durante o Congresso Nacional da UJS. Ao todo, 139 militantes, desde integrantes da base até membros da Direção Nacional, responderam às perguntas.

relações entre on-line e off-line, 48,9% responderam que já frequentavam mobilizações off-line antes de começar a se manifestar on-line. Essa alta proporção provavelmente se deve ao fato de o universo da pesquisa ser composto de ativistas de uma organização construída com base em modelos centralizados de participação presencial oriundos dos partidos políticos. Outros 51,1% declararam ter se engajado primeiro on-line, e só posteriormente passado a frequentar mobilizações presenciais. Destes, 29,9% afirmaram que, mesmo antes de qualquer participação presencial, já tinham propensão a somar-se a movimentações off-line, e a isso foram estimulados pela presença nas redes.[36]

A mesma pesquisa revelou uma grande variedade de formas de participação e expressão de opinião nas redes. Ao serem indagados sobre qual a forma mais comum pela qual manifestavam suas ideias políticas, 11,6% declararam que se limitavam a reproduzir *hashtags*, no máximo acrescentando pequenas frases, imagens ou vídeos de apoio; 7,2% apenas reproduziam matérias da imprensa e dos meios de comunicação tradicionais; 26,1% reproduziam matérias dos meios de comunicação tradicionais acrescentando comentários próprios; 4,3% usavam suas redes para compartilhar matérias de outras fontes que não imprensa e meios tradicionais; 18,8% também compartilhavam matérias de fontes alternativas, porém acrescentando comentários próprios; por fim, 31,9% produziam textos, acompanhados ou não de imagens ou vídeos de apoio, expressando opiniões próprias[37]. Este último percentual provavelmente é mais alto do que seria na média da população, mesmo a estritamente juvenil, pelo fato de estarmos lidando com uma amostra que reúne pessoas com histórico de participação organizada.

Esses resultados atestam algo mais do que a existência de variadas formas de participação e distintas trajetórias no que respeita à relação entre on-line e off-line. Eles sugerem que, a fim de evitar abordagens simplistas, focadas na dicotomia ativismo *vs.* passividade, é mais profícuo falar em distintos níveis de compromisso ou de mobilização. É razoável postular que os 31,9%

36. SOUSA, 2020.

37. SOUSA, 2020.

que expressavam suas opiniões produzindo textos próprios apresentam um maior nível de comprometimento, e provavelmente desempenham o papel de líderes. Já aqueles que não iam além de reproduzir *tags* ou conteúdos de outras fontes compõem uma espécie de *franja* de militância, mais aberta à influência de lideranças e organizações, e politicamente volúvel na ausência destas.

Uma pesquisa realizada com o público juvenil espanhol por García-Galera, Del-Hoyo-Hurtado e Fernández-Muñoz também revelou, embora com outra metodologia, a existência de diferentes graus de compromisso perante campanhas e ações cívico-políticas.[38] Na *survey*, 34,3% dos jovens declararam utilizar as redes sociais apenas para apoiar campanhas de solidariedade; 27,2% deles afirmaram fazer uso das redes para denunciar situações injustas; e 27% asseguraram que as redes já os levaram a desenvolver algum protesto presencial ou a dele participar. Todos esses jovens são politicamente ativos, de formas mais ou menos intensas, mesmo quando não estendem sua solidariedade e seus posicionamentos para além do mundo virtual. A única parcela que poderíamos considerar como politicamente "passiva" é a dos 17%[39] de indivíduos que, segundo a mesma pesquisa, sustentaram jamais participar, nem virtualmente nem presencialmente, de nenhum dos eventos listados no questionário elaborado pelos pesquisadores. Ainda assim, é necessário considerar que mesmo nesses casos pode haver formas de envolvimento social e político que não são consideradas como tais. Valenzuela, Arriagada e Scherman lembram que, conforme diversos estudos, a exposição a conteúdos on-line tem sido associada ao incremento da participação, não ao conformismo.[40] Referindo-se especificamente a usuários do Facebook, esses autores observam que "são mais propensos a participar de protestos porque se engajam em atividades

38. GARCÍA-GALERA; DEL-HOYO-HURTADO; FERNÁNDEZ-MUÑOZ, 2014, p. 39.

39. Os percentuais apresentados nesse parágrafo somam mais de 100% porque são oriundos de distintas perguntas formuladas na pesquisa *survey*. Os três primeiros números provêm de questões respondidas apenas pelos jovens ativos on-line.

40. VALENZUELA, Sebastián; ARRIAGADA, Arturo; SCHERMAN, Andrés. *The social media basis of youth protest behavior: the case of Chile*. Journal of Communication, v. 62, n. 2, p. 299-314, April, 2012.

essenciais para a ação coletiva, como absorver informações, trocar e formar opiniões sobre questões sociais e construir uma identidade comum".[41]

Essa realidade já surgia patente no Junho brasileiro, para cuja convocação o Facebook teve papel decisivo. Como afirma Santos, embora os atores e grupos que ganham visibilidade nas ruas e nas redes nem sempre sejam os mesmos, os protestos de 2013 "servem como marco temporal que evidencia mudanças em ambas as arenas de disputa política".[42] Ali, em meio à miríade de cartolinas e máscaras de Guy Fawkes, revelavam-se transformações na forma como experimentamos as relações entre o on-line e o off-line. Autores como Cabalín-Quijada[43] e Valenzuela[44], escrevendo em período imediatamente posterior, já afirmavam o caráter crescentemente complementar das ações on-line e off-line. Diversas formas de mobilização passavam a incorporar, cada vez mais, ambas as estratégias, tornando-as difíceis de serem definidas em perspectiva linear. Hoje, os movimentos que se servem de plataformas virtuais frequentemente operam nas redes e nas ruas. Marchas e ocupações são acompanhadas de "tuitaços", campanhas virais e ações artísticas nas quais os ativistas expressam suas mensagens em espaços públicos de distintas naturezas, sejam eles físicos ou virtuais.

Em entrevista que realizamos com a jornalista Daniela Rebello, uma das diretoras da equipe de comunicação nacional da União da Juventude Socialista, ouvimos que os processos de mobilização da entidade eram feitos inicialmente em separado: havia uma campanha para as ruas, outra para as redes. Hoje o processo ocorre de outra forma. Organização, mobilização, divulgação e "amarração" são pensadas de forma conjunta para as redes e as ruas. "São duas coisas diferentes, mas elas se integram

41. Ibid., p. 303, tradução nossa.

42. SANTOS, 2022, p. 148, tradução nossa.

43. CABALÍN-QUIJADA, 2014.

44. VALENZUELA, Sebastián. *Unpacking the use of social media for protest behavior: the roles of information, opinion expression, and activism*. American Behavioral Scientist, v. 57, n. 7, p. 920-942, March 6, 2013.

dentro de um processo, nenhuma exclui a outra, nenhuma existe sem a outra hoje em dia."[45]

O Junho brasileiro foi pródigo em trazer a público formas inéditas de participação, sendo esse um dos aspectos que ajudou a configurar o caráter singular e enigmático daquele episódio. Muitas entidades organizadas a partir de modelos centralizados e presenciais foram surpreendidas com a novidade plasmada nas manifestações de 2013, e se viram obrigadas a se reposicionar em seus modos de atuação. Isso não necessariamente levou ao abandono das antigas formas de organização, mas sim a reorientações e adaptações. No âmbito da pesquisa "Nas redes e nas ruas: o ciberativismo à luz do materialismo cultural", pudemos reconstruir as tentativas de adaptação de movimentos juvenis cuja morfologia se baseava em esquemas orgânicos presenciais. Os mais bem-sucedidos entre esses movimentos foram aqueles que perceberam que as novas plataformas virtuais podiam complementar métodos de comunicação e organização antigos, porém não ultrapassados. Isso só seria possível se os movimentos e entidades do universo associativo se mostrassem realmente dispostos a atuar no ciberespaço. Alguns deles, como a própria UJS, foram rápidos em forjar essa disposição. Outros, nem tanto. Há ainda aqueles que já nascem perfeitamente adaptados aos novos métodos de mobilização on-line — condição que inclui os movimentos juvenis ligados à direita, muitos deles criados, não por coincidência, no imediato pós-2013.[46]

Nos últimos anos passamos a ter uma noção mais clara da progressiva imbricação entre as esferas on-line e off-line. A imagem de um espaço virtual "autônomo", desprovido de corporeidade física, vai dando lugar a outra percepção. Ela se constrói, em primeiro momento, por meio de noções como a de *complementaridade*: haveria uma estreita ligação entre as redes digitais e a vida comunitária — esta seria complementada por aquelas. Mas

45. SOUSA, 2020.

46. NUNES, Mirela Silva. *Ciberativismo: uma análise da atuação do Movimento Brasil Livre como mobilizador político nas redes sociais*. Orientador: Fábio Palácio. 2020. Relatório final (Programa de Bolsas de Iniciação Científica) — Departamento de Comunicação Social, Centro de Ciências Sociais, Universidade Federal do Maranhão, São Luís, 2020.

essa perspectiva ainda retinha um resquício compreensivo que apontava para a separação entre o "virtual" e o "real". Mais tarde a noção de complementaridade dá lugar à ideia de hibridação, no quadro de um pensamento que já não percebe a realidade virtual — de nenhuma forma, nem mesmo mitigada — como um mundo segregado, alheio às geografias físicas. Esse novo ponto de vista ganha lugar à medida que as conexões deixam de depender de computadores e passam a ser feitas, cada vez mais, através de smartphones. Isso confere às novas tecnologias um caráter mais ubíquo, engendrando um novo tipo de experiência.

> *Nos dias atuais, quando o uso dessa tecnologia não representa mais uma fuga da realidade, mas, ao contrário, ela se justapõe ao mundo off-line, as ações on-line e off-line não podem ser vistas ou analisadas de forma separada. Não se trata de entender as ações digitais como acessórias, complementares ou anteriores ao ativismo off-line; em vez disso, pode-se vê-las como parte constitutiva e transformadora do próprio movimento. [...] Não se trata de passar do virtual para o real, mas de entender que o próprio virtual tem impactos concretos e reais na sociedade.*[47]

Gerbaudo captura bem essa nova compreensão ao retornar ao termo grego *topos*, que serve de radical tanto para a ideia de *lugar* (como fica claro no termo *topologia*) quanto para a palavra *tópico*, que indica um lugar discursivo. Dessa forma, "nos movimentos populares contemporâneos, é como se o *topos* de tópico fosse idêntico ao *topos* de lugar".[48] Essa situação diz muito do caráter crescentemente simbólico dos conflitos ético-políticos. Na busca de uma visão ancorada nos pressupostos do materialismo cultural, é de fundamental importância conceber o fenômeno do ativismo social como um todo, fugindo de dicotomias cada vez mais esvaziadas de sentido. Hoje, é tarefa das ciências sociais mostrar como métodos de mobilização on-line e off-line se implicam e

47. SANTOS, 2022, p. 35, tradução nossa.

48. GERBAUDO, 2021, p. 272.

potencializam mutuamente — embora, claro, possa haver distintas soluções de balanço entre ambos — e de que maneira as novas ferramentas interativas facilitam o envolvimento de indivíduos e coletivos em ações cívicas ou de solidariedade, dentro e fora da internet. Do ponto de vista de um materialismo moderno, não é mais possível igualar *físico* a "real" e *virtual* a "irreal". Ao contrário, é necessário entender como processos de natureza intangível, a exemplo dos fluxos comunicacionais, podem acarretar consequências sociopolíticas e orgânicas mais do que concretas. A ação nas redes é virtual, mas não "irreal" ou "imaterial".

4.1.4. Redes e (crise da) democracia

John Perry Barlow está longe de ter sido o único a disseminar ideias romântico-utópicas acerca da internet. O advento da *web* se fez acompanhar de um imaginário otimista que contribuiu para incensá-la com os vapores de um igualitarismo abstrato. As novas tecnologias seriam impulsionadoras de uma nova cultura participativa e democrática, em que todos teriam iguais possibilidades de promover suas ideias e opiniões. Muitos chegaram a falar em uma nova era de pluralismo cultural e político.

Esse otimismo exagerado, quando transposto para o terreno do ativismo, deu lugar a um discurso fetichista sobre a relação entre mídias sociais e ação transformadora. Nessa perspectiva, as novas tecnologias se tornam objetos de adoração que trazem consigo, como anjos mensageiros, o anúncio de um "novo mundo" no qual se veem removidos os óbices à ação coletiva. As redes embutiriam modelos organizativos horizontais, sem *capos* ou dessimetrias de poder. Seriam artefatos em si mesmos revolucionários, um "Che Guevara do século XXI", nas palavras de Alec Ross, um ex-assessor de Hillary Clinton que, ao referir-se ao papel de Facebook e Twitter na "Primavera Árabe", espalhou tapeações como "as hierarquias estão sendo niveladas" e "ditaduras estão agora mais vulneráveis do que nunca".[49]

49. HALLIDAY, Josh. *Hillary Clinton adviser compares internet to Che Guevara*. The Guardian, London, June 22, 2011, tradução nossa. Disponível em: <www.theguardian.com/media/2011/jun/22/hillary-clinton-adviser-alec-ross>. Acesso em: 30 abr. 2023.

Tais expectativas logo se mostraram eivadas de um idealismo às vezes ingênuo, outras vezes interessado — como parece ser o caso de Ross. E, de fato, a visão romantizada das redes não tardaria a desmoronar. Não se trata, obviamente, de subestimar as possibilidades trazidas pelas novas tecnologias, mas de concretizá-las em ambientes sociais específicos, marcados por contradições e disputas de interesse. O potencial emancipatório da internet coexiste com sua colonização por interesses comerciais e políticos muitas vezes inconfessos. Nos dias de hoje essa realidade surge cristalina como nunca. Cabe registrar, em especial, o modelo de negócios das grandes plataformas, baseado no uso de algoritmos desenhados para a captura da atenção, cujos efeitos colaterais são o fomento ao individualismo e a uma atitude monológica, de franca negação do contraditório. Esses algoritmos têm seu funcionamento baseado em critérios cuja definição não se sujeita ao escrutínio público, acarretando riscos à convivência democrática.

Da forma como hoje se organizam, as redes ajudaram a implodir o arranjo liberal de produção de consensos, baseado na ideia de uma esfera pública de debates orientados pelo dissenso fundamentado e pela deliberação racional. Trouxeram alterações de monta ao debate público, impulsionando a hipertrofia dos temas privados, reduzindo a complexidade dos juízos e reforçando, mesmo, um sentido de temporalidade instantânea trazido à luz, antes, pela ordem neoliberal, sempre a valorizar o efêmero e o descartável. Esse desenraizamento temporal surge onipresente nas redes, da fugacidade dos *stories* do Instagram aos vídeos do TikTok. Terry Eagleton fala em uma política pautada pela *amnésia* — tendência que não começa com as redes sociotécnicas, mas encontra nelas um poderoso vetor de realização.

> *Ao longo das enfadonhas décadas do conservadorismo pós-1970, o senso histórico havia se tornado crescentemente obtuso, já que convinha aos que estavam no poder que não fôssemos capazes de imaginar qualquer alternativa ao presente. O futuro seria, simplesmente, o presente indefinidamente repetido*

— *ou, como destacaram os pós-modernistas, "o presente plus mais opções".*[50]

As novas temporalidades fugidias dizem muito do clima de desilusão que se instaurou no pós-guerra. É quando a própria memória se torna irrelevante, já que convém aos detentores do poder que as maiorias populares, não recordando o passado, sejam incapazes de imaginar alternativas ao estado atual das coisas. Benjamin já havia se referido a essa deterioração coletiva das capacidades mnemônicas — causada pelo culto obsessivo ao imediatismo do instante presente e pela recusa persistente do passado — como um atentado à cultura e, mesmo, como uma tendência à barbárie[51]. Essa realidade tem afetado gravemente os empreendimentos coletivos — sejam os dos trabalhadores e da juventude, sejam os de diversos outros segmentos sociais — ou, mesmo, as perspectivas dos povos. "O que se provou mais danoso", denuncia Eagleton, "foi a ausência de memórias de ação política coletiva — e efetiva. É isso que tem distorcido tantas ideias culturais contemporâneas".[52]

A percepção dessas e de outras tendências impulsionadas pelo uso das redes fez com que, no exame das relações entre mídias sociais e ativismo político, diversos intelectuais questionassem o excessivo entusiasmo com as novas ferramentas digitais. Em sua investigação sobre as mobilizações estudantis chilenas de 2011, Valenzuela acolhe as evidências de que, quando o indivíduo usa as redes para aderir à defesa de causas sociais, amplia-se a possibilidade de que ele venha a participar de mobilizações públicas[53]. Entretanto, é preciso examinar as formas concretas como isso ocorre. As redes sociodigitais não podem ser consideradas o único fator a determinar as ações, como fica claro no movimento Occupy, já analisado anteriormente. Os ativistas utilizam-se das redes como ferramentas em um conjunto mais amplo de opções,

50. EAGLETON, 2005b. p. 20.

51. BENJAMIN, Walter. *O narrador: considerações sobre a obra de Nikolai Leskov*. In: ______. *Obras escolhidas*. São Paulo: Brasiliense, 1994. v. 1, p. 197-221.

52. EAGLETON, op. cit. p. 21.

53. VALENZUELA, 2013.

que vão das manifestações públicas a marchas alimentadoras e reuniões organizativas presenciais, incluindo ações formativas (aulas, debates), entre outros recursos. Em seu estudo sobre o Chile de 2011, Cabalín-Quijada esclarece:

> *Evidentemente, as novas tecnologias da informação são ferramentas fundamentais para o desenvolvimento dos movimentos juvenis atuais, mas não se podem considerar exclusivamente como os fatores que possibilitam o êxito e o alcance desses movimentos. No caso do movimento estudantil chileno, seu prolongado desenvolvimento se explica por razões estruturais associadas à reprodução das desigualdades no sistema educacional e às reconfigurações políticas e culturais do país.*[54]

Como sugere o autor, as redes não possuem a propriedade sobrenatural de criar desejos de participação. Dão vazão a esses anseios, é verdade. Mas também podem distorcê-los e até sabotá-los, como temos visto de forma mais clara em tempos recentes. Gerbaudo menciona uma série de dilemas enfrentados pelos movimentos sociais em seus usos das novas tecnologias[55]. Ele destaca o caráter tóxico de muitas discussões políticas travadas nas plataformas, um efeito da desinibição produzida pelo uso de avatares e pelo próprio modo como se construiu a economia da atenção em plena *sociedade do espetáculo*[56]. Esse fator frequentemente resulta em confrontos fratricidas que sugam a energia e minam a unidade de ação dos movimentos.

Outro desafio apontado pelo autor é o risco de distanciamento entre as discussões travadas nas redes sociais e as opiniões e vivências da maioria da população. É preciso lembrar que, especialmente nas nações em desenvolvimento, nem todas as pessoas estão conectadas, e parte delas é usuária apenas eventual de redes digitais. Esses desníveis favorecem a formação de

54. CABALÍN-QUIJADA, 2014, p. 32.

55. GERBAUDO, 2021.

56. DEBORD, Guy. *A sociedade do espetáculo*. Rio de Janeiro: Contraponto, 2017.

bolhas ideológicas que podem gerar novas formas de isolamento. Embora o efeito das bolhas seja até certo ponto incontornável, mesmo porque já existia antes das redes sociais, a facilidade da obtenção de informações e a interação entre usuários na internet pode ampliar o fenômeno. Por mais que os mundos on-line e off-line sejam cada vez mais imbricados, seria ingênuo pensar que já não há quaisquer dessimetrias entre ambos, quando vivemos em uma sociedade marcada por profundas desigualdades e desequilíbrios das mais variadas espécies.

Mesmo no período anterior a 2016, quando a retórica democratizante que cercava os meios digitais era mais desenvolta, poucos se davam conta de que as potencialidades engendradas pelas novas tecnologias eram celebradas no tempo mesmo em que se falava da perda, pelos cidadãos, do poder de coordenar o debate e as decisões de interesse público. O alargamento das esferas públicas e a formação da chamada *esfera pública interconectada* — constituída a partir da emergência da economia informacional das redes —deu-se concomitantemente ao crescimento do coro contra a crise da representação política e o déficit democrático que lhe é correlato.

4.1.5. O horizontalismo deriva das redes?

Mobilizações baseadas no uso intensivo das mídias, como a que tivemos no Brasil de 2013, certamente apresentam potencial democratizante, inclusive no que respeita ao questionamento da legitimidade das vias tradicionais de representação política. Mas os novos construtos sociotécnicos não mostraram reunir, em si mesmos, potencial para tornar mais elevados os espaços de debate e deliberação, como pudemos ver na tempestade perfeita que se formou quando as nuvens se mexeram no céu de Junho. Nesse momento ficou claro que, nas palavras de Silveira:

> *a ideia de que a internet incentiva a participação, e que a participação é em si avançada e favorável às causas da justiça, liberdade e igualdade não se sustenta empiricamente. O que se observa nas redes é a prevalência do senso comum que muitas*

vezes carrega a força das ideias capitalistas e a doutrina da mercantilização extrema.[57]

Muitos não se dão conta de que, concretizada em ambientes socioculturais específicos, a tecnologia catalisa as vantagens e desvantagens desses ambientes. Ao que tudo indica, as desvantagens não eram poucas, pois as redes sociodigitais, mesmo com o enorme potencial de promoção do conhecimento que possuem, contribuíram para que as pessoas dispensassem a complexidade e se refugiassem no simplismo, buscando apenas aquilo que confirma suas crenças. O potencial emancipatório da rede revelou-se assim, em larga medida, uma miragem. Esse "sonho bom" esteve sempre ligado a visões disseminadas que desconsideram a complexidade dos efeitos das redes sociais, sempre contingentes a cada contexto. Este é um ponto de fundamental importância, pois, como afirma Cabalín-Quijada:

> *permite problematizar a noção de que os atuais movimentos sociais seriam uma consequência dos novos meios na internet. Essa relação de causalidade está associada ao determinismo tecnológico, que não reconhece a complexidade dos movimentos sociais e seus componentes políticos, sociais, culturais e econômicos*[58].

O determinismo tecnológico, isto é, a ideia de que as mudanças sociais são uma decorrência natural da tecnologia, é ingrediente importante de um caldo de cultura arraigado. Dele participa a noção comum, generalizada com relativa rapidez, segundo a qual o horizontalismo seria uma emanação direta das práticas colaborativas proporcionadas pelas redes digitais. Nas palavras de Castells, a internet incorpora uma cultura de liberdade e autonomia: "A nova subjetividade apareceu na rede. A rede torna-se o sujeito."[59] A experiência descentrada vivida na *web* teria levado à percepção de que funções de liderança não

57. SILVEIRA, 2015, p. 218.

58. CABALÍN-QUIJADA, 2014, p. 26, tradução nossa.

59. CASTELLS, 2013. p. 106.

são imprescindíveis, na medida em que a coordenação das ações pode ser realizada de forma espontânea pelas próprias interações entre os participantes do movimento. A nova morfologia também protegeria o movimento dos perigos externos — a violência da reação, por exemplo — e internos — como os desmandos e a burocratização. Nessa perspectiva, os centros hierarquizados de comando e controle, mais do que desnecessários, seriam mesmo condenáveis por, dentre outros motivos, não favorecerem a ampliação da participação.

O jornalismo e o conjunto da comunicação social foram pródigos nesse tipo de imagem, como constatamos na veiculação de notícias sobre a "Primavera Árabe", o movimento dos Indignados ou as manifestações de 2013 no Brasil. O uso intensivo de ferramentas caras ao ciberativismo fez com que os meios de comunicação qualificassem esses eventos como "expressões das revoluções 'Facebook ou Twitter'".[60] Não bastasse o imaginário mistificador impulsionado pelos meios de comunicação, conceitos pouco críticos emanam ainda de onde se esperaria um pouco mais de sobriedade: os ambientes científico-acadêmicos. É o caso do conceito de *autocomunicação de massas*, cunhado por Castells.[61] Por mais que o objetivo do autor seja o de nomear as potencialidades da comunicação distribuída, o termo acaba contribuindo para ofuscar as dessimetrias dos ambientes on-line, ao passar a ideia de um "processo de comunicação autônoma, livre do controle dos que detêm o poder institucional".[62]

Subjacente a esse tipo de descrição, encontra-se a ilusão determinista de que a tecnologia gera, por si própria, ondas de participação livre e autônoma. Porém, como assevera Gerbaudo, as práticas de ocupações e assembleias horizontais, sua ética solidária e seu espírito democrático não podem ser concebidos "como simples transposição para o espaço público de práticas estabelecidas pela primeira vez na *web*".[63] Evidentemente, não se trata de negar as potencialidades técnicas intrínsecas aos novos

60. CABALÍN-QUIJADA, op. cit., loc. cit., tradução nossa.

61. CASTELLS, op. cit.

62. Ibid., p. 18.

63. GERBAUDO, 2021, p. 181.

meios — já analisadas neste capítulo. Os ganhos de produtividade nas convocatórias, a descentralização de iniciativas, a velocidade dos *feedbacks*, a deliberação participativa a partir de redes e fóruns, a possibilidade de veicular contranarrativas, o dinamismo na criação de identidades e vínculos afetivos: tudo isso ajuda a configurar uma ambiência que põe em novo patamar os movimentos associativos. No entanto, essas potencialidades não podem ser analisadas em si mesmas, de um ponto de vista meramente "técnico".

As possibilidades da comunicação distribuída são apropriadas em um contexto associativo mais amplo, que inclui outros elementos: assembleias horizontalizadas, ocupações, formas de luta mais antigas; hipertrofia do papel das emoções; novas relações entre cultura e política. Embora esses elementos se articulem às redes de variadas maneiras, importa destacar que tudo se encontra amalgamado no plano de uma *estrutura de sentimento*, isto é, de afetividades compartilhadas que "entrelaçam corpos e matérias e são capazes de contagiar uma época"[64]. São ritmos e tons que configuram inéditas formas de pensar, sentir e agir esculpidas na atmosfera sociocultural mais ampla, em cujo âmbito as possibilidades da tecnologia são criadas e exploradas. Não é o formato horizontal que "deriva" das redes. As redes é que são vistas — muitas vezes de forma ilusória — como objetos que simbolizam anseios radicais de democracia em um mundo onde as práticas democráticas são cada vez mais deficitárias.

4.1.6. Um libelo contra o determinismo tecnológico

O materialismo cultural construiu poderosos antídotos contra o determinismo tecnológico. A obra de Raymond Williams contém libelos contra abordagens tecnicistas da cultura, as quais seguem pontificando nas mais diversas análises sobre as novas tecnologias. Essas abordagens não se inauguram com as mídias sociais: já existiam no contexto do debate sobre os meios

64. MIGLIEVICH-RIBEIRO, Adelia. *Raymond Williams e "estruturas de sentimentos": os afetos como criatividade social.* Resgate — Revista Interdisciplinar de Cultura, Campinas, v. 28, 2020, p. 1.

tradicionais, como podemos constatar no antológico parágrafo reproduzido abaixo, que abre o livro de Williams dedicado à televisão:

> *Diz-se frequentemente que a televisão mudou nosso mundo. No mesmo sentido, fala-se frequentemente em um novo mundo, em uma nova sociedade, em uma nova fase da história sendo criada por esta ou aquela tecnologia: a máquina a vapor, o automóvel, a bomba atômica. Muitos de nós sabem o que está em geral implicado quando tais coisas são ditas. Mas esta pode ser a dificuldade central: que nós temos costumeiramente aceitado essas afirmações de tipo geral em nossas discussões ordinárias, mas podemos falhar em determinar seus significados específicos.*[65]

O *determinismo tecnológico* é uma visão poderosa e ainda hoje entranhada sobre as relações entre tecnologia e mudança social. Nessa perspectiva, a pesquisa tecnológica é concebida como autogeradora. A tecnologia vem ao mundo "por um processo essencialmente interno de pesquisa e desenvolvimento"[66] e então cria novas sociedades e um novo ser humano. É surpreendente como os termos dessa concepção foram retomados no debate sobre as redes sociodigitais, da mesma forma que, décadas antes, a abordagem sancionadora de um McLuhan concebeu a televisão como agente destacado de uma nova "era eletrônica" prenhe de possibilidades emancipatórias, nos marcos da *aldeia global*.[67]

---

65. WILLIAMS, 1990, p. 1, tradução nossa.

66. Ibid., p. 5, tradução nossa.

67. Williams classifica a teoria de McLuhan como um formalismo estético que se pretende teoria social. Trata-se não apenas de determinismo tecnológico, mas também de um determinismo sociocultural, pois pretende cancelar todas as questões relacionadas a intenções e usos. "Se o meio de comunicação [...] é a causa, todas as outras causas [...] que os homens habitualmente entendem como história estão imediatamente reduzidas a efeitos." (WILLIAMS, Raymond. *Televisão: tecnologia e forma cultural.* Tradução Marcio Serelle e Mário F. I. Viggiano. São Paulo: Boitempo; Belo Horizonte: PUC-Minas, 2016, p. 136.) Mais: aquilo que a sociologia ortodoxa via como efeitos — estando, portanto, sujeito ao questionamento — é deslocado em nome de efeitos fisiológicos e psicológicos, numa espécie de reducionismo individualizante. Dessocializam-se, assim, os meios de comunicação, apresentados como engenhocas

Hoje, como no tempo de Williams, a necessidade de uma nova ênfase ainda desafia as ciências sociais. É necessário trazer à tona um tipo diferente de interpretação, distinto do tecnicismo em sua capacidade de recuperar as intenções sociais subjacentes aos processos de pesquisa e desenvolvimento tecnológico.

As visões pautadas no determinismo tecnológico são indefensáveis não apenas pelo segundo termo do binômio, que sugere a substituição de relações sociais e políticas por uma tecnologia autônoma e sobre-humana. Igualmente problemática é a compreensão reducionista que se estabeleceu acerca da noção de *determinação*, entendida tradicionalmente no sentido de *prefiguração*. Conforme explica Williams, "determinação é um processo social real, mas nunca [...] um conjunto de causas completamente controladoras e definidoras"[68]. Assim, é necessário substituir compreensões esquemáticas pela ideia de "colocar limites e exercer pressões"[69]. Um fato social jamais se estabelece de modo apriorístico; ao contrário, desenvolve-se dentro de um conjunto mais ou menos aberto de possibilidades, constrangido por forças e pressões sociais. No caso da televisão — mas também, podemos afirmar, no da internet —, isso inclui "a distribuição de poder ou de capital, a herança social e física, as relações de escala e de tamanho entre grupos"[70].

Os meios técnicos, portanto, não resultam de um processo fechado de pesquisa tecnológica. Foram antevistos e ativamente imaginados, "não de modo utópico, mas tecnicamente"[71].

---

conectadas a um sistema sensório-motor abstrato, comum a todos os homens de todas as épocas. Ora, diz Williams, "se o efeito do meio é sempre o mesmo, não importando quem o controle ou use, nem o conteúdo que se tente inserir, então podemos [...] deixar a tecnologia operar por si mesma. Não é surpreendente que essa conclusão tenha sido bem recebida pelos 'homens dos meios de comunicação'." (WILLIAMS, 2016, p. 137)

68. WILLIAMS, 2016, p. 139.

69. Essa ideia é cara a Williams e comparece não apenas em *Televisão*, mas em diversos momentos de sua obra. Cf.:
WILLIAMS, Raymond. *Cultura e materialismo*. Tradução André Glaser. São Paulo: Editora da Unesp, 2011.
_______. *Marxism and literature*. Oxford: Oxford University Press, 1977.
_______. *Politics and letters*. London: New Left Books, 1979.

70. WILLIAMS, 2016, p. 139.

71. Ibid., p. 32.

Em um conjunto complexo de campos interligados, sistemas de mobilidade e transferência em produção e comunicação, sejam eles em transporte mecânico e elétrico, sejam em telegrafia, telefonia, rádio e imagem, funcionaram como estímulos e respostas em um período geral de transformação social. Em muitos lugares, por meio de caminhos aparentemente desconectados, esses estímulos e respostas foram aos poucos isolados e definidos tecnicamente.

Há, nessa perspectiva, liames — nem sempre diretos ou de fácil identificação — entre um novo tipo de sociedade, mais complexa e volátil, e o desenvolvimento das modernas tecnologias de comunicação. Em primeiro plano, essa relação é diretamente causal: os incentivos a melhorias na tecnologia vieram de problemas de comunicação e controle em sistemas militares e comerciais, cujas necessidades levaram à definição de prioridades em seus próprios termos. Porém, à medida que a sociedade se desenvolvia, novos tipos de informação foram reclamados. Essa demanda era profunda demais para ser atendida por qualquer especialização à informação política, militar ou comercial. Ela estava relacionada a novas percepções de mobilidade e mudança, bem documentadas ao menos desde a ensaística de Baudelaire[72]. Não eram meros anseios abstratos, mas experiências já então vividas, as quais conduziram a profundas redefinições sobre a função e o processo da comunicação social. É esse o processo mais amplo que espreita por trás do advento da imprensa, do rádio, do cinema, da TV, da internet.

Portanto, explica Williams, "de forma nenhuma essa é uma história de sistemas de comunicação que criaram uma nova sociedade ou novas condições sociais".[73] O que ocorreu foi o contrário: novas necessidades sociais trouxeram à luz — sempre sob certas pressões e limites — suas tecnologias correspondentes. O problema é que nos tornamos tão acostumados a certas arquiteturas tecnológicas que tendemos a acreditar que essa situação foi predestinada pela tecnologia. Nada mais falso. Os modelos atuais resultaram, na verdade, de decisões sociais e políticas, as quais foram tão amplamente ratificadas que acabaram por tomar a aparência de resultados inevitáveis.

72. BAUDELAIRE, Charles. *Sobre a modernidade*. São Paulo: Paz e Terra, 1996.

73. WILLIAMS, 2016, p. 32.

É preciso entender bem esse ponto se quisermos influenciar as definições institucionais tomadas a todo momento, em meio a intensas disputas. Nos anos 1970, quando *Television* foi escrito, o que estava em jogo eram as soluções institucionais que moldariam os novos modos de televisão então em gestação: a TV a cabo, as transmissões via satélite, o mercado de videocassetes e videoteipes. Hoje, o advento de novos meios e formatos se vê profundamente condicionado pela convergência digital, em cujo entorno se trava ampla disputa. Ela definirá até que ponto o novo modelo de comunicação servirá aos propósitos de democratização da informação e da cultura.

Diante dessa realidade, como verseja a canção popular, "é preciso estar atento e forte". Afinal, uma vez estabelecido um modelo, é sempre mais difícil alterá-lo. Como alerta Williams, toda vez que existir investimento pesado em um formato institucional específico, haverá sempre um complexo de restrições imposto por instituições financeiras, expectativas culturais e desenvolvimentos técnicos específicos. Por isso é necessário atentar aos momentos primordiais de definição: eles frequentemente estabelecem situações de fato que se prolongam e influenciam os desenvolvimentos posteriores.

Em nosso próprio tempo, novas tecnologias de informação e comunicação irrompem a todo momento. Elas podem transformar instituições, políticas e usos ou simplesmente reforçar as formas e os sentidos que fundamentam a ordem existente. A última tendência tem sido mais comum. Não se trata apenas do fato de que o crescimento da economia de escala das comunicações reforça a monopolização do setor. Trata-se, para além disso, do fato de que modelos institucionais concentradores, gestados nos primórdios da radiodifusão, continuam a reproduzir-se no outrora promissor campo da internet. Nele, gigantes como Meta e Alphabet direcionam escolhas a partir de definições algorítmicas que ainda hoje parecem a muitos meramente *técnicas*. Aprofunda-se, nesse contexto, não apenas o cerco à diversidade cultural e à variedade de opiniões, mas a abertura à intolerância, ao ódio e à desinformação. Da forma como se encontram hoje dispostos, os meios de comunicação — não só os tradicionais, mas também os novos — podem até oferecer alternativas de escolha, mas apenas alternativas limitadas, predefinidas. "A maioria dos habitantes da aldeia global não poderia dizer nada, nesses novos termos, enquanto algumas corporações e alguns governos poderosos [...] falariam de formas nunca antes conhecidas", profetizava, acertadamente, Williams.[74]

Em contexto tal, não é de admirar que vicejem formas de resistência, muitas delas assumindo o caráter de sistemas culturais marginais — um "*underground* cultural", nas palavras de Williams[75]. Essa produção, mesmo periférica, tem grande relevância para a vida política contemporânea, como alternativa de escoamento de um fluxo de informação que restaria, de outra forma, inviabilizado pelos oligopólios comunicacionais. A resistência se dá, porém, em condições desiguais, pois esse *underground* nem sempre consegue acompanhar — seja em definição, seja em escala — as melhores possibilidades engendradas pelas novas tecnologias. Ainda assim, o processo pode abrir caminho a instituições e práticas inovadoras, como vimos em 2013 com as iniciativas da Mídia Ninja. Das novas gerações podem brotar, e já vêm brotando, propostas e exemplos de práticas comunicacionais inovadoras, com potencial para ditar muito do desenvolvimento futuro da comunicação social. Nada disso é fruto de "algum processo autônomo dirigido por engenheiros distantes", mas uma questão de "ação e luta social continuamente renováveis".[76]

A depender do contexto social em que se inserem, isto é, das relações sociais em cujo âmbito se organizam, os meios de comunicação e cultura podem servir à ampliação ou à restrição da democracia. Podem contribuir para a realização de elevados propósitos de difusão da informação e do saber ou, paradoxalmente, proporcionar o mergulho de populações inteiras nas trevas da estupidez. O que está a requerer de todos o verdadeiro propósito transformador é, diante dessas opções contraditórias, uma firme tomada de posição.

74. WILLIAMS, 2016, p. 156.

75. Ibid., p. 158.

76. Ibid., p. 143.

4.2. NOVA ESTRUTURA DE SENTIMENTO, NOVAS FORMAS ASSOCIATIVAS

As manifestações de 2013 marcam a entrada em cena de uma nova geração política. Ela sai às ruas sob um novo "céu", isto é, sob uma *atmosfera* alterada, prenhe de novas formas de pensar, sentir e agir. Essa geração faz sua estreia política nos marcos de uma nova sociabilidade, que irrompe em curto espaço de tempo trazendo consigo, como define Williams, um inédito "padrão de impulsos, restrições, tons"[77] — ou, em outras palavras, uma nova *estrutura de sentimento*.

Vimos, no capítulo 1, o significado e as implicações da noção de *estrutura de sentimento*, cunhada por Williams para explicar o fenômeno da emergência de novas formas socioculturais. No caso em questão, essas formas se veem influenciadas pela expansão da ecologia comunicacional trazida pela disseminação do uso da internet, como também pela consequente ascensão de uma cultura cibercívica marcada pelo anseio de posicionar-se em face dos mais diversos temas. Entre um clique e outro, uma nova estrutura de sentimento se formava. Surgiam com ela inéditas gramáticas de luta. A tendência pode ser flagrada em detalhes como a multiplicação de *hashtags* em pichações, imagens impressas e demais hábitats semiológicos nos quais esses recursos não exercem — pelo menos não da mesma forma ou com a mesma eficácia — sua função precípua: a de marcadores e indexadores de conteúdo. É a linguagem das redes transbordando da internet e inseminando-se de forma ampla pelo conjunto dos territórios sociais.

A estrutura de sentimento que emoldura o ativismo de 2013 também se caracteriza pela aspiração a viver relações mais democráticas e "horizontais", marcadas por uma ética de colaboração em que todos são vistos como iguais no processo de troca de opiniões e exercício da cidadania. A vida solidária que brota das ocupações, com suas assembleias "horizontais" e sua logística participativa, representa em si mesma uma alteração de códigos e um desafio às práticas políticas institucionalmente cifradas.

77. WILLIAMS, 1979, p. 159.

Desponta com essa nova sociabilidade uma linguagem renovada que se insinua através de jargões e neologismos, mas também de novas estratégias visuais — *design* gráfico inovador, avatares, montagens envolvendo o verbal e o imagético. Esses recursos são indicativos de subjetividades emergentes. Não é apenas uma questão de "novas palavras" ou novas estratégias comunicativas, mas sobretudo de novas emoções, novos valores e de um novo *ethos*.

Esse *ethos*, que já podia ser flagrado, em gérmen, nos acampamentos de juventude do Fórum Social Mundial, com sua ética coletivista e seu funcionamento cooperativo, voltará a encarnar nas redes e nas ruas durante as manifestações de 2013. Podemos flagrar, nessa atmosfera, a emergência de novas relações entre política e cultura, tendência que aponta para uma política "culturalizada" e, na verdade, *carnavalizada*, para usar de noção bakhtiniana. O carnaval é a forma típica dos ritos e espetáculos cômico-grotescos que compõem a cultura popular. Representa um desafio às pretensões de seriedade e eternidade da cultura dita *oficial*. Reúne elementos simbólicos "hostis a toda perfeição definitiva, a toda estabilidade, a toda formalidade limitada, a toda operação e decisão circunscritas ao domínio do pensamento e à concepção de mundo".[78] O sentido desse teatro cósmico é o triunfo de uma libertação temporária da verdade dominante e do regime vigente, que implica a abolição provisória de normas, hierarquias, privilégios e tabus. Nesse sentido, o carnaval é uma festa do tempo, que celebra não aquilo que é estável e perene, mas as alternâncias e renovações. Ele se opõe a toda perpetuação, aponta sempre para um futuro ainda incompleto. A política carnavalizada que irrompe nas manifestações de 2013 pretende desafiar, em especial, a política institucionalizada, um elemento da cultura oficial. A bem da verdade, essa tendência já surgia clara nos movimentos antiglobalização.

> *É fácil reconhecer a natureza performativa e carnavalesca dos diferentes movimentos de protesto que têm surgido em torno das questões da globalização. Mesmo quando evidenciam uma*

78. BAKHTIN, 1999, p. 2.

> *feroz combatividade, as manifestações são altamente teatrais, com bonecos gigantes, figurinos, danças, canções humorísticas, cânticos e assim por diante. Em outras palavras, os protestos também são festivais de rua nos quais a indignação dos manifestantes coexiste com sua alegria carnavalesca. Mas os protestos não são carnavalescos apenas em seu clima, mas também em sua organização.*[79]

Verifica-se, como parte dessa tendência à carnavalização, um novo equilíbrio — ou, na verdade, um desequilíbrio — entre o sério e cômico. Ao longo do processo civilizatório, essas formas evoluem cada vez mais em separado — o sério revestindo a cultura erudita, o cômico tornando-se a forma essencial da cultura popular. O novo balanço que se verifica em 2013 inclui permutações de papéis, com a comicidade imiscuindo-se em lugares próprios da seriedade, como é o caso dos discursos políticos, sejam eles propositivos ou de denúncia. Não terá sido por acaso que as máscaras de Guy Fawkes, com seu enigmático sorriso de Monalisa, tenham se tornado um símbolo principal, grafado no céu de Junho qual constelação de destaque.

Evidentemente, essa política carnavalizada não pode prescindir de uma forma particular de comunicação inconcebível em situações oficiais. Ela se manifesta por meio de um vocabulário próprio, uma língua franca que se opõe a prescrições de etiqueta, bem como a toda concepção acabada e imutável de mundo. Essas formas de expressão são dinâmicas, mutáveis e flutuantes. Estão impregnadas "do lirismo da alternância e da renovação, da consciência da alegre relatividade das verdades e autoridades no poder".[80] São neologismos, provérbios, parábolas e paródias, entre outras figuras e gêneros da língua cômica e vulgar.

No Rio de Janeiro, um dos momentos altos das manifestações de 2013 foi o "casamento de Dona Baratinha", uma encenação paródica feita como denúncia das relações promíscuas entre poder público e empresários do setor de transportes. No dia 13 de julho,

---

79. HARDT; NEGRI, 2005, p. 274.

80. BAKHTIN, 1999, p. 9-10.

manifestantes se agruparam na porta da igreja do Carmo para protestar durante o casamento da neta do empresário de transportes Jacob Barata. Os ativistas, acompanhados de repórteres da Mídia Ninja, seguiram depois para a recepção dos noivos no hotel Copacabana Palace. De forma bem-humorada, cantaram, dançaram quadrilha e exibiram cartazes com dizeres como "Dona Baratinha, vá de ônibus para o Copacabana Palace!" ou "Pego ônibus lotado, me dá um bem casado!". Jovens vestidas de noiva distribuíam baratinhas de borracha durante a manifestação, que terminaria com uma visita do Bope regada a gás lacrimogêneo.[81]

O "casamento de Dona Baratinha" dá exemplo das formas paródicas que proliferavam em junho de 2013, refletindo a estrutura de sentimento que emoldura as ações daquela geração de manifestantes. A paródia se caracteriza por um "citacionalidade"[82] que retira um signo de sua circunstância originária e o desloca para outro contexto, no qual assumirá novos significados. Trata-se de uma das formas destacadas pelas quais a linguagem opera seus próprios fluxos de transformação. A paródia compõe um regime de verdade que se estabelece na intertextualidade, no jogo dialógico e carnavalizado do bate-rebate de ideias. Como afirma Dentith ao abordar as "energias carnavalescas da paródia", esse recurso semiótico "pode ser um dos meios pelos quais as

---

81. ANGEL, Hildegard. *O casamento de Dona Baratinha; a Bastilha carioca.* Vermelho, São Paulo, 16 jul. 2013. Disponível em: <https://vermelho.org.br/2013/07/16/hildegard-o-casamento-de-dona-baratinha-a-bastilha-carioca>. Acesso em: 20 abr. 2023.

FARO, Mariana. *Criação, vida e resistência nas ruas: biopolíticas das manifestações metropolitanas no Brasil.* In: CAVA, Bruno; COCCO, Giuseppe (Org.). *Amanhã vai ser maior: o levante da multidão no ano que não terminou.* São Paulo: Annablume, 2014. p. 232-243.

No Copacabana Palace, casamento de "Dona Baratinha" teve protestos e dinheiro jogado. O Globo, Rio de Janeiro, 3 jul. 2017. Disponível em: <https://oglobo.globo.com/politica/no-copacabana-palace-casamento-de-dona-baratinha-teve-protestos-dinheiro-jogado-21546517>. Acesso em: 20 abr. 2023.

"Acompanhar, via mídias sociais e MSMs recebidos, o protesto indignado contra este casamento diante da Igreja N. Sra. do Monte do Carmo e da festa no Copacabana Palace, me fez sentir clima de Revolução Francesa, correndo um frio na espinha, um presságio ruim. E me veio à mente a princesa de Lamballe, melhor amiga de Maria Antonieta, com a cabeça espetada na ponta de uma lança, pela multidão que invadiu as Tulherias." (ANGEL, 2013).

82. DOTTO, Pedro. *Junho de 2013: o acontecimento.* In: CAVA, Bruno; COCCO, Giuseppe (Org.). Amanhã vai ser maior: o levante da multidão no ano que não terminou. São Paulo: Annablume, 2014. p. 288.

linguagens de grupos externos [*out-groups*] são ridicularizadas".[83] É possível surpreender a paródia exercendo suas funções crítico-polêmicas nas mais diversas situações — não apenas no Junho brasileiro, mas em todo o ciclo de que esse movimento participa.

> *Quando o governo turco chama de "chapullers" [vândalos] os manifestantes, a multidão se apropriou do código, se autoproclamando "movimento chapulling" e criando a Chapull.tv. Quando os meios brasileiros chamam os manifestantes de "vândalos", a multidão remixa o vandalismo ("vandalismo é o que fazem com tua mãe na fila do médico") e cria a "Vândalos News".*[84]

Essas novas narrações polifônicas — tecidas por deslocamentos semânticos entre múltiplas vozes — compõem o caudal mais amplo de novas subjetividades que se estruturam em redes participativas, presenciais e virtuais. As reações a esses modos de pensar e sentir serão várias. De um lado, haverá certo estranhamento — e, no limite, alguma ojeriza — por parte daqueles que não compõem a mesma estrutura de sentimento. Essa ojeriza é responsável por ruídos na comunicação que podem acarretar impactos políticos. É possível detectar tais reações na forma como a política institucionalizada enxergou as manifestações de 2013. Mesmo setores da esquerda se mostraram, quando menos, confusos. Outros segmentos nutriram curiosidade diante das novas formas e, em vez de estranhá-las, procuraram entendê-las e, ao final, parasitá-las — ou parodiá-las. É isso, aliás, o que Dentith denomina "o paradoxo da paródia".[85] Ele surge do fato de que "a paródia cria novas enunciações fora daquelas de que busca zombar, [... já que] ela preserva tanto quanto destrói — ou, na verdade, preserva ao mesmo tempo que destrói —, e assim o parasita cria a ocasião para que ele próprio atue como hospedeiro". Em

83. DENTITH, Simon. *Parody*. London: Routledge, 2000. p. 187-188, tradução nossa.

84. GUTIÉRREZ, 2014.

85. DENTITH, op. cit., p. 189, tradução nossa.

outras palavras, toda paródia, uma vez bem-sucedida, vira um novo cânone a ser também parodiado.

Mas a paródia não é a única forma discursiva passível de ser apropriada e ressignificada. Tome-se, por exemplo, o caso dos escrachos. Essa prática não se confunde com a paródia, embora possa conter elementos de intertextualidade. Trata-se de uma modalidade de manifestação pública voltada à denúncia de pessoas acusadas de corrupção ou crimes contra os direitos humanos. No escracho, uma ou mais pessoas abordam a pessoa denunciada com cantos, palavras de ordem e mímicas corporais. Frequentemente a pessoa é sufocada em seu direito à réplica. A prática se tornou notória na Argentina do movimento "Que se vayan todos", deflagrado em dezembro de 2001. "O *escrache*, como sublinha o Colectivo Situaciones [de Buenos Aires], não está aquém da justiça formal mas 'cria uma outra ideia e outra prática da justiça, que é oposta e antagônica a ela. É sobre essa noção de uma justiça que se produz autonomamente'."[86] Essa prática, que volta a despontar com força nas manifestações de 2013, usada então contra políticos e "homens da mídia", logo seria apropriada pela extrema direita no pós-2013[87], tornando-se uma de suas estratégias de agitação favoritas. Nesse caso, porém, o recurso foi ressignificado e desvirtuado, perdendo o caráter de "brincadeira" e assumindo teor intimidatório e persecutório através de ações simbólica ou até fisicamente violentas.

4.2.1. Afetos compartilhados como motor da mobilização social e política

A mobilização social é um processo complexo, que contempla muitas variáveis e envolve elementos tanto racionais quanto afetivos. Nesse aspecto, não estamos diante de algo novo. Como nos

86. FARO, 2014, p. 242.

87. O escracho está longe de ser a única forma associativa vampirizada pela extrema direita: basta recordar os *flash mobs* da campanha de Jair Bolsonaro. Cf.: *Apoiadores de Bolsonaro fazem coreografia*. UOL, São Paulo, 9 set. 2018. Disponível em: <https://tab.uol.com.br/videos/?id=apoiadores-de-bolsonaro-fazem-coreografia-04024D18376ECCA96326>. Acesso em: 19 maio 2023.

mostra Aristóteles e toda a tradição retórica, no reino do discurso público, razão e sentimento sempre andaram de mãos dadas.[88] O que há de novo na estrutura de sentimento que emoldura as manifestações de 2013 é um inédito balanço entre *logos* e *páthos*, com esta última dimensão ocupando lugar de grande proeminência na mobilização social.

Dado que a mobilização via redes une pessoas sem vínculos de natureza orgânica ou programática, a conexão inicial entre os manifestantes acaba sendo estabelecida menos a partir de uma causa do que através de uma emoção comum. Na visão de Castells os movimentos são, antes de tudo, emocionais, e começam não com uma estratégia política claramente delineada, mas com um afeto compartilhado que conduz as pessoas à ação.[89] Para o mesmo autor, duas emoções têm papel especialmente destacado na mobilização social: a esperança e o medo. A esperança é uma emoção positiva que funciona como motor da mobilização. Ela não deixa de ser uma projeção de futuro, ainda que de corte sentimental. Quando as pessoas, em particular os jovens, se sentem tocados por uma causa que apreciam, sobrevém o entusiasmo e um impulso em direção à ação no espaço público. Efeito oposto têm a ansiedade e o medo que ela gera: trata-se de emoções negativas com efeitos paralisantes. A superação desses sentimentos frequentemente acontece por meio de outra emoção negativa: a raiva.

Manifestações como as de 2013 são desencadeadas por acontecimentos cuja gravidade altera o estado emocional da população ou de parte dela. Isso leva as pessoas a superar o medo ou o comodismo, passando a desafiar as autoridades mesmo que esse desafio envolva riscos. De acordo com Gerbaudo, as mídias sociais têm tido papel decisivo nesse processo: elas contribuem para um efeito de condensação simbólica e moral que une os indivíduos e orienta a construção de um *script* afetivo com poder de enquadrar as ações.[90] A fim de criar uma poderosa conexão com os participantes de um movimento, os organizadores não podem

88. ARISTÓTELES. *Retórica*. 2. ed. Lisboa: Imprensa Nacional; Casa da Moeda, 2005.

89. CASTELLS, 2013.

90. GERBAUDO, 2021.

restringir sua ação ao compartilhamento de informações: devem ser capazes de despertar paixões e sentimentos como o amor, o ódio e a esperança. Um clima de excitação e entusiasmo, erigido ante o pano de fundo de uma identidade comum, é fundamental para o sucesso da mobilização.

Com sua teorização sobre o conceito de *aura*, Benjamin já havia destacado o papel saliente da identificação mútua e sua capacidade de despertar sentimentos. Ele chamou de aura as "imagens que, sediadas na *mémoire involontaire*, tendem a se agrupar em torno de um objeto de percepção". Esse objeto passa, então, a sintetizar uma identidade e uma história, as quais se tornam imediatamente acessíveis. "Esta aura em torno do objeto corresponde à própria experiência [histórica] que se cristaliza em um objeto de uso sob a forma de exercício [ritual]."[91]

A descrição humanista de Benjamin vai além da abordagem cognitivista das emoções que ainda orienta as teorizações de autores como Castells, para quem "a mudança social resulta da ação comunicativa que envolve a conexão entre redes de redes neurais dos cérebros humanos estimuladas por sinais de um ambiente comunicacional formado por redes de comunicação".[92] Ora, a mudança social não tem base biológica, não é fruto da ação de "redes neurais". Não é bem nesse plano que se encontra a chave para entendê-la. Emoções como a esperança e o entusiasmo nascem, antes, da construção de identidades, não de disposições bioquímicas. Mesmo porque não estamos falando de emoções puramente individuais, mas daquelas que surgem no espaço público como expressão de tensões na vida comunitária. Para que os manifestantes se ponham em movimento, é preciso criar uma conexão emocional que não surge de "cérebros" e "neurônios", mas, para além disso, de uma efervescência coletiva.

---

91. BENJAMIN, Walter. *Sobre alguns temas em Baudelaire*. In: ______. Obras escolhidas. Tradução José Carlos Martins Barbosa e Hemerson Alves Baptista. São Paulo: Brasiliense, 1989. v. 3, p. 137.

92. CASTELLS, 2013, p. 162.

4.3. RELAÇÕES ENTRE INDIVÍDUO E COLETIVO: O CONCEITO DE *MULTIDÃO*

A morfologia de manifestações como as de junho de 2013 suscita importantes questões acerca da relação entre indivíduo e coletivo. Uma das mais célebres interpretações dessa questão foi elaborada por Hardt e Negri. Na tentativa de desenvolver as bases conceituais para um novo projeto de democracia, eles buscaram compreender a formação e a natureza de uma emergente classe global: a *multidão*.[93]

O conceito de multidão faz referência a uma rede de singularidades que não se traduz em uma unidade representativa. Estamos diante do paradoxo da coletividade que representa um projeto comum, mas não se reduz a uma uniformidade. Essa multiplicidade irredutível se baseia nas condições de possibilidade dos que podem tornar-se multidão, levando em conta que as muitas vivências singulares, diferenciadas quanto a condições de trabalho, situações locais e experiências vividas, compartilham um "devir comum".[94]

Nessa perspectiva, a multidão é um sujeito social cuja ação se baseia em uma confluência de singularidades. Não se trata, contudo, de uma coletividade "fragmentada, anárquica ou incoerente",[95] mas de uma práxis na qual múltiplas vontades se encontram e se potencializam. Os autores diferenciam a multidão de outras entidades coletivas, como a massa, a plebe ou a "turba" de que falava Poe.[96] Enquanto esses conceitos se baseiam na indiferença entre seus elementos, a multidão se caracteriza pela persistência da diferença. A massa é um aglomerado passivo, cuja unidade é modelada exteriormente. Sua ação pode ter efeitos sociais, muitas vezes destrutivos, mas a massa, a turba e o populacho são incapazes de agir por vontade própria — precisam ser conduzidos.

---

93. HARDT; NEGRI, 2005.

94. Ibid., p. 143.

95. Ibid., p. 139.

96. POE, Edgar Allan. O homem da multidão. In: ______. *Contos de Allan Poe*. São Paulo: Cultrix, 1985.

Já a multidão é uma rede aberta e em expansão na qual as diferenças podem se expressar livre e igualmente, através de relacionamentos mais democráticos e colaborativos, construídos a partir da convergência em direção a uma vida comum. O conceito de *comum* remete a comunicação, afetos compartilhados, saberes coletivos. Essa definição é central no pensamento de Hardt e Negri, para quem a produção da riqueza e a própria vida social e política são feitas cada vez mais a partir de ambientes e recursos compartilhados, tecidos pela participação de milhões. "O chamado comunismo do capital, vale dizer, seu impulso para uma socialização cada vez mais ampla do trabalho, aponta ambiguamente para o comunismo da multidão."[97]

Essa soma de singularidades e subjetividades que se conectam, permeadas pela formação de redes, tem a capacidade de atuar conjuntamente em meio às diferenças. A multidão representa o resgate de uma sociedade global em crise, por meio do poder de um *corpus* coletivo de natureza biopolítica que redesenha relações e formas de produção. "O que se verifica [...] é uma troca entre as singularidades e a multidão como um todo, afetando a ambas e tendendo a formar uma espécie de motor constituinte."[98]

Com base na identificação e definição desse novo sujeito das lutas globais, Hardt e Negri postulam o advento de uma forma de organização política pluralista e horizontal, a qual não busca constituir-se como um coletivo homogêneo, hierárquico e programático. As manifestações baseadas no conceito de *multidão* recusam os canais políticos convencionais em favor da criação de relações mais simétricas e plenamente democráticas. Segundo Hardt, as revoltas que surgiram nas ruas do Rio e de São Paulo em 2013 foram organizadas sob a forma de multidão, o que significa que os movimentos foram auto-organizados e conectados horizontalmente ao longo do território social.[99] O Junho de 2013 segue, assim, um modelo de mobilização — inaugurado

97. HARDT; NEGRI, 2005, p. 356.

98. Ibid., p. 437.

99. HARDT, Michael. *Junho maldito* (prefácio). In: CAVA, Bruno; COCCO, Giuseppe (Org.). *Amanhã vai ser maior: o levante da multidão no ano que não terminou.* São Paulo: Annablume, 2014. p. 7-10.

com os movimentos antiglobalização e aprofundado no período posterior — que tem por base indivíduos conscientes e "autônomos", organizados em coletivos avessos a graduações e hierarquias. Hardt rejeita, contudo, a tese de uma espontaneidade abandonada a si própria: "Tal multidão não é desorganizada e não se forma espontaneamente, ao invés disso ela requer uma atividade constante e intensa de organização."[100]

Os autores destacam que o reconhecimento do outro como diferente pode aumentar o próprio poder do sujeito. Baseando-se no filósofo Baruch Spinoza (1632-1677), afirmam que o desejo é um elemento da natureza humana, e que a multidão se forma no amor. Eles ressaltam que esse amor, contudo, não busca desfazer as distinções individuais em prol de uma diluição dos sujeitos na unidade indiferenciada. Trata-se de um amor baseado na multiplicidade, em que as singularidades se somam na cooperação.

As relações entre indivíduo e coletivo na ação social e política, portanto, devem ser pautadas em um projeto de "amor" que reconheça a autonomia de cada um, mas também os benefícios de uma relação comum. Perspectiva tal não busca eliminar a diversidade, mas trabalhar com ela de maneira construtiva, em busca de um bem comum que beneficie a todos os envolvidos. O amor, entendido como um reconhecimento da diferença e uma cooperação baseada na multiplicidade, representa, nessa perspectiva, um significativo vetor de transformações sociais e políticas.

Uma das principais características do movimento da multidão é sua mobilidade e flexibilidade, sua capacidade de adaptar-se a formas mutantes de repressão e desafiá-las. Esse movimento não se limita a um grupo específico, mas é formado por uma rede disseminada de lutas que se mantêm singulares, vinculadas a condições locais, ao mesmo tempo que compõem um rizoma, isto é, uma raiz com múltiplos bulbos e ramificações. As lutas pela paz, pela democracia, contra a pobreza e as desigualdades são objetivos que, na atualidade, exigem a formação de redes colaborativas. As colunas guerrilheiras dos dias atuais são caracterizadas pela utilização de redes de informação, comunicação e cooperação que

100. Ibid., p. 7.

tornam mais efetivas suas táticas de contrainsurgência. É assim que o novo ciclo global de lutas se organiza.

A inteligência da multidão é coletiva. Segundo Hardt e Negri, os pesquisadores de informática e áreas adjacentes usam o termo *inteligência de enxame* para se referir a métodos coletivos de solução de problemas sem controle centralizado. Essa forma de intelecto se baseia na comunicação e difere da inteligência puramente individual. Os movimentos políticos em rede utilizam abordagem semelhante, com a diferença de que, nesse caso, os agentes criativos colaboram sem abdicar de sua individualidade, e sem a necessidade de um modelo global único. O ataque em rede é semelhante ao ataque de um enxame, porém a rede é dotada de racionalidade e criatividade, diferentemente do automatismo do enxame. "Os membros da multidão não precisam tornar-se o mesmo ou abdicar de sua criatividade para se comunicar e cooperar entre eles."[101]

4.3.1. Dilemas da "multidão"

A descrição de Negri e Hardt tem o prodígio de nos fazer compreender não apenas as potencialidades dos movimentos sociais em tempos de tecnopolítica, mas também seus autoenganos, sua *ideologia* no sentido negativo do termo — aquele que nos fala de uma "falsa consciência". Isso porque, embora influente, a análise entusiasmada de Hardt e Negri revela-se por vezes desatenta aos limites e vulnerabilidades da nova forma social e política que definem como "multidão".

Em particular, a insistência na multiplicidade merece ser problematizada. Vivemos nos marcos de um desmesurado egoísmo societal. Com suas tendências socialmente desagregadoras, o neoliberalismo não se cansa de fabricar divisões e fragmentação. As redes são projetadas dentro dessa atmosfera ideológica mais ampla; sua arquitetura não apenas a reproduz como é um de seus vetores de realização. Abdicar do questionamento desse aspecto significa aceitar a fragmentação como produto natural da tecnologia. Tal atitude tem como efeito colateral reforçar o risco de

101. HARDT; NEGRI, 2005, p. 132.

isolamento trazido pela internet. Esse perigo não vem de hoje: já na época da televisão ele permeava as imagens de pessoas afundadas no sofá, isoladas diante da tela, alheias à vida pública que vicejava ao seu redor. As mídias sociais não necessariamente revertem, antes acentuam essa tendência.

A aceitação acrítica da dispersão subestima os processos coletivos de construção de identidades e significados. Pode acabar reduzindo a política ao resultado da ação estratégica de indivíduos nas redes, a qual muitas vezes acontece não como resultado de aspirações políticas maiores, mas como fator de uma "economia da atenção" fortemente influenciada pelo cálculo de interesses neoliberal. Para muito além disso, a política — isto é, a construção da vivência na pólis — requer a formação de identidades, confiança mútua, pontos em comum. Isso depende de laços sociais mais densos, formados na vida comunitária. Sem esses elementos, os movimentos populares podem não dispor da força necessária para alcançar seus objetivos. A falta de identidades profundas enfraquece e fragmenta a mobilização, restringindo-a a momentos de frenesi impotentes em proporcionar mudanças significativas. Por isso a proximidade física desempenha papel fundamental nos protestos, como vimos na tendência às ocupações semipermanentes dos espaços públicos. A comunicação nas ruas, através de assembleias, marchas alimentadoras etc., foi muitas vezes o que permitiu que os movimentos ganhassem maior amplitude e se tornassem genuinamente populares.

O automatismo das redes digitais não permite, por si mesmo, que esse esforço se desenvolva. Frequentemente as redes não levam à convergência, mas ao afastamento e, no limite, à demolição dos consensos que formam a base da esfera pública. Fortalecem inúmeras vezes não o entendimento mútuo, mas o ódio recíproco. Curiosamente, Hardt e Negri falam em "amor", mas esquecem que esse amor não pode ter como ponto de partida a afirmação de singularidades. Ainda que ele não implique a autoanulação, exige, sim, uma relativização do si em direção à indistinção no outro; exige uma afirmação da solidariedade irrestrita, do companheirismo ou, numa linguagem sintomaticamente estranha aos dias de hoje, da camaradagem.

Por importantes e promissoras que tenham se mostrado para o universo associativo, as redes sociotécnicas não são panaceia para os problemas da organização política. A descrição de Hardt e Negri corre o risco de idealizar o papel da multidão e das redes na política, ao indicar que elas seriam não apenas mais democráticas, mas também, por conta de seu caráter distribuído, mais capazes de resistir à cooptação. No entanto, em primeiro lugar, ao contrário do que pensam Hardt e Negri (e também, diga-se, Castells), as redes estão longe de ser um ambiente "simétrico", desprovido de hierarquias e escalonamentos. Ademais, os movimentos organizados em rede têm se mostrado, como vimos ao longo desta exposição, tão vulneráveis à cooptação e à sabotagem quanto as organizações centralizadas, ou até mesmo mais do que elas.

A verdade é que a ausência de estrutura e liderança pode tornar os movimentos menos eficazes em seus propósitos. Mas Hardt e Negri subestimam a importância da liderança e da organização centralizada na ação política, sugerindo que não seriam mais necessárias na era das redes. Seu horizontalismo confia de forma pouco cautelosa nas modernas tecnologias de informação e comunicação, as quais dispensariam estruturas de comando em favor de uma "inteligência de enxame". Entretanto, os impasses de muitos movimentos contemporâneos parecem indicar que a liderança, ainda que exercida sob novas formas — mais coletivas e flexíveis —, continua sendo um elemento imprescindível para a tomada de decisões e a coordenação de esforços coletivos.

Retomando a tradição maquiavélica do centauro, Hardt e Negri falam na soberania como um sistema de poder "bilateral e dinâmico", estabelecido necessariamente entre duas partes[102]. Os governantes dependem do consentimento dos governados. O poder soberano deve exercer, além da força, a liderança intelectual e moral sobre os governados, provocando, além do medo, a dedicação, o respeito, a obediência e até o entusiasmo. Os autores falam em "relação dialética" entre os dois polos da soberania, mas essa "dialética" muitas vezes se reduz à figura pobre de uma

102. HARDT; NEGRI, 2005, p. 416.

antinomia indissolúvel entre governantes e governados, com ausência de conexões e transições entre os dois polos, à medida que um jamais se converte no seu oposto. Essa relação antinômica não tem solução nos marcos propostos de uma dispensa do exercício do poder soberano por parte dos governados, com estes últimos se bastando a si próprios nas tarefas de construção da nova vida. Dado que a multidão não é um corpo social íntegro e não se submete à égide do uno, essa multiplicidade não pode tomar decisões pela sociedade. "A multidão não pode ser soberana", afirmam Hardt e Negri[103].

É nessa cisão — tantas vezes não reconhecida — entre o uno e o múltiplo, como também na ausência de transições efetivamente dialéticas entre ambos, que se encontra a essência do fracasso de tantos movimentos promissores da contemporaneidade. "Os governantes tornam-se cada vez mais parasitários e [...] a soberania torna-se cada vez mais desnecessária. Da mesma forma, os governados tornam-se cada vez mais autônomos, capazes de formar uma sociedade por conta própria."[104] Ora, essa autonomia dos governados não pode se estabelecer em si ou por si mesma. Desatenta ao polo da soberania estatal, não passa de miragem autonomista.

No fundo, o que temos aqui, novamente, é a aceitação acrítica de pressupostos afirmados a todo momento pela globalização neoliberal. Hardt e Negri concebem a multidão como contraparte de um *Império* desterritorializado e descentrado. Porém, se a multidão é apenas "o outro lado da moeda", não chega a ser autêntica superação. Se se limita a afirmar o mesmo pressuposto de um "mundo sem fronteiras", cuidando apenas de inverter-lhe o sinal, enquanto reitera a ilusão cosmopolizante, não representa verdadeiro antagonista. Esse foi, como vimos anteriormente, um dos limites dos movimentos antiglobalização.

A "reorganização" da sociedade civil não pode se dar a partir da negação dos Estados nacionais democráticos e soberanos, nem a partir de uma atitude teórica que termina por reiterar a fragmentação de identidades e a dispersão de interesses. Em tempos

103. HARDT; NEGRI, 2005, p. 414.

104. Ibid., 2005, p. 421.

de pós-modernidade, muito se tem afirmado a emergência de uma "nova" sociedade civil baseada na atomização, processo que teria levado ao descrédito das "metanarrativas", as quais, a exemplo das grandes abordagens políticas e filosóficas, não passariam de discursos de legitimação. Agora cada um veria o mundo do seu jeito, a partir de sua própria lógica. Nesse ambiente instável e movediço, qualquer tentativa de compreensão global das coisas teria se tornado fantasiosa.

> *A função narrativa perde seus atores (functeurs), os grandes heróis, os grandes perigos, os grandes périplos e o grande objetivo. Ela se dispersa em nuvens de elementos de linguagem narrativos, mas também denotativos, prescritivos, descritivos etc., cada um veiculando consigo validades pragmáticas sui generis. Cada um de nós vive em muitas destas encruzilhadas. Não formamos combinações de linguagem necessariamente estáveis, e as propriedades destas por nós formadas não são necessariamente comunicáveis.*[105]

Ora, a descrição feita por Lyotard de individualidades caóticas, marcadas pela fluidez e pela instabilidade, antecipa em décadas a abordagem de Hardt e Negri. Esta última exibe, entretanto, tinturas indisfarçavelmente apologéticas, à medida que essas "subjetividades fluidas, líquidas e móveis aparecem como *loci* de liberdade, como se a singularidade delas fosse um atributo natural e não, ela própria, um elemento imposto, inscrito e tecnologicamente gerado a serviço do capitalismo".[106] De onde se depreende que a verdadeira transformação não virá da reafirmação do coletivo como mero somatório de individualidades. É esse o limite da abordagem autonomista.

---

105. LYOTARD, Jean-François. *A condição pós-moderna*. Rio de Janeiro: José Olympio, 2009. p. XVI.

106. DEAN, Jodi. *Multidões e partido*. Tradução Artur Renzo. São Paulo: Boitempo, 2022. p. 84.

4.4. Movimento de massas, programa político e forma partido

Como vimos anteriormente, movimentos como o Junho de 2013 apresentam uma amplitude de ideias e valores que os torna atrativos para inúmeras pessoas. Esses movimentos comportam múltiplas correntes de opinião nem sempre convergentes. Devido à sua natureza difusa, apresentam as mais variadas demandas e propostas, mas nunca assumem caráter programático. Isso dificulta a adoção de modelos de organização mais definidos, a escolha de lideranças formais e a própria construção de consensos estratégicos. Essa é a força desses movimentos, da qual deriva seu alto poder de sedução. Mas é também sua fraqueza, já que seus objetivos são indefinidos. Cada passo fica sujeito a deliberações *ad hoc* — o que facilita, aliás, mudanças oportunistas de rota. O escopo de sua atuação acaba restrito, dessa forma, a uma mudança de valores, muitas vezes sem alcançar nem mesmo êxitos eleitorais, já que a política institucionalizada requer um componente organizativo recusado pelos próprios ativistas — temerosos da captura pelas "teias" do sistema político. Porém, é precisamente a ausência de definições políticas e organizativas que faz com que esses movimentos se dissipem rapidamente, perdendo a centralidade que lograram obter e tornando-se vítimas fáceis da própria institucionalidade política.

A fluidez é uma característica organizativa e política de movimentos como o Junho brasileiro. O processo muitas vezes é mais importante do que a meta final. "A luta não é por justiça, mas a justiça é a própria luta", define Cocco[107]. Essa fluidez pode ser vista como uma vantagem que favorece a participação. No entanto, para terem sucesso, os movimentos precisam transcender a fragmentação de demandas e alcançar visão mais totalizante acerca de suas próprias lutas. O mero somatório de demandas atomizadas precisa dar lugar a uma síntese que estabeleça um sentido de equivalência entre demandas várias. Precisa dar

---

107. COCCO, Giuseppe. Introdução: a dança dos vagalumes. In: CAVA, Bruno; COCCO, Giuseppe (Org.). *Amanhã vai ser maior: o levante da multidão no ano que não terminou.* São Paulo: Annablume, 2014. p. 20.

lugar a um programa — mesmo que mínimo — capaz de garantir unidade de ação e sentido de futuro. Sem programa, a ação se torna estéril, espontânea e individual. Passa a ser movida exclusivamente por fatores emotivos, quase passionais. Não pode haver verdadeira transformação sem a fusão entre programa político e energia das massas. Essa fusão é garantida pelo programa e pela organização partidária.

Como afirma Dean, "o partido é um corpo capaz de carregar a descarga igualitária depois da dispersão das multidões, canalizando sua promessa divisiva de justiça em uma luta política organizada".[108] No entanto, é precisamente esse o tipo de organização que mais sofre questionamentos. Na sociedade atual, baseada na diversidade de grupos de interesse e identidades sociais, não haveria mais espaço para projetos globais como aqueles encarnados nos partidos políticos. Essa perspectiva engendra um hiato entre partidos e entidades de representação, de um lado, e os "novos movimentos sociais", de outro. Estes últimos, baseados na ideia de "multidão", seriam "autônomos", "descentralizados", "autogestionados" e "não hierárquicos" (horizontais). Já os partidos e outras entidades ditas "tradicionais" seriam "burocráticas" e constituídas de estruturas verticalizadas ("totalitárias"). Além disso, por supostamente funcionarem "dentro da lógica do sistema", seriam impotentes para romper com o *status quo*. Os partidos progressistas representariam, nessa perspectiva, um setor "institucionalizado" da organização popular, supostamente interessado apenas na busca de espaços na gestão do capitalismo. Essa concepção representa, na verdade, uma crítica aos que não se contentam com o "movimento pelo movimento" e lutam pelo poder político, por entenderem que não é possível atuar com êxito na arena internacional e combater o imperialismo sem ter nas mãos o poder dos Estados democráticos e soberanos.

O próprio desenrolar das manifestações de 2013 mostrou o quão estéril é a oposição entre "novos" movimentos e organizações ditas "tradicionais". Quando os setores conservadores adentraram as manifestações portando o surrado discurso antipolítica — travestido de novidade —, o MPL viu-se forçado a dialogar

108. DEAN, 2022, p. 17.

com as organizações da esquerda "tradicional" a fim de atuarem conjuntamente para garantir um desfecho razoável para os protestos.[109] Esse fato fala por si só: os movimentos e organizações da sociedade civil não podem ser classificados por idade, mas apenas por orientação política. Há movimentos progressistas e movimentos conservadores, assim como há partidos progressistas e conservadores. Não pode haver dicotomia ou oposição inexorável entre partidos e movimentos de um mesmo campo. São formas com papéis distintos, porém complementares. O gigantesco empreendimento da resistência antineoliberal requer a participação de todos: partidos, sindicatos, entidades populares, redes e ONGs, no quadro de um pluralismo orgânico que não pode ser tolerado apenas quando não implica a subversão da ordem.

4.4.1. Consciência e espontaneidade no movimento transformador

Vladímir Ilitch Lênin, um dos maiores revolucionários de todos os tempos, deu grande contribuição ao movimento socialista ao pensar a relação entre o elemento consciente das lutas e a espontaneidade das massas. Dizia ele que as massas, por elas mesmas, não podem chegar senão ao nível das lutas economicistas por reivindicações imediatas. A revolução, porém, exige mais do que a luta econômica (por salários, terra, empregos etc.). Ela exige que a luta do povo assuma uma dimensão político-programática, estrategicamente consciente. Sem que as lutas de resistência assumam essa dimensão política maior, elas correm o risco de ser fagocitadas pelo sistema, hábil em transformar bandeiras contra-hegemônicas e energias mudancistas em pilares e andaimes do próprio sistema. Ou seja: abandonado à própria espontaneidade, o movimento de massa se torna presa fácil da ideologia dominante.

109. A coisa estava tão difícil que, na reunião entre o MPL e as demais organizações e partidos da esquerda "tradicional", José Maria de Almeida, então presidente do PSTU — partido surgido de uma renhida dissidência do PT — foi encarregado de fazer a defesa do PT na manifestação paulista de 20 de junho. A tarefa foi prontamente aceita (LOCATELLI, 2013).

O desafio, portanto, está em ajudar os movimentos de resistência a superar seu horizonte de reivindicações parciais e circunscritas, rompendo com o reformismo com que as forças hegemônicas tentam mantê-los domesticados. Para isso, é necessário trazer todas as forças e grupos contra-hegemônicos para o movimento político-democrático conjunto, munido de um programa mínimo comum. Isso requer definições que não podem ser tomadas sem uma organização concreta — com suas hierarquias e disciplina. Afinal de contas, como já apontavam tanto Lênin quanto Gramsci, a luta política tem uma dimensão militar irrecusável.

Na visão leninista, os trabalhadores não devem esperar o momento revolucionário emergir das crises do sistema capitalista. Eles devem ser ativos em fomentar as contradições e conduzir o rumo dos acontecimentos. Como destacaria mais tarde Gramsci em sua crítica ao economicismo, "a ruptura do equilíbrio das forças não ocorre por causas mecânicas imediatas de empobrecimento do grupo social que tem interesse em romper o equilíbrio e de fato o rompe, mas sucede no quadro dos conflitos superiores ao mundo econômico imediato".[110] As relações entre crise econômica e mudança política são complexas; mesmo uma crise de grandes proporções não necessariamente leva, por si mesma, a uma solução socialista consequente. Pelo contrário: como hoje o sabemos, pode facilmente conduzir aos horrores do fascismo.

Ciente dos limites da espontaneidade, Lênin vai destacar como solução o incremento do papel da organização revolucionária como fator decisivo para a luta transformadora. De acordo com sua análise, a classe operária estava sujeita à sociedade burguesa não só econômica e politicamente, mas também no plano da consciência. As ideias preconcebidas associadas à ordem dominante penetravam — como, aliás, já o haviam indicado Marx e Engels — na consciência operária de forma profunda.[111] Por isso o líder bolchevique via na luta de ideias um aspecto essencial da

110. GRAMSCI, 1977, p. 1587, tradução nossa.

111. MARX, Karl; ENGELS, Friedrich. A ideologia alemã (Feuerbach). In: ______. *Obras escolhidas*. Lisboa: Avante!, Moscou: Progresso, 1982. v. 1, p. 4-75.

______. *O manifesto comunista*. Rio de Janeiro: Paz e Terra, 1996.

luta política de classes. As ideias, contudo, não brotam espontaneamente, sobretudo no seio da classe trabalhadora, sujeita às poderosas pressões impostas pela força do ideário burguês.

A fim de construir anteparos a essas pressões, o proletariado deve desenvolver sua própria ideologia. Como argumenta Lênin,[112] essa ideologia não se constrói do nada: tem como fundamento, de um lado, a experiência social e política vivida e, de outro, a herança cultural que precisa ser apropriada de maneira crítica[113]. Tendo em mente essas formulações, ele conclui que "não pode haver movimento revolucionário sem filosofia revolucionária"[114]. Essa constatação deveria se traduzir em esforços diários de propaganda que embasassem a revolução, considerando, é claro, condições locais e nacionais. Esses esforços só poderiam ser conduzidos por uma organização de vanguarda. Não por acaso, em *O que fazer?*, Lênin assevera: "Só um partido guiado por uma teoria de vanguarda pode desempenhar o papel de combatente de vanguarda."[115] A teoria e prática do partido revolucionário superou o determinismo econômico então em voga, destacando a iniciativa do sujeito como elemento indispensável do processo revolucionário.

As teorias de Lênin assumem grande importância em nossos dias, quando se volta a falar, à moda do reformista Bernstein, em "espontaneidade", embora essa ideia se apresente a partir de termos novos, como *horizontalidade* e outros, a sugerir o esgotamento do que vem sendo chamado de "organizações políticas tradicionais". Como no tempo de Lênin, muitas dessas ideias não fazem mais do que reverberar modalidades de liberalismo crítico

---

112. LÊNIN, Vladímir Ilitch. *As tarefas das uniões de juventude*. In: ______. *Obras escolhidas em três tomos*. Lisboa: Avante!; Moscou: Progresso, 1982b. v. 3, p. 386-397.
______. *Sobre a cultura proletária*. In: ______. *Obras escolhidas em três tomos*. Lisboa: Avante!; Moscou: Progresso, 1982c. v. 3, p. 398-399.

113. AZEVEDO, Fábio Palácio de. *O leninismo em face da tradição: problemas da herança cultural na perspectiva do materialismo histórico*. In: BARROSO, A. Sérgio (Org.). *Lênin: presença da revolução*. São Paulo: Anita Garibaldi; Fundação Maurício Grabois, 2017. p. 229-260.

114. LÊNIN, Vladímir Ilitch. *Que fazer?: problemas candentes do nosso movimento*. In:______. *Obras escolhidas em três tomos*. Lisboa: Avante!; Moscou: Progresso, 1981e. v. 1, p. 96-97.

115. Ibid., p. 97.

— que podem até dar conta de reformas nos marcos do sistema, mas são impotentes para transformações de fundo.

Na oposição metafísica, e em larga medida demagógica, entre "consciência" e "espontaneidade" ou, para empregar linguagem mais atual, entre "verticalidade" e "horizontalidade" — como se uma dispensasse a outra — reside o calcanhar de aquiles de muitos movimentos críticos e iconoclastas que pontificaram na história recente, seja no Brasil, seja em outras partes do mundo. Sem orientação política clara e consequente, esses movimentos comportam-se como autênticos "meteoros": brilham intensamente, mas de forma efêmera, sucumbindo rapidamente às forças do *status quo*.

4.4.2. Redes, horizontalismo e novas formas de liderança

Nos últimos anos ganhou força o discurso segundo o qual movimentos como o Junho de 2013 teriam desmentido a suposição arraigada de que a ação política requer um programa previamente formulado e estruturas centralizadas e verticalizadas capazes de organizar a luta por esse programa. Esse discurso está a requerer uma análise atenta, que passa não apenas por um balanço dos resultados desses movimentos, mas também pela verificação de até que ponto o discurso da "ausência de líderes" corresponde às práticas que pretende inspirar. É preciso avaliar se há coerência entre o que se predica e o que se pratica. Em que medida manifestações como aquelas de junho de 2013 podem ser de fato consideradas como "desprovidas de lideranças"?

É certo que esse tipo de movimento não conta com líderes nos moldes tradicionais, isto é, não é organizado e comandado a partir do tipo de liderança que Weber chamou de *carismática*.[116] No entanto, todo movimento implica uma delegação de funções. Embora esse processo possa ser mais ou menos explícito, há, em qualquer caso, porta-vozes, facilitadores, moderadores, elaboradores, indivíduos encarregados de tarefas logísticas.

116. WEBER, Max. *A política como vocação*. Tradução Maurício Tragtenberg. Brasília: Editora UnB, 2003.

E há, também, o tipo de trabalho de agitação e coordenação feito por equipes de mídias sociais. Por mais que se opte por não qualificar essas pessoas como "líderes", as funções por elas executadas atestam a presença de relações genuinamente assimétricas nos processos de mobilização. Tais assimetrias são eclipsadas pela ideologia do horizontalismo.

Quando se opta por não problematizar a questão da liderança, adotando o discurso irrealista de que não há líderes ou formas centralizadas de governança, de que todas as cabeças e vozes são iguais não apenas em direitos, mas em experiência, capacidades e responsabilidade, pode-se acabar fortalecendo a penetração, no movimento, de ideias do senso comum — e sabemos que as ideias dominantes são as ideias dos grupos hegemônicos. Não pôr em questão o problema da liderança tem ainda outros efeitos colaterais. Pode levar à aceitação de formas oportunistas de liderança que não se reconhecem como tais. Isso inclui grupos baseados na amizade ou na afinidade, que costumeiramente se transformam em centros de poder informais. Pessoas que exercem, na prática, funções de liderança podem se aproveitar da ausência de controles para usar o movimento em proveito próprio, angariando vantagens pessoais que passam despercebidas. Isso vai desde o porta-voz despojado que se aproveita de sua condição para se tornar uma subcelebridade *web* até pessoas que, protegidas pelo discurso do horizontalismo, aproveitam-se de tarefas de moderação e elaboração a fim de traficar interesses e visões próprias para dentro do movimento. Na ausência de lideranças declaradas, esses interesses e visões serão vistos como tendo brotado espontaneamente do próprio movimento.

Nesse sentido, podemos afirmar, o que deturpa o associativismo civil não é a existência de líderes, mas, ao contrário, a ideologia de que "não há líderes". Essa ideologia desarma os movimentos não apenas internamente, na medida em que impede formas de controle do exercício de funções, mas também externamente, pois impede a percepção de como agentes externos ao movimento, inclusive adversários, se infiltram e passam a ditar-lhe os passos. Como observa Secco, "aqui reside a apropriação farsante da atuação do autêntico MPL, pois os locutores daqueles que expulsaram as esquerdas das ruas são invisíveis. Seu palanque é [*sic*], entre outros, os programas da cobertura televisiva."[117] De fato, havia mais atores invisíveis dando as cartas em 2013 do que por vezes imaginamos; esses atores não se utilizavam apenas dos palanques televisivos, mas também dos coretos virtuais que ecoam vozes influentes na internet.

Evidentemente, o anseio de que todos tenham igual protagonismo é justo e legítimo, mas precisa ser purificado do individualismo metodológico amplamente disseminado nos marcos da ambiência neoliberal. Uma igualdade absoluta entre indivíduos não passa de abstração quando se desconsidera que ela só é possível se mediada pelos mecanismos da organização coletiva. Essa organização, por outro lado, não está garantida nas redes *per si*. A própria arquitetura algorítmica das redes embute elementos de uma discursividade que propaga o egoísmo e o pragmatismo neoliberal.

A verdade é que jamais aconteceu algo como um "fim da liderança". Isso seria impossível nos marcos da sociedade em que vivemos, eivada de desigualdades e assimetrias, coalhada de centros de poder. O que ocorre, com o advento das redes sociotécnicas, é o surgimento de novos métodos de exercício da autoridade. A nova morfologia da liderança é menos uma questão de "dar ordens" do que de se somar a um caudal de influência persuasiva construído coletivamente a partir de múltiplos centros. Gerbaudo fala em formas de liderança "suaves", "líquidas" ou "flexíveis".[118] Essas novas formas muitas vezes não se fazem visíveis, o que confere ao discurso da "ausência de líderes" um aspecto de autoevidência. No entanto, o que acontece frequentemente não é que os líderes evaporaram, mas que a real direção do movimento saiu do campo de visão dos participantes.

Buscando entender as transformações trazidas ao ativismo social e político pelas mídias digitais, Gerbaudo teoriza que as modernas ferramentas interativas são elementos mediadores de

117. SECCO, 2013. p. 72.

118. GERBAUDO, 2021. Na visão desse autor, as ocupações semipermanentes de espaços públicos seriam uma forma de compensar, através do estabelecimento de pontos focais, a liquidez da liderança.

ações públicas. Para entender como se dá esse processo de mediação, ele criou o termo *coreografia de assembleia*, que seria um "processo de construção simbólica do espaço público que facilita e orienta o *encontro* físico de um ativismo disperso e individualizado"[119]. Esse processo envolve a criação de um "cenário" e um "roteiro emocional" que contribuem para forjar unidade na diversidade, através da construção de um "sentido de comunalidade entre os participantes, essencial para a mobilização de um ativismo espacialmente disperso e socialmente diverso"[120]. Para o autor, a adoção das mídias sociais como ferramentas destacadas da mobilização social

> *não resulta só numa situação de espontaneidade absoluta e participação desenfreada; pelo contrário, administradores influentes do Facebook e tuiteiros ativistas se tornam "líderes suaves" ou coreógrafos envolvidos na criação da cena e na construção de um espaço emocional dentro do qual a ação coletiva pode se dar.*[121]

A coreografia de assembleia envolve dois momentos. O primeiro é de agregação simbólica, através da escolha de pautas e da criação de simbologias e palavras de ordem. O que temos aqui é uma fase de detecção de afinidades que resulta na construção de uma identidade comum. Esse processo gera acúmulo para o momento seguinte, em que a identidade política condensada no momento anterior se precipita nas ruas e demais espaços públicos. Na primavera egípcia os dois momentos surgem bem demarcados. Já nas manifestações brasileiras de 2013 a etapa de agregação simbólica foi realizada na primeira fase do movimento, quando o MPL comandava as ações nas ruas. Mas esse processo não cessou para dar lugar ao momento seguinte. Continuou ocorrendo enquanto o movimento se massificava, e deu ensejo a mutações semânticas que iam desviando sutilmente a mobilização de seus objetivos iniciais.

---

119. GERBAUDO, 2021, p. 41-42.

120. Ibid., p. 55.

121. Ibid., p. 42.

Embora as manifestações de junho de 2013 sejam frequentemente definidas como "um movimento sem líderes", cabe notar que, curiosamente, o céu de Junho assistiu, ao longo de sua evolução diária, ao despontar de lideranças políticas e orgânicas, à esquerda e à direita. Muitas delas se tornariam, em período posterior, bastante influentes nas redes. Esse fato denuncia a existência de uma confusão talvez propositada: o fato de um movimento ter caráter radicalmente participativo não significa que não abarque formas hierárquicas — ainda que implícitas — e métodos de exercício da liderança. Afinal, ainda que o movimento se proclame horizontal, ele necessita de algum *script* — mesmo que esse *script* seja aberto tanto em sua escrita quanto em sua encenação.

4.4.3. Autonomia e autonomismo

Conforme expusemos no início do capítulo 2, após a derrota estratégica sofrida pelas forças de esquerda, com o fim do bloco socialista no final do século passado, as lutas sociais adentram um período de renascimento. Essa "renascença" é, literalmente, um recomeço. Como parte desse processo, os movimentos de resistência revisitam, ainda que com novos elementos, antigas formas de pensamento e práticas de luta.

As articulações associativas deste início de século XXI — dos movimentos antiglobalização à segunda onda — se organizam em torno de algumas ideias chave extraídas do ideário progressista. Talvez a principal delas seja a noção de *autonomia*. Essa ideia já se encontrava inscrita nas teorizações do Iluminismo liberal. Sua formulação paradigmática pode ser encontrada na obra do filósofo alemão Immanuel Kant (1724-1804). Em sua *Fundamentação da metafísica dos costumes*, ele afirma que a lei moral a que o ser humano obedece, ou seja, a lei racional que faz surgir no homem o dever moral, tem origem na sua própria vontade. O princípio supremo do dever, chamado por Kant de *imperativo categórico*[122], fundamenta-se, em última instância, na autonomia

122. O imperativo categórico é uma lei prática universal à luz da qual devem ser julgadas as máximas que norteiam a conduta humana. O imperativo tem várias formulações, sendo a primeira e mais conhecida delas o "age apenas segundo uma máxima tal que possas ao mesmo

da vontade, que se afirma em oposição à heteronomia da vontade — isto é, a vontade determinada por móbiles exteriores à razão.

Isso quer dizer que o ser humano está sujeito à lei moral da qual, não obstante, é autor. Como afirma Kant em trecho paradigmático da visão iluminista, "a vontade não está pois simplesmente submetida à lei [moral], mas sim submetida de tal maneira que tem de ser considerada também como *legisladora ela mesma*, e exatamente por isso e só então submetida à lei"[123]. Depreende-se desse arrazoado que todas as máximas de ação que não puderem adequar-se à lei moral suprema (o imperativo categórico) devem ser rejeitadas não somente pela subordinação à lei, mas, antes, porque a vontade humana é, ela própria, legisladora. A vontade é livre para adequar-se à lei que ela reconhece como resultante das determinações da razão prática — aquela que estabelece *a priori* os princípios puros capazes de nortear a ação humana.[124] A formulação kantiana estabelece assim a liberdade e a autodeterminação como fundamentos da moralidade, isto é, da conduta e dos costumes humanos.[125]

Como observa Gramsci, os princípios iluministas — entre eles as ideias de liberdade e autonomia — serviram de base para movimentos de reforma intelectual e moral liderados pela

---

tempo querer que ela se torne lei universal" (KANT, Immanuel. *Fundamentação da metafísica dos costumes*. Tradução Paulo Quintela. Lisboa: Edições 70, 2009. p. 62).

123. KANT, 2009, p. 77.

124. Dessa maneira, é possível pensar um mundo puro inteligível, feito de máximas de ação que se espelham na lei moral e que estabelecem um tipo de legislação completamente diferente das leis do mundo natural. A vontade humana é livre e autônoma para agir de acordo com as leis desse mundo inteligível, composto de princípios puros. Mas como pode uma vontade ser livre e, ao mesmo tempo, encontrar-se condicionada por leis? Ora, quanto mais se acha uma vontade determinada pelas leis da liberdade, tanto mais ela se encontra livre das contingências da necessidade natural. Esta seria a verdadeira autonomia, o agir conforme leis universais constantes de um reino das finalidades — um mundo plenamente humano e racional. Por pertencer ao reino do inteligível e se orientar pelas máximas da liberdade, o homem afasta-se das limitações e unilateralidades determinadas por sua natureza sensível para ingressar na racionalidade do mundo inteligível, circunscrevendo-se à esfera da moralidade (CAPOVILLA, Cristiano; PALÁCIO, Fábio. *Acerca da justificação metaética dos juízos na Fundamentação da Metafísica dos Costumes*, de Kant. In: FAÇANHA, Luciano da Silva; CARVALHO, Zilmara de Jesus Viana (Org.). *Rousseau, Kant e diálogos*. São Luís: Edufma, 2019. p. 223-260).

125. CAPOVILLA; PALÁCIO, 2019.

burguesia revolucionária.[126] Tais iniciativas reformistas encontram-se bem representadas no maxi-empreendimento que foi a *Encyclopédie*. As ideias ilustradas sobreviveriam após o *Siècle des Lumières*, flutuando difusamente entre setores sociais que, após a Restauração, perdem privilégios e começam a empobrecer. Assim, aquilo que um dia fora a ideologia da burguesia ascendente "descai" da alta cultura para o senso comum das massas, passando a compor o húmus da cultura popular, num processo que confirma o caráter bem-sucedido dos movimentos burgueses de reforma intelectual.

Com essa progressiva penetração no imaginário popular, teoriza Gramsci, aquilo que um dia foram as ideias revolucionárias do Iluminismo — ele se refere especificamente ao voltairianismo, mas a afirmação é extensível a outras vertentes da Ilustração — torna-se uma ideologia utópica vagamente socialista, a primeira que será adotada pelo proletariado quando de seu surgimento.[127] Não podia ser diferente: essa era a única ideologia transformadora então disponível. E é assim que o caldo de cultura popular no qual se encontram dissolvidos princípios iluministas — em uma confusa bricolagem com ideias de sua contraparte romântica — dará origem ao socialismo em seu formato primitivo, ainda distante da condição de teoria científica. Esse socialismo primordial compreende mais uma ética espontânea do que uma política racional. Uma de suas primeiras tentativas de racionalização virá com a corrente teórico-política denominada *anarquismo*.

Como parte desse processo, a ideia de autonomia sofrerá metamorfoses, passando a assumir expressões radicais no interior dos movimentos de contestação do final do século XIX e início do século XX, período de grande influência do anarquismo no movimento operário. Essa corrente absorveu a noção de autonomia, conferindo-lhe um sentido coletivista e menos moral do que político. A ideia foi tomada como fonte de oposição à autoridade do Estado, contra a qual os anarquistas se voltavam ferinamente. O anarquismo propunha, de fato, uma abolição da soberania estatal sem maiores mediações políticas: a autoridade soberana

126. GRAMSCI, 1977.

127. Ibid.

devia ser derrubada através de uma "ação direta" que implementaria, no lugar do Estado, formas de democracia em que cada um representa a si próprio, no âmbito de comunidades autônomas voltadas à criação de novas formas de vida. Ao contrário do que postula o marxismo, contudo, essas novas formas de vida não são construídas *no seio* mesmo da velha sociedade, mas *a par* dela. Configuram, assim, não uma nova sociedade que brota a partir da velha sociedade, mas uma *comuna alternativa*, que, ainda prefigurando a nova sociedade, coexiste, entretanto, com a velha, demarcando-se dela a partir de critérios territoriais.

Ora, não é difícil visualizar o quanto essa estratégia vem orientando os movimentos contra-hegemônicos neste início de século XXI. Do neozapatismo aos acampamentos e ocupações semipermanentes, a ideia de comunidades autônomas está sempre à espreita. A autonomia perde, aqui, o sentido individualista próprio de formulações paradigmáticas do Iluminismo. Como lembra Castells, autonomia não se confunde com individuação; trata-se de um conceito de maior amplitude, pois "pode se referir a atores individuais ou coletivos. Autonomia refere-se à capacidade de um ator social tornar-se sujeito ao definir sua ação em torno de projetos elaborados independentemente das instituições da sociedade, segundo os seus próprios valores e interesses"[128].

O autonomismo favorece, nesses movimentos, uma oposição que não é apenas à ordem dominante e aos tipos de autoridade que dela emanam; para além disso, o que se percebe é uma oposição à autoridade em si mesma, que se traduz na recusa a quaisquer formas de submissão a automatismos institucionais. Essa contraposição ao poder soberano carrega sempre, pendurada sob a cabeça, a espada de Dâmocles da antipolítica. Pois a ideia de que a atividade política representa rendição ou obediência cega às instituições transita facilmente da negação do Estado para a recusa de partidos, programas e da própria organização política, posta sempre sob suspeita.

A oposição a toda forma de autoridade se liga estreitamente às noções de democracia direta e ação direta. O termo *direto* tem, nesse caso, um sentido de "faça você mesmo" que antagoniza

128. CASTELLS, 2013, p. 172.

todas as formas de mediação — sejam elas econômicas, políticas, culturais ou midiáticas. É assim que brotam, associados aos novos movimentos, projetos de economia alternativa, práticas de deliberação autônoma, narrativas "desintermediadas", ações diretas de resistência. Tudo isso tem como pano de fundo teórico-ideológico o princípio da autonomia. Ele se traduz, aqui, numa luta contra a heteronomia que provém da autoridade, em particular aquela do *Leviatã* estatal. Nessa batalha, aqueles que foram subtraídos do poder de decisão o repõem utilizando o material biopolítico de seus próprios corpos. É o que fazem os grupos *black blocs*, com suas táticas de ação direta que resgatam antigas práticas utópico-anárquicas, muitas delas configurando formas contemporâneas de *ludismo*[129]. "Do mesmo jeito que os revolucionários parisienses de julho de 1871 pensavam que, atirando contra os relógios murais, poderiam parar o tempo das máquinas e das manufaturas, eles pensam hoje em destruir a ciranda das finanças atacando os caixas eletrônicos dos bancos."[130]

Ocorre que, após a derrota estratégica da perspectiva socialista, com o fim do bloco soviético, vivemos uma busca eclética de novos caminhos, numa tendência que acompanha certa diáspora do campo contra-hegemônico. As lutas sociais se distanciaram do marxismo como referência teórica principal. Esse abandono, contudo, não conduziu a algo mais avançado do que o marxismo, mas a uma espécie de regressão ideológica que resulta na retomada da "sopa primitiva" que caracterizou, nos séculos XVIII e XIX, a formação primordial da ideologia operária. No afã de encontrar novas saídas, revisitam-se antigas concepções, muitas delas já superadas historicamente. Compõe esse fenômeno o refluxo de visões moralistas da política que regridem não apenas em relação ao marxismo, mas, às vezes, até mesmo em relação ao esteio mais amplo do realismo político inaugurado com Maquiavel.

A retomada do ideário anarquista é visível não apenas nas práticas dos movimentos contra-hegemônicos deste início de século. Ela também comparece nas interpretações acerca do sentido

129. Movimento de trabalhadores que pensavam poder se opor à exploração destruindo máquinas e instrumentos de trabalho nos primórdios da Revolução Industrial.

130. COCCO, 2014, p. 33.

desses movimentos. A ideologia libertária própria das correntes anarquistas impregna as páginas de autores como Hardt e Negri,[131] produzindo explicações para a morfologia dos movimentos de contestação que vicejam no século XXI, mas também leituras idiossincráticas sobre outras vertentes de pensamento político, como é o caso do marxismo. Ao que tudo indica, essas leituras tentam incorporar o prestígio intelectual do marxismo, depurando-o, contudo, daquilo que seriam "excessos" indesejáveis. O trecho abaixo é um exemplo disso. Nele podemos encontrar uma visão sobre o marxismo realizada a partir de pressupostos autonomistas que lhe são estranhos.

> *No passado, a destruição da soberania era o núcleo central da concepção comunista e anarquista de abolição do Estado. Em O Estado e a revolução, Lênin renovou teoricamente a concepção de abolição do Estado, assim como os sovietes tentaram reinventá-lo na prática durante o período revolucionário. O Estado era considerado o lugar primordial da soberania, posicionando-se acima da sociedade, transcendente, bloqueando a expressão democrática. Hoje a multidão precisa abolir a soberania em nível global. É o que significa para nós o lema "Um outro mundo é possível": que a soberania e a autoridade devem ser destruídas. O que Lênin e os sovietes propuseram como objetivo da atividade insurrecional de uma vanguarda de elite, contudo, deve expressar-se hoje através do desejo de toda a multidão.*[132]

Impressiona como um trecho curto pode conter tamanho amontoado de equívocos e imprecisões sobre o marxismo e a obra de Lênin. Em primeiro lugar, não se pode colocar no mesmo balaio o comunismo e o anarquismo. São ideologias políticas que não convergem na tática e, em larga medida, também não na estratégia. Não foi à toa que Marx se bateu contra as concepções anarquistas nos debates da I Internacional; não foi por acaso que

131. HARDT; NEGRI, 2005.

132. HARDT; NEGRI, 2005, p. 442.

se dedicou, exitosamente, a desconstruí-las. É certo que comunistas defendem, tanto quanto anarquistas, a abolição (ou extinção, como preferem alguns) do Estado. Mas essa extinção só se daria no longo prazo, como resultado de um continuado processo de mediações políticas. Hardt e Negri[133] afirmam que Lênin defendeu a abolição do Estado, mas esquecem que ele sustentou também, dialeticamente, o fortalecimento da soberania estatal, sob o comando dos trabalhadores, como caminho para a própria extinção do Estado.

Além disso, não é correto, do ponto de vista do marxismo, afirmar que o Estado, em qualquer caso, bloqueia a expressão democrática. Sob o comando das maiorias trabalhadoras, ele é a expressão mais avançada de democracia. Por outro lado, Lênin[134] não propôs apenas a extinção do Estado; ele advogou a extinção da própria democracia, definida — desde Aristóteles, diga-se[135] — como uma forma de poder político e, portanto, de organização estatal. Além disso, Lênin nunca propôs que a atividade revolucionária se realizasse apenas por meio de uma "vanguarda de elite", ao contrário: sempre insistiu em que a revolução é obra do povo, e que o papel das vanguardas políticas, por importante que seja, não pode jamais substituir a iniciativa criadora das massas. Por fim, é completamente questionável que o lema altermundista "Um outro mundo é possível" seja um brado contra "a soberania e a autoridade". Ele pode até significar isso, desde que lido sob as lentes romântico-utópicas das correntes ditas libertárias.

4.4.4. Lênin manda lembranças

Assim como Marx e Engels, também Lênin foi duro crítico das vertentes anarquistas. Em notas redigidas no ano de 1901, ele as acusa de jamais terem produzido, ao longo de 40 anos de hegemonia no movimento operário, resultados que fossem além da

133. Ibid.

134. LÊNIN, Vladímir Ilitch. *O Estado e a revolução: a doutrina marxista sobre o Estado e as tarefas do proletariado na revolução*. In: ______. *Obras escolhidas em três tomos*. Lisboa: Avante!; Moscou: Progresso, 1981d. v. 2., p. 219-304.

135. ARISTÓTELES. *Política*. 2. ed. Brasília: Editora UnB, 1985.

fraseologia antiexploração.[136] O pensamento leninista havia se erguido sobre uma ideia de valorização da atividade político-prática, tendência que vinha dos fundadores do socialismo científico, e que não encontrava correspondência nos valores do anarquismo. Lênin classifica as práticas dessa corrente como "negação absurda da política na sociedade burguesa", que culminaria paradoxalmente, a longo prazo, na "subordinação da classe operária à política burguesa sob a aparência de negação da política"[137]. Um ponto de grande atualidade, especialmente quando observamos a forma como, na sociedade brasileira, o discurso contra os partidos e a política — alavancado com as manifestações de junho de 2013 — conduziu à derrota da democracia e dos interesses populares, com a ulterior ascensão de um governo neofascista.

Lênin criticava duramente a atitude de deduzir ações políticas de princípios abstratos. Acreditava que noções como a de "revolução permanente", desenvolvida por Párvus e Trótski, ou a dedicação desmedida dos anarquistas a finalidades extremas, tudo isso era deduzido de abstrações que desconsideravam as condições concretas. Materialista convicto, ele contribuiu para o desenvolvimento da tática política do proletariado — uma tática ampla e aglutinadora, que visa evitar os perigos do isolamento político diante do inimigo experiente e poderoso. Assumia posição crítica contra visões "principistas" que bloqueavam a margem de manobra do movimento revolucionário ou o conduziam ao isolamento por intermédio de danosas ações individualistas. "O anarquismo é o individualismo burguês voltado do avesso", denunciava Lênin.[138]

A leitura de Hegel despertou no líder russo a atenção à "exposição das conexões e das transições" que compõem uma totalidade social em permanente movimento[139]. Esse era um ponto ignorado pelas correntes anarquistas, que pretendiam construir

---

136. LÊNIN, Vladímir Ilitch. *Anarquismo e socialismo*. In:______. *Obras escolhidas em seis tomos*. Lisboa: Avante!; Moscou: Progresso, 1986. v. 1, p. 37.

137. LÊNIN, 1986, p. 37.

138. Ibid., p. 36.

139. LÊNIN, Vladímir Ilitch. *Conspecto do livro de Hegel Ciência da Lógica*. In: __________. *Obras escolhidas em seis tomos*. Lisboa: Avante!; Moscou: Progresso, 1989. v. 6, p. 164.

novas formas de vida a partir da negação *in totum* da velha sociedade, sem maiores mediações. Essas correntes não compreendiam a necessidade de formas transicionais no longo processo de superação do capitalismo. Ignoravam o "desenvolvimento do capitalismo transformando-se em socialismo"[140]. Subestimavam as múltiplas articulações entre o novo e o velho, entre futuro e passado. Referindo-se ao manifesto dos 33 *communards* blanquistas participantes da Comuna de Paris de 1871, Lênin ironiza: "Os 33 blanquistas são comunistas porque imaginam que, uma vez que eles querem saltar por cima das estações intermediárias e dos compromissos, o assunto está resolvido, e que se a coisa [...] 'começar' um dia destes e o poder for parar às suas mãos, 'o comunismo será introduzido' no dia seguinte."[141]

Para Lênin, não pode existir autêntica atividade política sem alianças, acordos e compromissos[142]. E alianças, evidentemente, devem abranger elementos heterogêneos do ponto de vista político e ideológico. Aos que se posicionam contrariamente às concertações, frentes e coalizões de maior amplitude, pautadas em programas mínimos, o líder russo responde: "Só podem recear as alianças temporárias, mesmo com elementos inseguros, aqueles que não têm confiança em si próprios."[143] Uma tática acertada deve pôr os objetivos estratégicos no posto de comando, porém sem sucumbir às armadilhas do sectarismo.

A compreensão dialética das rotações e transições que conectam polos e etapas do desenvolvimento social engaja o movimento no curso dos acontecimentos e o deixa preparado para alianças, compromissos e tarefas intermediárias que todo projeto de longo prazo deve comportar. A compreensão desse ponto também afasta concepções voluntaristas, que veem a transformação social como fruto de façanhas individuais ou de pequenos grupos — uma visão que termina por semear desconfianças em relação à atividade organizativa, vista não como algo que potencializa,

140. LÊNIN, 1986, p. 36.

141. LÊNIN, Vladímir Ilitch. *A doença infantil do esquerdismo no comunismo*. In: ______. Obras escolhidas em três tomos. Lisboa: Avante!; Moscou: Progresso, 1982a. v. 3, p. 312.

142. Ibid.

143. Id., 1981e, p. 91.

mas como um elemento que tolhe a autonomia de iniciativa e escolha. Não à toa, Lênin aponta no anarquismo uma "incompreensão do papel da organização e da educação dos operários".[144] Como vimos ao longo deste trabalho, essa incompreensão segue viva em nossos dias.

144. Id., 1986, p. 37.

CONCLUSÃO: "AMANHÃ VAI SER MAIOR"

Em um contexto mundial de profundos desequilíbrios econômicos e de poder, e diante dos desafios sociais que se agigantam, os movimentos de resistência vivem, nestas primeiras décadas do século XXI, um processo de renascimento, após a derrota estratégica sofrida pelas forças contra-hegemônicas no final do século XX, com o ocaso definitivo da experiência liderada pelo bloco soviético. Esse processo de renascença das lutas sociais traduz-se na busca, ainda balbuciante, por novos caminhos. Estes se vão descortinando ao longo de sucessivas ondas de mobilização envolvendo uma grande variedade de combates, muitos deles de sentido anticapitalista, protagonizados por entidades e articulações dos mais diversos matizes: partidos, sindicatos, movimentos sociais, redes, ONGs, coletivos, formações culturais, espaços abertos de debate e mobilização.

Em sua amplitude e heterogeneidade, essas articulações têm sido frequentemente mais exuberantes na promoção de mobilizações e participação, por vezes com grande impacto na projeção de bandeiras e lutas específicas, do que na capacidade de projetar um rumo estratégico. Indicam, contudo, uma dimensão mais profunda do anseio popular: a necessidade de alternativas, as quais precisam ser primeiramente imaginadas e agitadas antes que possam crescer e abrir caminho. Em seu conjunto, essas lutas representam um combate renovado pela transformação social que brota das entranhas do século XXI, movido pelas lutas dos povos e alimentado pelas contradições insanáveis do capitalismo.

Mais do que no século XX, uma grande porção dessa luta se desenrolará, irrecusavelmente, no plano da comunicação e dos significados. Será em grande medida uma disputa de caráter cultural, porém não menos efetiva do ponto de vista de sua eficácia política. Nesse sentido, uma abordagem materialista renovada dos processos simbólicos pode ajudar a impulsionar as lutas contemporâneas, quando estas buscam atualizar-se tendo em vista as novas exigências do século XXI. Vivemos uma nova fase da luta contra-hegemônica, cujas tarefas são, em larga medida, de ordem cultural e ideológica. É preciso disputar consciências, desarmar as armadilhas do discurso dominante, forjar novas capacidades e uma nova vontade política, contrária ao pensamento único neoliberal, firmemente comprometida com o princípio de que há alternativas.

Também é necessário aprofundar compreensões sobre os contornos históricos e a escala das lutas de resistência. Ao analisar as mudanças que se sucediam durante a Revolução Industrial, Raymond Williams expõe sua visão da jornada transformadora. Ela consiste em um processo continuado de mudanças que não exclui momentos de radicalidade. Embora não seja tópico, esse processo se define a cada momento, a cada atitude que tomamos ou deixamos de tomar. Nas palavras de Williams, "os momentos de escolha e de direcionamento são frequentemente sutis e delicados, embora os compromissos a que eles levam sejam muitas vezes profundos"[1]. Em outras palavras, a atividade transformadora tem uma dupla dimensão temporal. Comporta, por um lado, um elemento rotineiro, de ininterrupta construção cotidiana. Tem o tique-taque de Cronos. Mas inclui também algo mais momentâneo, que se expressa na percepção fugaz da oportunidade, no lampejo de tempo em que o compromisso se concretiza e o futuro se define. O empreendimento mudancista não é só Cronos, é também Kairós.[2]

---

1. WILLIAMS, Raymond. *Communications*. London: Penguin Books, 1968. p. 14, tradução nossa.

2. Cronos e Kairós são os deuses do tempo na mitologia grega. Cronos é representado por um velho impiedoso; Kairós, por um menino alado. "O primeiro é o responsável pelo tempo marcado, contado. É o relógio matemático de nossas atividades. O outro é a qualidade de todo tempo vivido, é o momento oportuno, que nos marca. Dois modos opostos de se pensar o tempo, mas que não se anulam." (PEDRONI, Fabiana. *Chronos e Kairós: determinações poéticas para o tempo vivido.* Revista do Colóquio de Arte e Pesquisa do PPGA-Ufes, Vitória, v. 3, n. 6, p. 245-254, jun. 2014.)

A escala dessa transformação, que nossas melhores descrições, segundo Williams, conseguem apenas em parte interpretar, é difícil de conhecer e mesmo de imaginar.[3] É um processo composto de mudanças aparentemente desconexas, que se desdobram no tempo de forma irregular e são continuamente confrontadas pelas pressões do *status quo*. Esse escalonamento acaba por disfarçar tensões profundas, que então aparecem apenas como "sintomas dispersos de inquietação e incerteza".[4] Nunca é fácil situar-se nessa marcha complexa, de larga duração, que compreende ritmos diversos, pode envolver avanços e recuos e, em qualquer hipótese, jamais ocorre em linha reta.

Tal é a natureza do empreendimento transformador que Williams designa como *longa revolução*. Na temporalidade dilatada desse processo, conquistas sociais e políticas parecem evoluir espontaneamente quando são, na verdade, resultado de muito trabalho e de lutas encarniçadas. Seus objetivos parciais, uma vez alcançados, logo são incorporados à dinâmica da sociedade, tornando-se parte da "vida normal". É o que já Marx tantas vezes mostrara, como neste trecho em que comenta o surgimento, na Inglaterra dos anos 1860, das leis fabris:

> *Onde existem a jornada de trabalho ilimitada, o trabalho noturno e o desperdício sem restrições da vida humana, consideram-se quaisquer dificuldades à regulamentação da jornada "barreiras naturais intransponíveis". Nenhum veneno é tão eficaz para eliminar os animais daninhos quanto é a lei fabril para liquidar essas "barreiras naturais intransponíveis". Ninguém gritava mais alto, alegando "impossibilidades", do que os donos das cerâmicas. Em 1864, foi-lhes imposta a lei fabril, e 16 meses depois já tinham desaparecido todas as impossibilidades. [...] Descobriam os fabricantes: "A lei não trouxe os males que esperávamos. Não houve nenhum prejuízo*

3. WILLIAMS, Raymond. *The long revolution*. Peterborough: Broadview Press, 2001.

4. Ibid., p. 12, tradução nossa.

para a produção. Na realidade, agora produzimos mais no mesmo espaço de tempo."[5]

Uma vez realizadas as antigas expectativas, novos anseios são definidos; na ausência desse processo, instala-se "um estado de espírito de estagnação e inquietação".[6] Esse humor é facilmente explorado pelas forças da reação, sempre prontas a valer-se da angústia e da desesperança para indicar soluções falsas, porém intuitivas, àqueles para quem não parece haver outra saída. É assim que, da mera ausência de avanços, podem brotar retrocessos de monta, pois, como nada está parado, o que não avança regride.

Mas a resistência às mudanças não provém apenas da reação explícita. Emana, igualmente, da pressão dos costumes e ideias habituais, sempre a garrotear o futuro com mil ganchos. É neste ponto que uma importante compreensão se descortina: a força das noções e práticas consagradas — da cultura entendida como *tradição* — não se verifica apenas na ação dos grupos hegemônicos. Condiciona todas as formações orientadas por sistemas ideológicos mais articulados, ou seja, todas as formações que se aproximam daquilo que, no capítulo 1, definimos como *consciência possível* — a ideologia no seu mais alto grau de elaboração. Aqui se incluem não apenas os grupos dominantes e residuais, mas também as formações contra-hegemônicas.

De fato, as forças dominantes não são as únicas a ostentar sistemas de pensamento solidamente estruturados. Também as forças oposicionistas, à medida que amadurecem na luta pelo poder e aprendem com a experiência percorrida, formalizam esse aprendizado e o transformam em formas de consciência mais sistemáticas e doutrinárias, configurando uma *tradição contra-hegemônica* que não deixa de ser, também ela, uma forma de consciência oficial, uma *erudição oposicionista* da qual o marxismo é exemplo acabado.

Ora, todas as formas de erudição ou cultura oficial, tanto as dominantes quanto as críticas, precisam renovar-se. É aí que

5. MARX, Karl. *O capital: crítica da economia política. Livro primeiro — O processo de produção do capital.* Rio de Janeiro: Civilização Brasileira, 1975. p. 545-546.

6. WILLIAMS, 2001, p. 13, tradução nossa.

entra o papel da *emergência*. Esse fenômeno tem como agentes os grupamentos mais próximos do que, ao fim do capítulo 2, definimos como *ideologia comportamental*, termo que designa formas de consciência mais fluidas e abertas. Os grupos emergentes têm mais capacidade de sentir o futuro do que de elaborá-lo racionalmente. Funcionam como *antenas*. Desconfiam com facilidade das formas consagradas, não apenas as dominantes, mas também as oposicionistas, podendo, às vezes, voltar-se furiosamente contra ambas, sem estabelecer maiores distinções entre a *oficialidade* dominante e a oposicionista.

Apesar disso, embora aparentemente "cega", a ação emergente é antes renovadora que aniquiladora, pois é dessa destruição de cânones que brotam as primeiras energias daquilo que serão, futuramente, novas formas de pensamento mais articuladas e formalizadas — uma nova teoria científica, uma nova corrente artística, uma nova doutrina política —, sejam elas hegemônicas ou contra-hegemônicas. Seria equivocado, portanto, pensar que as tradições representam algo de morto e pacificado. Também elas mudam, também elas se sujeitam à disputa. Nesse processo, linhas de sentido particulares são desenhadas, e elas de fato podem permanecer por um longo tempo. Até que, com uma repentina viragem de época, acabam canceladas ou enfraquecidas, e são substituídas por novas linhas. Os primeiros sinais dessa renovação surgem sob a forma de sentimentos difusos em suspensão, ligados, porém, às estruturas sociais mais amplas, naquilo que Williams denominou *estruturas de sentimento*.

Quando analisamos a relação entre as formas consagradas de consciência, com seu caráter fortemente consuetudinário, e as formas emergentes, mais líquidas e menos definidas, é possível elencar uma série de instigantes problemas. Talvez o mais importante deles diga respeito aos impasses a que podem conduzir ambas as formas de pensamento, se levadas ao limite. É nessa condição que ambas revelam os riscos que carregam, os quais afloram na exata medida em que elas se afastam mutuamente. Examinemos, em primeiro lugar, o caso das formas ideológicas estabilizadas.

Os sistemas doutrinários estão sempre às voltas com o risco da perda de vitalidade. À medida que ganham consistência racional e se organizam sob a forma de *corpus*, cresce a possibilidade de que se fechem em si próprios, satisfazendo-se com as lições da experiência percorrida, e sucumbindo ao peso inercial dos costumes e formas de pensamento consolidados. Uma grande porção de nossa vida intelectual, para não dizer da prática social como um todo, destina-se a causar embaraços ou impedimentos à *longa revolução*, procurando criticá-la neste ou naquele aspecto, condenando como irresponsáveis ou bizarros os fenômenos da emergência, a fim de demonstrar que há, nas citadas palavras de Marx, "barreiras naturais intransponíveis". Mesmo quando a mudança é aceita, não raro se tenta mantê-la enclausurada em parâmetros mais ou menos rígidos, para que a ordem ("natural") das coisas não seja perturbada. Nessa perspectiva, lembra Williams:

> *De há muito até agora temos ouvido de todo tipo de grupo dominante que as pessoas nunca estão satisfeitas, nunca mesmo agradecidas. De fato, esse impulso da demanda tem sido tão profundamente notado, e é tão profundamente temido, que se pode ver, por todos os lados, uma filosofia dominante de concessões lentas e graduais, pois, como se tem dito, a concessão de hoje é o trampolim de amanhã.*[7]

A própria forma como as diferentes gerações percebem umas às outras nos diz muito desse fenômeno. É comum cada geração reclamar para si, e anunciar pomposamente, a "conclusão" da *longa revolução*. Os esforços já realizados são solenemente evocados, e então as antigas gerações mostram-se irritadas e desorientadas quando a juventude, verbalizando seus anseios irreconhecíveis — tanto nos propósitos quanto nos sotaques —, proclama que a revolução afinal não veio, que ainda há muito por fazer. Isso gera perplexidade e embaraços diversos, cuja fonte reside, em última instância, na dificuldade em entender que o fim da história não tem encontro marcado com nossa geração.

---

7. WILLIAMS, 2001, p. 13, tradução nossa.

Mas esse equívoco também pode apresentar-se com sinal trocado. Não é incomum que as forças emergentes, embriagadas do próprio poder renovador que percebem em si, passem a conceber-se como as únicas artífices possíveis da mudança histórica. Se a renovação plena não veio antes, pensam, isso se deveu apenas à falta do impulso voluntarioso que agora carregam. É igualmente comum que, movidas por essa sanha mudancista, pensem a transformação de modo unilateral, apenas na dimensão qualitativa do instante, sem levar na devida conta a longeva construção e o acúmulo quantitativo que toda mudança profunda necessariamente implica — pois a atividade transformadora não é apenas filha de Kairós, senão também de Cronos.

Temos aqui um risco oposto àquele que enunciamos antes. Pois, se há por um lado a ameaça de tornar-se prisioneiro das tradições, há por outro o perigo de ignorá-las, como se pudesse haver um futuro que gira solto sobre si mesmo, indiferente não tanto àquela parte do passado que se foi, mas àquilo que fica. Afinal, como bem define Williams, tradição não é simplesmente passado, mas uma seleção do passado, isto é, uma área pretérita que, no processo de reprodução social, mostrou-se consistente o bastante para servir de esteio ao presente e ao porvir. A tradição, segundo Williams, é uma contínua seleção de antecedentes.[8] Nesse sentido, pode ser definida como "a reprodução em ação".[9]

Não há, jamais, uma transformação que ocorra sem mediações com a tradição. Não há verdadeira mudança que implique a aniquilação completa e definitiva de "tudo que cheire a passado". Não há fenômeno novo que não contenha em si — ainda que superado — algo do velho. É na incompreensão desse ponto que sucumbem as correntes romântico-utópicas, as quais apregoam uma política sem mediações ou transições. A transformação que pretendem é simples recusa da vida tal qual se apresenta. Nessa perspectiva, a oposição não se traduz em superação da ordem numa ordem superior, mas na criação de um espaço territorial (supostamente) a salvo dos ditames da ordem — a qual, por sua vez, segue intocada. Perceber, com base no estudo da

8. Ibid.

9. WILLIAMS, Raymond. *Cultura*. Rio de Janeiro: Paz e Terra, 2000. p. 184.

dialética, os equívocos desse modo de pensar e agir foi a principal aquisição do marxismo em relação às correntes anarcoides do período anterior.

Desde que o marxismo emerge como teoria científica da transformação social, com Marx e Engels, ainda no século XIX, a revolução passa a ser concebida como movimento de superação da ordem capitalista. A ideia de superação fundamenta-se, aqui, na filosofia dialética. Não se confunde com a negação abstrata de "tudo que está aí". Essa confusão é muito comum em entendimentos simplórios, que não alcançam a essência da mudança social. Lênin abordou essa questão em seus *Cadernos filosóficos*. Na seção em que anota seus estudos sobre Hegel, ele escreve: "Não é a negação vazia, não é a negação gratuita, [...] mas a negação como momento da conexão, como momento do desenvolvimento, com retenção do positivo."[10]

A superação do capitalismo não se confunde com recusa oca, negação *in totum* de tudo o que esse sistema produziu. Trata-se, diferentemente, da incorporação de suas conquistas numa síntese superior, em que ocorre "retenção do positivo", porém livre das limitações da ordem superada. A negação vazia, o "Que se vayan todos", a mera recusa (às vezes sentimental) da ordem burguesa não correspondem aos ensinamentos predicados pelo marxismo, mas às postulações das correntes críticas anteriores. Na perspectiva da dialética marxiana, o novo não surge de qualquer negação antinômica, mas da negação dialética, que não perde sua conexão com o polo oposto. Nas palavras de Hegel, a superação não consiste na negação como simples afastar-se do outro, "como acontece quando dizemos de alguma coisa que ela não é nada ou que é falsa, e assim, satisfeitos, passamos a outra coisa. Ao contrário, o Espírito é esse poder somente quando contempla o negativo face a face e junto dele permanece"[11].

Atento a essa compreensão, Lênin faria, no imediato pós-Revolução de 1917, dura crítica à liderança do grupo denominado

---

10. LÊNIN, Vladímir Ilitch. *Conspecto do livro de Hegel Ciência da Lógica*. In: ________. *Obras escolhidas em seis tomos*. Lisboa: Avante!; Moscou: Progresso, 1989. v. 6, p. 203.

11. HEGEL, Georg Wilhelm Friedrich. *Fenomenologia do Espírito*. São Paulo: Nova Cultural, 1991. p. 206.

Proletkult, que se arrogava a tarefa de edificar uma "cultura proletária" inteiramente livre dos resquícios do passado. O líder bolchevique retornava então a um tema já por ele abordado, com maior riqueza de detalhes, em textos como "As três fontes e as três partes constitutivas do marxismo" e — embora com um enfoque bastante peculiar — "A que herança renunciamos?". Ao tomar para si a tarefa de redigir um substitutivo ao projeto de resolução do Congresso do Proletkult,[12] o líder russo aborda do seguinte modo o tema dos antecedentes culturais:

> *O marxismo conquistou a sua significação histórica universal como ideologia do proletariado revolucionário porque não repudiou de modo algum as mais valiosas conquistas da época burguesa, mas, pelo contrário, assimilou e reelaborou tudo o que houve de valioso em mais de dois mil anos de desenvolvimento do pensamento e da cultura humanos [...]. Mantendo-se firmemente neste ponto de vista de princípio, o Congresso de Toda a Rússia do Proletkult repudia do modo mais enérgico, como incorretas em teoria e prejudiciais na prática, quaisquer tentativas de inventar uma cultura particular própria, de se fechar nas suas próprias organizações isoladas.*[13]

Além de equivocado teoricamente, o clamor por uma "cultura proletária" radicalmente inédita conduzia a erros políticos, à medida que semeava ilusões. Tal atitude servia de alimento à arrogância, ao triunfalismo e à atitude de menoscabo para com os difíceis problemas da construção socialista. Por trás de todo o furor e das exaltações em torno de uma nova cultura escondia-se, muitas vezes, não apenas a ignorância, mas a bazófia que dela costuma derivar. Uma arrogância mais perigosa do que o próprio inimigo, dada sua capacidade de confundir e de ofuscar,

12. O projeto de resolução de Lênin foi redigido em reação ao teor de declarações atribuídas a Lunatchárski – comissário do Povo para a Instrução Pública – durante o Congresso de Toda a Rússia do Proletkult.

13. LÊNIN, Vladímir Ilitch. *Sobre a cultura proletária*. In:______. *Obras escolhidas em três tomos*. Lisboa: Avante!; Moscou: Progresso, 1982c. v. 3, p. 398-399.

impedindo uma visão realista dos difíceis problemas da luta transformadora.

Aquela não seria a última vez que o tema seria debatido na história do movimento revolucionário. Em seus *Cadernos do cárcere*, Gramsci aborda o tema da relação entre idealismo e soberba — característica comum aos movimentos revolucionários em estágio de incipiência. Ao tratar da "tendência a diminuir o adversário", o pensador italiano afirma ser "por si mesma um atestado da inferioridade de quem se deixa possuir por ela". E segue:

> *Crê-se na "vontade de crer" como condição da vitória, o que não seria errado se não fosse concebido mecanicamente e não se tornasse um autoengano [...]. Um elemento dessa tendência é de natureza opiácea: é realmente próprio dos fracos abandonar-se à fantasia, sonhar de olhos abertos que os próprios desejos são a realidade, que tudo se desenvolve segundo os próprios desejos [...]. Mas a luta permanece sonhada e vencida em sonho. Outro aspecto dessa tendência é ver as coisas de maneira pictórica, em seus momentos mais épicos. Na realidade, de onde quer que se comece a operar, as dificuldades surgem de súbito graves porque não se tinha jamais pensado concretamente nelas; e como ocorre de começarmos sempre pelas pequenas coisas (na maioria das vezes as coisas grandes são um conjunto de pequenas coisas), as "pequenas coisas" são desprezadas; é melhor continuar a sonhar e remeter a ação ao momento das "grandes coisas". A função de sentinela é onerosa, tediosa e cansativa; por que "desperdiçar" assim a personalidade humana e não conservá-la para o grande momento do heroísmo?*[14]

Como se pode depreender das palavras de pensadores como Lênin e Gramsci, não são apenas os sistemas de pensamento e conduta mais estabelecidos e articulados que correm o risco de isolar-se da efervescência da vida. Também a efervescência da vida corre o risco de tornar-se borbulhar efêmero, sem maiores

14. GRAMSCI, 1977, pp. 1885-1886, tradução nossa.

consequências, ao virar as costas aos ensinamentos entesourados sob a forma de tradição. Tanto o equívoco de agrilhoar-se à tradição, de um lado, quanto o de desconsiderá-la peremptoriamente, de outro, têm o caminho facilitado por nossa incapacidade de compreender a natureza e a escala da *longa revolução*.

O processo transformador é longo porque impulsionado pelo desenrolar de contradições profundas, as quais, embora possam conhecer momentos de um equilíbrio instável, jamais se resolvem de forma definitiva. Se assistimos de fato a uma longa revolução, cada um dos momentos desse processo apresentará, de maneira inelutável, avanços e potencialidades, mas também restrições e limites. Portanto, acreditar que alcançamos o último dos avanços ou supor que descemos ao pior dos retrocessos representam alternativas igualmente censuráveis. Vivemos, em qualquer situação, realidades contraditórias, em que tendências e contratendências sempre estarão presentes. Nas palavras de Williams:

> *O crescimento da organização e da comunicação de larga escala é um grande ganho humano, que supera de longe as reais dificuldades e confusões que tem trazido, e essa extensão precisa ir muito mais longe, no sentido de uma comunidade mundial. Qualquer ação que tomamos, então, deve estar em consonância com esses objetivos. E podemos entender todo o processo muito melhor se o compreendermos como parte de um movimento histórico longo e agora quase universal.*[15]

O "movimento histórico" a que se refere Williams é constante; não se detém a não ser momentaneamente. É uma mudança objetiva e onipresente, que não se faz apenas como fruto de nossa vontade, por mais enérgica que esta seja, mas ao mesmo tempo depende diretamente dela. A revolução social é a resistência perene à contínua supressão, pela ordem dominante, dos mais lídimos anseios humanos. Uma resistência que continua a brotar cotidianamente na forma das mais variadas lutas e articulações que, mesmo sem terem, por vezes, a consciência plena de suas

15. WILLIAMS, 1968, p. 126, tradução nossa.

potencialidades, e sem uma clareza meridiana de objetivos estratégicos, sentem que algo não vai bem, que é preciso projetar alternativas.

Foi o que fez o Junho brasileiro. Ao vocalizar o sentimento difuso de que nem tudo ia bem, de que um processo de mudanças antes promissor parecia conhecer certa estagnação, amplos contingentes da juventude urbana produziram um dos mais exuberantes episódios da mobilização civil em nosso país. O movimento ergueu-se diante da sociedade brasileira como um gigante que acordava, corpulento e descomunal. O colosso surpreendeu o país, assombrou a classe política e forçou o *establishment* a recuos e concessões antes inimagináveis. Lembrou haver nas massas anseios profundos que jazem, mas podem despertar por muito pouco, por meros vinténs, pois há horas em que menos é mais.

O gigante sucumbiu à sua própria amplitude, à potência de sua energia tão luzente quanto ofuscante. Cedeu ao próprio peso, pois, afinal, tinha pés de barro. Tinha a energia, mas também a ingenuidade dos recém-despertos. Não foi capaz de resistir às artimanhas dos poderosos, com suas mil garras estranguladoras. Foi um duelo de titãs. Se havia de um lado o gigante que acordava, havia de outro um ciclope medonho já bem desperto, na testa um único olho que tudo vê. Ciclope munido do tacape das forças dominantes, pronto para abater o galalão ameaçador. Não apenas para abatê-lo, aliás, mas, pior, pronto para alimentar-se da carne inimiga, pois não basta vencer a ameaça, é preciso devorar suas vísceras, nutrir-se delas. Foi horrível o desfecho, mas belo o confronto. Foi horrível e belo como só as grandes tragédias podem sê-lo. E a luta de classes, convenhamos, é a maior de todas as tragédias deste mundo.

O ocaso do movimento é prova viva de que a rebeldia da juventude nem sempre encontra uma saída consequente. Junho de 2013 deixou patente "a força do sistema em canalizar a rebeldia juvenil para o caminho estéril da revolta cega".[16] De todo modo, não é possível pensar que inflexões como a ocorrida em 2013 sejam uma exclusividade brasileira. Em todo o mundo, situações

---

16. AZEVEDO, Fábio Palácio. *Cultura popular e rebeldia juvenil.* Juventude.br, São Paulo, n. 6, dez. 2008. p. 34.

reveladoras de certo mal-estar anticapitalista — e, portanto, potencialmente revolucionárias — têm sido capturadas por segmentos da direita, que passam a ser identificados, após o relativo fracasso da segunda onda, como alternativa ao *establishment*. O fenômeno da "rebeldia conservadora" dá-se largamente em função de debilidades da própria esquerda. Após décadas vivendo em perigosa simbiose com o sistema, esse campo tem encontrado dificuldades em desempenhar o papel — que lhe seria precípuo — de encarnar anseios transformadores.

Na esfera eleitoral, essa situação verificou-se na Inglaterra do Brexit, nos Estados Unidos da eleição de Donald Trump e em muitos outros episódios, inclusive em nosso país. No âmbito civil, muitos movimentos críticos e iconoclastas, voltados à denúncia das desigualdades e do déficit democrático, têm-se comportado como autênticos "meteoros": rasgam o céu brilhando intensamente, mas somem muitas vezes sem deixar vestígios — isso quando não são hackeados pelas forças do *status quo*. A esse propósito, uma advertência de Michael Hardt, feita em entrevista ao jornal *Folha de S.Paulo* durante as manifestações de 2013, merece ser resgatada:

> *Temos consciência [...] de que esses movimentos têm grandes desafios pela frente. Mais importante, para mim, é a necessidade de que eles criem forças políticas duradouras e efetivas. Essas multidões [...] tiveram sucesso ao criar belas relações democráticas nos limites de uma praça por alguns meses. Contudo, ainda não foram capazes de se expandir no espaço e no tempo para transformar a sociedade de uma forma duradoura.*[17]

Cabe acrescentar que não será possível "transformar a sociedade de uma forma duradoura" sem um trabalho hercúleo de

17. HARDT, Michael. *Protestos recusam representação política por uma "democracia real", diz professor dos Estados Unidos.* [Entrevista cedida a] Uirá Machado. *Folha de S.Paulo*, São Paulo, 3 jul. 2013. Disponível em: <www1.folha.uol.com.br/poder/2013/07/1305450-protestos-recusam-representacao-politica-por-uma-democracia-real-diz-professor-dos-Estados Unidos.shtml>. Acesso em: 20 jun. 2023.

organização e educação política. Talvez seja esta, aliás, a maior de todas as faltas da esquerda em seu ciclo de governos nacionais: a lassidão em educar o povo para o sentido maior do que se fazia, conscientizá-lo sobre o que estava em jogo, prepará-lo para reconhecer e defender seus interesses com as próprias unhas. Se isso não acontece, qualquer momento de ebulição política converte-se em risonha oportunidade para as forças da reação.

Há quem diga que movimentos como aqueles da segunda onda, na qual se incluem as manifestações de 2013, não são repetíveis. A forma como hoje se dispõem os algoritmos, fortemente voltados para conteúdos patrocinados, dificultaria a rápida eclosão de grandes protestos, minando muitas das possibilidades anteriormente existentes. Sem desconsiderar esse fator, é preciso levar em conta que, como procuramos mostrar neste livro, as redes estão longe de esgotar todas as dimensões desses movimentos, cujas motivações últimas residem em fatores estruturais muito mais amplos, relacionados à usina de autoritarismo e desigualdades em que se constitui a ordem neoliberal. Nesse sentido, não resta dúvida de que outras vagas mobilizadoras virão— se é que já não estão aí, tomando forma diante de nossos olhos, embora com outras bandeiras e formas, através de episódios como o movimento Black Lives Matter e outros. Seja como for, uma *terceira onda* acabará por vir à luz.

Após dez anos do enigmático Junho, ainda cabem mais perguntas do que respostas. O tempo, porém, decantou os acontecimentos e desnudou tendências. Junho de 2013 foi um terremoto que mudou a paisagem política do país, surpreendendo grupos de distintas orientações. Alguns foram mais ágeis, senão em decifrar a esfinge, pelo menos em superar o assombro e passar à atividade.

Ao fim e ao cabo, é preciso dizer que as manifestações de junho jamais terminaram. Seu espírito continua no ar. Não apenas porque o episódio continua inspirando debates, interpretações e lições, mas também porque suas demandas jamais foram esgotadas — nem no governo Dilma Rousseff, apesar dos esforços sinceros, nem muito menos nos governos conservadores que se seguiram, os quais ignoraram rotundamente as mais profundas reivindicações levantadas, a não ser, claro, para vampirizá-las e esvaziá-las, seguindo seus próprios interesses.

Não é descabido supor que aqueles pleitos seguirão como pano de fundo da política brasileira por certo tempo. O hiato entre governo e ruas ainda está longe de esvanecer-se. O clamor por uma sociedade mais próspera e justa segue entalado na garganta. Esse clamor ainda pode resultar, quando menos esperarmos, em novas explosões de energia nas ruas. Resta saber, uma vez mais, como as forças em disputa se comportarão.

REFERÊNCIAS

1. BIBLIOGRAFIA

AMIN, Samir. A nova estrutura imperialista. In: FERNANDES, Luís Eduardo (Org.). Introdução ao imperialismo tardio. Recife: Ruptura, 2022. p. 173-188.

______. O Egito em movimento. Princípios, São Paulo, n. 112, p. 9-15, mar./jun. 2011.

AMÔR, Ana Cristina Consalter. Enquadramentos jornalísticos dos protestos de junho de 2013: a revista Veja. In: IRIGARAY, Fernando et al. (Org.). Audiovisual, cidades, mobilidade, cidadania, jornalismo, mídia e tecnologia. Rosario: Editorial de la Universidad Nacional de Rosario, 2018. p. 144-157.

ANTUNES, Ricardo; BRAGA, Ruy. Os dias que abalaram o Brasil: as rebeliões de junho, julho de 2013. Revista de Políticas Públicas, São Luís, n. esp., p. 41-47, jul. 2014.

ARISTÓTELES. Política. 2. ed. Brasília: Editora UnB, 1985.

______. Retórica. 2. ed. Lisboa: Imprensa Nacional; Casa da Moeda, 2005.

ARNOLD, Matthew. Culture and anarchy and other selected prose. London: Penguin, 2015.

AZEVEDO, Fábio Palácio de. "Colour revolutions" and the concept of civil hegemony. In: WORLD SOCIALISM FORUM: DISCOURSE POWER AND LEADERSHIP — COLOUR REVOLUTIONS AND CULTURAL HEGEMONY, 6., 2015, Beijing. Proceedings [...]. Beijing: Chinese Academy of Social Sciences, 2015. v. 1, p. 205-215.

______. Cultura popular e rebeldia juvenil. Juventude.br, São Paulo, n. 6, p. 24-35, dez. 2008.

______. Marxismo, comunicação e cultura: Raymond Williams e o materialismo cultural. 2014. Tese (Doutorado em Ciências da Comunicação) — Escola de Comunicações e Artes, Universidade de São Paulo, São Paulo, 2014.

______. O leninismo em face da tradição: problemas da herança cultural na perspectiva do materialismo histórico. In: BARROSO, A. Sérgio (Org.). Lênin: presença da revolução. São Paulo: Anita Garibaldi; Fundação Maurício Grabois, 2017. p. 229-260.

______. Um libelo contra o determinismo tecnológico. MATRIZes, São Paulo, v. 12, n. 3, p. 321-329, 2018. Disponível em: <www.revistas.usp.br/matrizes/article/view/148771>. Acesso em: 6 jul. 2023.

BAKHTIN, Mikhail. A cultura popular na Idade Média e no Renascimento: o contexto de François Rabelais. 4. ed. São Paulo: Hucitec; Brasília: Editora UnB, 1999.

______. Marxismo e filosofia da linguagem. 12. ed. São Paulo: Hucitec, 2006.

BARLOW, John Perry. A declaration of the independence of cyberspace. San Francisco: Electronic Frontier Foundation, 1996. Disponível em: <www.eff.org/cyberspace-independence>. Acesso em: 28 mar. 2023.

BAUDELAIRE, Charles. Sobre a modernidade. São Paulo: Paz e Terra, 1996.

BEISSINGER, Mark R. Structure and example in modular political phenomena: the diffusion of Bulldozer/Rose/Orange/Tulip Revolutions. Perspectives on Politics, Cambridge, v. 5, n. 2, p. 259-276, June 2007.

BENJAMIN, Walter. Sobre alguns temas em Baudelaire. In: ______. Obras escolhidas. Tradução José Carlos Martins Barbosa e Hemerson Alves Baptista. São Paulo: Brasiliense, 1989. v. 3, p. 103-149.

______. O narrador: considerações sobre a obra de Nikolai Leskov. In: ______. Obras escolhidas. São Paulo: Brasiliense, 1994. v. 1, p. 197-221.

BERROCAL-GONZALO, Salomé; CAMPOS-DOMÍNGUEZ, Eva; REDONDO-GARCÍA, Marta. Prosumidores mediáticos en la comunicación política: el politainment en YouTube. Comunicar, Huelva, v. 22, n. 43, p. 65-72, 2014.

BOYD, Danah M.; ELLISON, Nicole B. Social network sites: definition, history, and scholarship. Journal of Computer-Mediated Communication, Oxford, v. 13, n. 1, p. 210-230, October, 2007.

BRASIL. Banco Central do Brasil. Histórico das taxas de juros. Brasília, [s.d]. Disponível em: <www.bcb.gov.br/Pec/Copom/Port/taxaSelic.asp>. Acesso em: 4 jun. 2022.

BRASIL. Presidência da República. Secretaria de Comunicação Social. Pesquisa Brasileira de Mídia 2014: hábitos de consumo de mídia pela população brasileira. Brasília: Secom, 2014.

BUNCE, Valerie J.; WOLCHIK, Sharon L. Favorable conditions and electoral revolutions. Journal of Democracy, Washington, DC, v. 17, n. 4, p. 5-18, October 2006a.

______. International diffusion and postcommunist electoral revolutions. Communist and Post-Communist Studies, California, v. 39, n. 3, p. 283-304, October 2006b.

______. Youth and electoral revolutions in Slovakia, Serbia and Georgia. The SAIS Review of International Affairs, New York, v. XXVI, n. 2, p. 55-65, 2006c.

CABALÍN-QUIJADA, Cristian. Estudiantes conectados y movilizados: el uso de Facebook en las protestas estudiantiles en Chile. Comunicar, Huelva, v. XXII, n. 43, p. 25-33, 2014.

CALDEIRA NETO, Odilon. Neofascismo, "nova república" e a ascensão das direitas no Brasil. Conhecer: debate entre o público e o privado, v. 10, n. 24, p. 120-140, 2020.

CAPOVILLA, Cristiano; PALÁCIO, Fábio. Acerca da justificação metaética dos juízos na Fundamentação da Metafísica dos Costumes, de Kant. In: FAÇANHA, Luciano da Silva; CARVALHO, Zilmara de Jesus Viana (Org.). Rousseau, Kant e diálogos. São Luís: Edufma, 2019. p. 223-260.

CASTAÑEDA, Marcelo. As manifestações de 2013: imbricamentos sociotécnicos e perspectivas. In: CAVA, Bruno; COCCO, Giuseppe (Org.). Amanhã vai ser maior: o levante da multidão no ano que não terminou. São Paulo: Annablume, 2014. p. 107-118.

CASTELLS, Manuel. A sociedade em rede. Tradução Roneide Venancio Majer. São Paulo: Paz e Terra, 2009.

______. Redes de indignação e esperança: movimentos sociais na era da internet. Rio de Janeiro: Zahar, 2013.

CENTRO DE ESTUDOS E MEMÓRIA DA JUVENTUDE; INSTITUTO PENSARTE. Política de esporte para a juventude brasileira: subsídios e proposta inicial para debate. São Paulo, 2007. Disponível em: <https://old.cev.org.br/arquivo/biblioteca/4024931.pdf>. Acesso em: 4 jun. 2023.

CESOP; DATAFOLHA. Manifestação MPL (Vale do Anhangabaú). São Paulo, ago. 2013. Disponível em: <www.cesop.unicamp.br/por/banco_de_dados/v/3156>. Acesso em: 14 jun. 2023.

CEVASCO, Maria Elisa. Dez lições sobre estudos culturais. São Paulo: Boitempo, 2003.

______. Para ler Raymond Williams. São Paulo: Paz e Terra, 2001.

CHOMSKY, Noam. Sistemas de poder: conversas sobre as revoltas democráticas globais e os novos desafios ao império americano. Rio de Janeiro: Apicuri, 2013.

COCCO, Giuseppe. Introdução: a dança dos vagalumes. In: CAVA, Bruno; COCCO, Giuseppe (Org.). Amanhã vai ser maior: o levante da multidão no ano que não terminou. São Paulo: Annablume, 2014. p. 11-34.

______; ALBUQUERQUE, Hugo. A brecha de junho está aberta: aprofundar a democracia. In: ALVES, Amanda (Org.). Não é por centavos: um retrato das manifestações no Brasil. Rio de Janeiro: Liga, 2014.

CORRÊA, Elisabeth Saad. As mídias sociais e o ciberjornalismo: reconfiguração de vozes. In: MARQUES, Ângela; COSTA, Caio Túlio et al. Esfera pública, redes e jornalismo. Rio de Janeiro: E-papers, 2009. p. 189-207.

COSTA, Sílvio. Comuna de Paris: o proletariado toma o céu de assalto. 3. ed. São Paulo: Anita Garibaldi, 2021.

DAGNINO, Renato. Neutralidade da ciência e determinismo tecnológico. Campinas: Editora da Unicamp, 2008.

DANTAS, Marcos et al. O valor da informação: de como o capital se apropria do trabalho social na era do espetáculo e da internet. São Paulo: Boitempo, 2022.

DEAN, Jodi. Multidões e partido. Tradução Artur Renzo. São Paulo: Boitempo, 2022.

DEBORD, Guy. A sociedade do espetáculo. Rio de Janeiro: Contraponto, 2017.

DENTITH, Simon. Parody. London: Routledge, 2000.

DIEESE. Balanço das greves em 2013. Estudos e Pesquisas, São Paulo, n. 79, dez. 2015.

DOTTO, Pedro. Junho de 2013: o acontecimento. In: CAVA, Bruno; COCCO, Giuseppe (Org.). Amanhã vai ser maior: o levante da multidão no ano que não terminou. São Paulo: Annablume, 2014. p. 283-292.

EAGLETON, Terry. A ideia de cultura. Tradução Sandra Castelo Branco. São Paulo: Editora Unesp, 2005a.

______. Depois da teoria: um olhar sobre os estudos culturais e o pós-modernismo. Tradução Maria Lucia Oliveira. Rio de Janeiro: Civilização Brasileira, 2005b.

______. Ideologia. São Paulo: Editora Unesp; Boitempo, 1997.

ESCOSTEGUY, Ana Carolina. Estudos culturais: uma introdução. In: SILVA, Tomaz Tadeu da. O que é, afinal, estudos culturais?. Belo Horizonte: Autêntica, 2000.

Estados Unidos da América. Departamento de Estado. Bureau de Programas de Informações Internacionais. Jornal USA — Caminhos não violentos de mudança social, v. 14, n. 3, mar. 2009.

FAIRBANKS, Charles H. Georgia's Rose Revolution. Journal of Democracy, Washington, DC, v. 15, n. 2, p. 110-124, April 2004.

FARO, Mariana. Criação, vida e resistência nas ruas: biopolíticas das manifestações metropolitanas no Brasil. In: CAVA, Bruno; COCCO, Giuseppe (Org.). Amanhã vai ser maior: o levante da multidão no ano que não terminou. São Paulo: Annablume, 2014. p. 232-243.

FERNANDES, Marcelo. Sobre a atualidade do conceito de imperialismo nas relações interestatais. Princípios, São Paulo, v. 40, n. 161, p. 61-79, mar./jun. 2021.

FONTES, Renato Barbosa. Metamorfoses do poder político nas cidades: a disputa hegemônica entre a cidade-mercado e a cidade-direito. Princípios, v. 40, n. 161, p. 140-167, mar./jun. 2021.

FORSTER, Michael. Johann Gottfried von Herder. In: ZALTA, Edward N. (Ed.). The Stanford encyclopedia of philosophy. Stanford: Fall 2008 Edition, 2007. Disponível em: <http://plato.stanford.edu/archives/fall2008/entries/herder>. Acesso em: 8 maio 2013.

FREDERICO, Celso. Da periferia ao centro: cultura e política em tempos pós-modernos. In: ______. Ensaios sobre marxismo e cultura. Rio de Janeiro: Mórula, 2016. p. 161-183.

GALLEGO, Pablo. Mayo de 1968 en España. Manifesto Juventud. Madrid, 9 feb. 2011. Disponívelem: <http://manifiestojuventud.blogspot.com/2011/02/del-68-en-espana.html>. Acesso em: 15 mar. 2023.

GARCÍA-GALERA, María Carmen; DEL-HOYO-HURTADO, Mercedes; FERNÁNDEZ-MUÑOZ, Cristóbal. Jóvenes comprometidos en la red: el papel de las redes sociales en la participación social activa. Comunicar, Huelva, v. 22, n. 43, p. 35-43, 2014.

GENRO FILHO, Adelmo. O segredo da pirâmide: para uma teoria marxista do jornalismo. Porto Alegre: Tchê!, 1987.

GERBAUDO, Paulo. Redes e ruas: mídias sociais e ativismo contemporâneo. Tradução Dafne Melo. 1. ed. São Paulo: Funilaria, 2021.

GLASER, André. Raymond Williams: materialismo cultural. São Paulo: Biblioteca 24 horas, 2011.

GRAMSCI, Antonio. Quaderni del carcere: edizione critica dell'Istituto Gramsci a cura di Valentino Gerratana. 2a. edizione. Torino: Giulio Einaudi Editore, 1977. Volume terzo (cuaderni 12-29), p. 1507-2362.

GUTIÉRREZ, Bernardo. Três anos de revoltas interconectadas. In: CAVA, Bruno; COCCO, Giuseppe (Org.). Amanhã vai ser maior: o levante da multidão no ano que não terminou. São Paulo: Annablume, 2014. p. 119-132.

GRUPPI, Luciano. O conceito de hegemonia em Gramsci. 4. ed. Rio de Janeiro: Graal, 1991.

HARDT, Michael. Junho maldito (prefácio). In: CAVA, Bruno; COCCO, Giuseppe (Org.). Amanhã vai ser maior: o levante da multidão no ano que não terminou. São Paulo: Annablume, 2014. p. 7-10.

HARDT, Michael; NEGRI, Antonio. Multidão: guerra e democracia na era do Império. Tradução Clóvis Marques. Rio de Janeiro: Record, 2005.

HEGEL, Georg Wilhelm Friedrich. Fenomenologia do Espírito. São Paulo: Nova Cultural, 1991.

HESSEL, Stéphane. Indignai-vos!. Tradução Marly Peres. [S.l.]: Artesanato Gráfico e Editorial, 2011.

HUNTINGTON, Samuel P. The clash of civilizations?. Foreign Affairs, New York, v. 72, n. 3, 1993. p. 22-49.

IANNI, Octavio. Imperialismo e cultura. Petrópolis: Vozes, 1976.

IBGE. Pesquisa Mensal de Emprego. Evolução do emprego com carteira de trabalho assinada (2003-2012). Rio de Janeiro, [s.d.]. Disponível em: <https://ftp.ibge.gov.br/Trabalho_e_Rendimento/Pesquisa_Mensal_de_Emprego/Estudos/Evolucao_emprego_carteira_trabalho_assinada.pdf>. Acesso em: 2 jun. 2023.

______. Pnad Contínua: séries históricas. Taxa de desocupação, jan-fev-mar 2012—fev-mar-abr 2023. Rio de janeiro, 2023a. Disponível em: <www.ibge.gov.br/estatisticas/sociais/trabalho/9173-pesquisa-nacional-por-amostra-de-domicilios-continua-trimestral.html?=&t=series-historicas&utm_source=landing&utm_medium=explica&utm_campaign=desemprego>.Acesso em: 4 jun. 2023.

______. SCNT: séries históricas — PIB a preços de mercado: taxa acumulada em 4 trimestres (%), 1º trimestre 1996—1º trimestre 2023. Rio de janeiro, 2023b. Disponível em: <www.ibge.gov.br/estatisticas/economicas/contas-nacionais/9300-contas-nacionais-trimestrais.html?=&t=series-historicas&utm_source=landing&utm_medium=explica&utm_campaign=pib#evolucao-taxa>. Acesso em: 2 jun. 2023.

IHS. Institute for Humane Studies: promoting intellectual discovery and human flourishing, 2022. About IHS. Disponível em: <www.theihs.org/about-ihs>. Acesso em: 13 jun. 2023.

JENKINS, Henry. Cultura da convergência. Tradução Susana L. de Alexandria. 2. ed. São Paulo: Aleph, 2009.

JESSOP, Bob. Análise semiótica crítica e economia política cultural. Liinc em Revista, Rio de Janeiro, v. 6, n. 2, p. 197-213, set. 2010.

JOHN Perry Barlow. In: WIKIPEDIA: The FreeEncyclopedia, April 13, 2023. Disponível em: <https://en.wikipedia.org/w/index.php?title=John_Perry_Barlow&oldid=1149690717>. Acesso em: 14 abr. 2023.

KANT, Immanuel. Fundamentação da metafísica dos costumes. Tradução Paulo Quintela. Lisboa: Edições 70, 2009.

LAZZARATO, Maurizio. Immaterial labour. In: HARDT, Michael; VIRNO, Paolo (Ed.). Radical thought in Italy: a potential politics. Minneapolis: University of Minnesota Press, 1996. p. 133-147.

LÊNIN, Vladímir Ilitch. A doença infantil do esquerdismo no comunismo. In: ______. Obras escolhidas em três tomos. Lisboa: Avante!; Moscou: Progresso, 1982a. v. 3, p. 275-349.

______. A que herança renunciamos?. In: ______. Obras escolhidas em três tomos. Lisboa: Avante!; Moscou: Progresso, 1981a. v. 3, p. 47-78.

______. Anarquismo e socialismo. In:______. Obras escolhidas em seis tomos. Lisboa: Avante!; Moscou: Progresso, 1986. v. 1, p. 36-37.

______. As tarefas das uniões de juventude. In:______. Obras escolhidas em três tomos. Lisboa: Avante!; Moscou: Progresso, 1982b. v. 3, p. 386-397.

______. As tarefas imediatas do poder soviético. In: ______. Obras escolhidas em três tomos. Lisboa: Avante!; Moscou: Progresso, 1981b. v. 2, p. 557-587.

______. As três fontes e as três partes constitutivas do marxismo. In: ______. Obras escolhidas em três tomos. Lisboa: Avante!; Moscou: Progresso, 1981c. v. 3, p. 35-39.

______. Conspecto do livro de Hegel Ciência da Lógica. In: __________. Obras escolhidas em seis tomos. Lisboa: Avante!; Moscou: Progresso, 1989. v. 6, p. 89-212.

______. O Estado e a revolução: a doutrina marxista sobre o Estado e as tarefas do proletariado na revolução. In: ______. Obras escolhidas em três tomos. Lisboa: Avante!;Moscou: Progresso, 1981d. v. 2., p. 219-304.

______. Que fazer?: problemas candentes do nosso movimento. In:______. Obras escolhidas em três tomos. Lisboa: Avante!; Moscou: Progresso, 1981e. v. 1, p. 79-214.

______. Sobre a cultura proletária. In:______. Obras escolhidas em três tomos. Lisboa: Avante!; Moscou: Progresso, 1982c. v. 3, p. 398-399.

______. Uma grande iniciativa. In: ______. Obras escolhidas em três tomos. Lisboa: Avante!; Moscou: Progresso, 1982d. v. 3, p. 139-160.

______. Working-class and bourgeois democracy. In: ______. Collectedworks. Moscow: Foreign Languages Publishing House, 1962. v. 8, p. 72-82.

LIMA JÚNIOR, Walter Teixeira. Mídias sociais conectadas e jornalismo participativo. In: MARQUES, Ângela; COSTA, Caio Túlio et al. Esfera pública, redes e jornalismo. Prefácio de André Lemos. Rio de Janeiro: E-papers, 2009. p. 168-188.

LIMA, Pedro Luiz; SAWAMURA, Mateus Hajime. O ovo da serpente?: fundamentos e variações da crítica ao componente conservador das Jornadas de Junho de 2013. Leviathan — Cadernos de Pesquisa Política, São Paulo, n. 13, p. 91-119, 2016.

LOCATELLI, Piero. #VemPraRua: as revoltas de junho pelo jovem repórter que recebeu passe livre para contar a história do movimento. São Paulo: Companhia das Letras, 2013.

LUKÁCS, Georg. Introdução aos escritos estéticos de Marx e Engels. In: ______. Ensaios sobre literatura. Rio de Janeiro: Civilização Brasileira, 1968. p. 13-45.

LYOTARD, Jean-François. A condição pós-moderna. Rio de Janeiro: José Olympio, 2009.

MAQUIAVEL, Nicolau. O Príncipe. 4. ed. Rio de Janeiro: Civilização Brasileira, 1976.

MARIÁTEGUI, José Carlos. Biología del fascismo. Lanús Oeste: Nuestra América, 2012.

MARTUSCELLI, Danilo. Nicos Poulantzas e a teoria política do fascismo: 50 anos depois. Princípios, v. 40, n. 161, p. 41-60, mar./jun. 2021.

MARX, Karl. A questão judaica. São Paulo: Boitempo, 2010.

______. Crítica da filosofia do direito de Hegel. São Paulo: Boitempo, 2013.

______. O 18 brumário de Luís Bonaparte. São Paulo: Boitempo, 2011.

______. O capital: crítica da economia política. Livro primeiro — O processo de produção do capital. Rio de Janeiro: Civilização Brasileira, 1975.

______. O capital: crítica da economia política. Livro quarto — Teorias da mais-valia: Adam Smith e a ideia do trabalho produtivo. São Paulo: Bertrand Brasil, 1987.

______. Para a crítica da economia política. In:______. Para a crítica da economia política; Salário, preço e lucro; O rendimento e suas fontes. São Paulo: Abril Cultural, 1982a. p. 1-132.

______. Teses sobre Feuerbach. In: MARX, Karl; ENGELS, Friedrich. Marx e Engels: obras escolhidas. Lisboa: Avante!; Moscou: Progresso, 1982b. v. 1, p. 1-3.

MARX, Karl; ENGELS, Friedrich. A ideologia alemã (Feuerbach). In:______. Obras escolhidas. Lisboa: Avante!; Moscou: Progresso, 1982. v. 1, p. 4-75.

______. O manifesto comunista. Rio de Janeiro: Paz e Terra, 1996.

______. Sobre literatura e arte. 4. ed. São Paulo: Global, 1986.

MASON, Paul. Why it's still kicking off everywhere: the new global revolutions. 2nd edition. London: Verso, 2012.

MATALLO JR., Heitor. A problemática do conhecimento. In: CARVALHO, Maria Cecília M. de (Org.). Construindo o saber: metodologia científica — fundamentos e técnicas. Campinas: Papirus, 1994. p. 13-28.

MATOS, Heloiza. Opinião pública e conversação cívica. In: MARQUES, Ângela et al. Esfera pública, redes e jornalismo. Rio de Janeiro: E-papers, 2009. p. 107-122.

MIGLIEVICH-RIBEIRO, Adelia. Raymond Williams e "estruturas de sentimentos": os afetos como criatividade social. Resgate — Revista Interdisciplinar de Cultura, Campinas, v. 28, p. 1-22, 2020.

MIRANDA, João Vitor Silva. O conflito de interpretações nas esquerdas a respeito das manifestações de junho de 2013. Revice — Revista de Ciências do Estado, Belo Horizonte, v. 2, n. 2, p. 422-435, ago./dez. 2017.

MORAES, Alana et al. (Org.). Junho: potência das ruas e das redes. São Paulo: Fundação Friedrich Ebert, 2014.

MORAES, João Quartim de. Mobilização democrática e luta armada no Brasil. Juventude.br, São Paulo, n. 5, p. 25-35, jun. 2008.

MORAES, Reginaldo C. A organização das células neoconservadoras de agitprop: o fator subjetivo da contrarrevolução. In: CRUZ, Sebastião Velasco e; KAYSEL, André; CODAS, Gustavo (Org). Direita volver!: o retorno da direita e o processo político brasileiro. São Paulo: Editora Fundação Perseu Abramo, 2015. p. 231-246.

MOROZOV, Evgeny. The net delusion: the dark side of internet freedom. New York: Public Affairs, 2011.

MPL — MOVIMENTO PASSE LIVRE-SÃO PAULO. Não começou em Salvador, não vai terminar em São Paulo. In: MARICATO, Ermínia et al. Cidades rebeldes: Passe Livre e as manifestações que tomaram as ruas do Brasil. São Paulo: Boitempo; Carta Maior, 2013. p. 13-18.

NERI, Marcelo (Coord.). Miséria em queda: mensuração, monitoramento e metas. São Paulo: Fundação Getúlio Vargas, 2005. Disponível em: <www.cps.fgv.br/ibrecps/queda_da_miseria/CPSdaFGV_IBRE_Mis%C3%A9riaEmQuedaFim2.pdf>. Acesso em: 4 jun. 2023.

NOBRE, Marcos. Limites da democracia: de junho de 2013 ao governo Bolsonaro. São Paulo: Todavia, 2022.

NUNES, Carlos Rogério de Carvalho. Centrais sindicais e movimentos sociais nas manifestações de junho de 2013. São Paulo: Anita Garibaldi, 2021.

NUNES, Mirela Silva. Ciberativismo: uma análise da atuação do Movimento Brasil Livre como mobilizador político nas redes sociais. Orientador: Fábio Palácio. 2020. Relatório final (Programa de Bolsas de Iniciação Científica) — Departamento de Comunicação Social, Centro de Ciências Sociais, Universidade Federal do Maranhão, São Luís, 2020.

NUNES, Rodrigo. Do transe à vertigem: ensaios sobre bolsonarismo e um mundo em transição. São Paulo: Ubu, 2022.

ORTEGA, Felipe Afonso. Cores da mudança?: as revoluções coloridas e seus reflexos em política externa. 2009. 139 f. Dissertação (Mestrado em Relações Internacionais) — Universidade Estadual Paulista; Universidade Estadual de Campinas; Pontifícia Universidade Católica de São Paulo, São Paulo, 2009.

PALÁCIO, Fábio; CAPOVILLA, Cristiano. Posverdad: etapa suprema de la postmodernidad. In: MANCINAS-CHÁVEZ, Rosalba; CÁRDENAS-RICA, María Luisa. Medios y comunicación en tiempos de posverdad. Madrid: Editorial Fragua, 2021. p. 183-203.

PEDRONI, Fabiana. Chronos e Kairós: determinações poéticas para o tempo vivido. Revista do Colóquio de Arte e Pesquisa do PPGA-Ufes, Vitória, v. 3, n. 6, p. 245-254, jun. 2014.

PEREZ, Olivia Cristina. Sistematização crítica das interpretações acadêmicas brasileiras sobre as Jornadas de Junho de 2013. Revista Izquierdas, Colômbia, n. 50, p. 1-16, jun. 2021.

POE, Edgar Allan. O homem da multidão. In: ______. Contos de Edgar Allan Poe. 2. ed. Tradução José Paulo Paes. São Paulo: Cultrix, 1985. p. 131-139.

RABELO, Ana Maria Prestes. Três estrelas do Sul Global: o Fórum Social Mundial em Mumbai, Nairóbi e Belém. 2011. 367 f. Tese (Doutorado em Ciência Política) — Universidade Federal de Minas Gerais, Belo Horizonte, 2011.

REBOUL, Olivier. Introdução à retórica. São Paulo: Martins Fontes, 1998.

RITZER, George; DEAN, Paul; JURGENSON, Nathan. The coming of age of the prosumer. American Behavioral Scientist, v. 56, n. 4, p. 379-398, March 21, 2012.

RODRIGUES, Theófilo. Metamorfoses políticas: da social-democracia aos partidos-movimento. Princípios, São Paulo, v. 40, n. 161, p. 168-196, mar./jun. 2021.

ROLNIK, Raquel. As vozes das ruas: as revoltas de junho e suas interpretações. In: MARICATO, Ermínia et al. Cidades rebeldes: Passe Livre e as manifestações que tomaram as ruas do Brasil. São Paulo: Boitempo; Carta Maior, 2013. p. 7-12.

RUBIM, Antonio Albino Canelas. Políticas culturais e novos desafios. Matrizes, São Paulo, v. 2, n. 2, p. 93-115, jan./jun. 2009.

SANTOS, Nina. Social media logics: visibility and mediation in the 2013 Brazilian protests. London: Palgrave Macmillan, 2022.

SECCO, Lincoln. As Jornadas de Junho. In: MARICATO, Ermínia et al. Cidades rebeldes: Passe Livre e as manifestações que tomaram as ruas do Brasil. São Paulo: Boitempo; Carta Maior, 2013. p. 71-78.

SHARP, Gene. Da ditadura à democracia: uma estrutura conceitual para a libertação. 4. ed. Tradução José A. S. Filardo. São Paulo: The Albert Einstein Institution, 2010.

SILVEIRA, Sérgio Amadeu da. Direita nas redes sociais online. In: CRUZ, Sebastião Velasco e; KAYSEL, André; CODAS, Gustavo (Org). Direita volver!: o retorno da direita e o processo político brasileiro. São Paulo: Editora Fundação Perseu Abramo, 2015. p. 213-230.

______. Esfera pública interconectada, blogosfera e redes sociais. In: MARQUES, Ângela; COSTA, Caio Túlio et al. Esfera pública, redes e jornalismo. Rio de Janeiro: E-papers, 2009. p. 70-89.

SINGER, André. Brasil, junho de 2013: classes e ideologias cruzadas. Novos Estudos Cebrap, São Paulo, n. 97, p. 23-40, nov. 2013.

SMITH, Dai. Raymond Williams: el retrato de um luchador. Valencia: Publicacions de la Universitat de València, 2011.

STANLEY, Jason. Como funciona o fascismo. Porto Alegre: L&PM, 2018.

SOUSA, Maria Júlia Ferreira. O reposicionamento das organizações juvenis de esquerda em ambiências virtuais no período pós-2013: o caso da União da Juventude Socialista (UJS). Orientador: Fábio Palácio. 2020. Relatório final (Programa de Bolsas de Iniciação Científica) — Departamento de Comunicação Social, Centro de Ciências Sociais, Universidade Federal do Maranhão, São Luís, 2020.

STRACHEY, John. Literature and dialectical materialism. New York: Haskell House Publishers, 1974.

SUSSMAN, Gerald; KRADER, Sascha. Template revolutions: marketing U.S. regime change in Eastern Europe. Westminster Papers in Communication and Culture, London, v. 5, n. 3, p. 91-112, 2008.

TATAGIBA, Luciana; TRINDADE, Thiago; TEIXEIRA, Ana Cláudia Chaves. Protestos à direita no Brasil (2007-2015). In: CRUZ, Sebastião Velasco e; KAYSEL, André; CODAS, Gustavo (Org.). Direita volver!: o retorno da direita e o processo político brasileiro. São Paulo: Editora Fundação Perseu Abramo, 2015. p. 197-212.

UGARTE, David de. O poder das redes: manual ilustrado para pessoas, organizações e empresas chamadas a praticar o ciberativismo. Porto Alegre: EDIPUCRS, 2008.

UNITED STATES OF AMERICA. Department of Labour. Bureau of Labour Statistics. TED: the economics daily. Washington, DC, August 26, 2011. Disponível em: <www.bls.gov/opub/ted/2011/ted_20110826.htm#:~:text=The%20number%20of%20unemployed%20youth,from%20the%20Current%20Population%20Survey>. Acesso em: 15 maio 2023.

UNITED STATES OF AMERICA. Department of Labour. Bureau of Labour Statistics. News Release, Washington, DC, February 29, 2012.

VALENZUELA, Sebastián. Unpacking the use of social media for protest behavior: the roles of information, opinion expression, and activism. American Behavioral Scientist, v. 57, n. 7, p. 920-942, March 6, 2013.

______; ARRIAGADA, Arturo; SCHERMAN, Andrés. The social media basis of youth protest behavior: the case of Chile. Journal of Communication, v. 62, n. 2, p. 299-314, April, 2012.

VASCONCELOS, Francisco Thiago Rocha. Alain de Benoist e a Nova Direita Europeia: gramscismo de direita, revolução conservadora e fascismo cultural. Princípios, v. 41, n. 163, p. 208-239, jan./abr. 2022.

VISENTINI, Paulo et al. O Verão Árabe: guerra civil e intervenção internacional na Líbia, Síria e Iêmen. Ciências & Letras, Porto Alegre, n. 51, p. 57-79, jan./jun. 2012.

WEBER, Max. A política como vocação. Tradução Maurício Tragtenberg. Brasília: Editora UnB, 2003.

WILLIAMS, Raymond. Communications. London: Penguin Books, 1968.

______. Cultura. Rio de Janeiro: Paz e Terra, 2000.

______. Cultura e materialismo. Tradução André Glaser. São Paulo: Editora da Unesp, 2011.

______. Culture and society. New York: Columbia University Press, 1983.

______. Culture is ordinary. In:______. Resources of hope: culture, democracy, socialism. London: Verso, 1989. p. 3-14.

______. Keywords: a vocabulary of culture and society. Revised edition. New York: Oxford University Press, 1985.

______. Marxism and literature. Oxford: Oxford University Press, 1977.

______. Politics and letters. London: New Left Books, 1979.

______. Televisão: tecnologia e forma cultural. Tradução Marcio Serelle e Mário F. I. Viggiano. São Paulo: Boitempo; Belo Horizonte: PUC-Minas, 2016.

______. Television: technology and cultural form. New York: Routledge, 1990.

______. The long revolution. Peterborough: Broadview Press, 2001.

WILLIAMS, Raymond; ORROM, Michael. Preface to film. London: Film Drama Limited, 1954.

ZAHREDDINE, Danny; PIRES, Guilherme di Lorenzo. A Irmandade Muçulmana egípcia: aspectos transnacionais e nacionais de sua atuação política. Revista Carta Internacional, Belo Horizonte, v. 11, n. 1, p. 118-143, 2016.

Zuccoti Park. In: WIKIPEDIA: The Free Encyclopedia, September 14, 2022. Disponível em: <https://en.wikipedia.org/w/index.php?title=Zuccotti_Park&oldid=1110301866>. Acesso em: 31 mar. 2023.

2. HEMEROBIBLIOGRAFIA

AMARAL, Roberto. A nação presa na gangorra. Carta Capital, n. 984, p. 20, 27 dez. 2017.

ANDRADE, Hanrrikson de. "Grito dos Excluídos" percorre avenida no centro do Rio após desfile da Independência. UOL, Rio de Janeiro, 7 set. 2013. Cotidiano. Disponível em: <https://noticias.uol.com.br/cotidiano/ultimas-noticias/2013/09/07/

grito-dos-excluidos-percorre-avenida-no-centro-do-rio-apos-desfile-da-independencia.htm>. Acesso em: 1 jun. 2023.

ANGEL, Hildegard. O casamento de Dona Baratinha; a Bastilha carioca. Vermelho, São Paulo, 16 jul. 2013. Disponível em: <https://vermelho.org.br/2013/07/16/hildegard-o-casamento-de-dona-baratinha-a-bastilha-carioca>. Acesso em: 20 abr. 2023.

Ao menos 23 cidades tiveram Câmaras ocupadas. Rede Brasil Atual, São Paulo, 25 jul. 2013. Política. Disponível em: <https://dev.redebrasilatual.com.br/politica/ao-menos-23-cidades-tiveram-camaras-municipais-ocupadas-3546>. Acesso em: 2 jun. 2013.

Apoiadores de Bolsonaro fazem coreografia. UOL, São Paulo, 9 set. 2018. Disponível em: <https://tab.uol.com.br/videos/?id=apoiadores-de-bolsonaro-fazem-coreografia-04024D18376ECCA96326>. Acesso em: 19 maio 2023.

Apoio editorial ao golpe de 64 foi um erro. O Globo, São Paulo, 31 ago. 2013. Política. Disponível em: <https://oglobo.globo.com/politica/apoio-editorial-ao-golpe-de-64-foi-um-erro-9771604>. Acesso em: 28 mar. 2023.

Ato tem violência, saque e depredação; PM demora a agir. Folha de S.Paulo, São Paulo, 19 jun. 2013. Disponível em: <www1.folha.uol.com.br/fsp/cotidiano/114776-ato-tem-violencia-saque-e-depredacao-pm-demora-a-agir.shtml>. Acesso em: 11 jun. 2023.

BÄCHTOLD, Felipe. Protesto cresce, mas manifestante mantém perfil de alta renda. Folha de S.Paulo, São Paulo, 14 mar. 2016. Disponível em: <www1.folha.uol.com.br/poder/2016/03/1749640-protesto-cresce-mas-manifestante-mantem-perfil-de-alta-renda.shtml>. Acesso em: 14 jun. 2023.

BARREIRA, Gabriel. Manifestantes decidem manter ocupação da Câmara Municipal do Rio. G1, Rio de Janeiro, 10 ago. 2013. Disponível em: <https://g1.globo.com/rio-de-janeiro/noticia/2013/08/manifestantes-decidem-manter-ocupacao-da-camara-municipal-do-rio.html>. Acesso em: 4 maio 2023.

______; THUM, Tássia. Após ato pacífico de professores no Rio, grupo tenta incendiar Câmara. G1, Rio de Janeiro, 8 out. 2013. Disponível em: <https://g1.globo.com/rio-de-janeiro/noticia/2013/10/apos-ato-pacifico-de-professores-no-rio-grupo-tenta-incendiar-camara.html>. Acesso em: 15 jun. 2023.

BARRUCHO, Luís Guilherme. Centrais sindicais testam Dilma com paralisação nacional. BBC News Brasil, São Paulo, 11 jul. 2013. Disponível em: <www.bbc.com/portuguese/noticias/2013/07/130711_paralisacao_trabalhadores_lgb>. Acesso em: 27 abr. 2023.

BERGAMIM JR., Giba. Novo ato contra tarifa faz até colégio fechar mais cedo. Folha de S.Paulo, São Paulo, 8 jun. 2013. Cotidiano, C1. Disponível em: <www1.folha.uol.com.br/fsp/cotidiano/112953-novo-ato-contra-tarifa-faz-ate-colegio-fechar-mais-cedo.shtml>. Acesso em: 15 jun. 2023.

______; KREPP, Ana; SOUZA, Felipe. Após suspender protestos, Movimento Passe Livre de SP volta atrás. Folha de S.Paulo, São Paulo, 22 jun. 2013. Disponível em: <https://m.folha.uol.com.br/cotidiano/2013/06/1299643-apos-suspender-protestos-movimento-passe-livre-de-sp-volta-atras.shtml>. Acesso em: 11 jun. 2023.

"Black Blocs" assumem linha de frente em SP. Folha de S.Paulo, São Paulo, 8 set. 2013. Poder, A10. Disponível em: <www1.folha.uol.com.br/fsp/

poder/128016-black-blocs-assumem-linha-de-frente-em-sp.shtml>. Acesso em: 16 jun. 2023.

Bombas e balas de borracha deixam centro em pânico. Folha de S.Paulo, São Paulo, 14 jun. 2013. Cotidiano, C2. Disponível em: <www1.folha.uol.com.br/fsp/cotidiano/113959-bombas-e-balas-de-borracha-deixam-centro-em-panico.shtml>. Acesso em: 15 jun. 2023.

CARLOS, Antônio. Quem está por trás do protesto no dia 15. Outras Palavras, São Paulo, 11 mar. 2015. Disponível em: <http://outraspalavras.net/brasil/quem-esta-por-tras-do-protesto-no-dia-15>. Acesso em: 13 jun. 2023.

CHETERIAN, Vicken. Radiografia de uma "revolução colorida". Le Monde Diplomatique Brasil. São Paulo, 1 jul. 2007. Disponível em: <https://diplomatique.org.br/radiografia-de-uma-revolucao-colorida>. Acesso em: 30 mar. 2023.

COHEN, Roger. Working with the Muslim Brotherhood. New York Times, New York, October 22, 2012. Disponível em:<www.nytimes.com/2012/10/23/opinion/roger-cohen-working-with-the-muslim-brotherhood.html>. Acesso em: 25 mar. 2023.

Confira os cinco "pactos em favor do Brasil" definidos por Dilma. Folha de S.Paulo, São Paulo, 25 jun. 2013. Disponível em: <www1.folha.uol.com.br/poder/2013/06/1300899-confira-os-cinco-pactos-em-favor-do-brasil-definidos-por-dilma.shtml?utm_source&>. Acesso em: 6 maio 2023.

COUGHLAN, Sean. What does post-truth mean for a philosopher?. BBC News, January 12, 2017. Disponível em:<www.bbc.com/news/education-38557838>. Acesso em: 20 maio 2022.

CRUZ, Valdo; SADI, Andréia. Dilma cancela viagem ao Japão e marca reunião emergencial. Folha de S.Paulo, São Paulo, 21 jun. 2013. Cotidiano, C3. Disponível em: <www1.folha.uol.com.br/fsp/cotidiano/115082-dilma-cancela-viagem-ao-japao-e-marca-reuniao-emergencial.shtml>. Acesso em: 16 jun. 2023.

DEMORI, Leandro. O criador: radical católico da Espanha treinou extrema direita brasileira em 2013 com táticas que elegeram Bolsonaro. The Intercept Brasil, 18 ago. 2021. Disponível em: <www.intercept.com.br/2021/08/18/catolico-espanha-citizengo-treinou-extrema-direita-2013-bolsonaro>. Acesso em: 26 jun. 2023.

Desemprego atinge 73,4 milhões de jovens no mundo, diz estudo da OIT. G1, São Paulo, 8 maio 2014. Disponível em: <https://g1.globo.com/concursos-e-emprego/noticia/2013/05/desemprego-atinge-734-milhoes-de-jovens-no-mundo-diz-estudo-da-oit.html>. Acesso em: 29 mar. 2023.

ElBaradei é empossado vice-presidente do Egito. Estado de Minas, Belo Horizonte, 14 jul. 2013a. Disponível em: <www.em.com.br/app/noticia/internacional/2013/07/14/interna_internacional,422489/elbaradei-e-empossado-vice-presidente-do-egito.shtml>. Acesso em: 29 mar. 2023.

ElBaradei renuncia à Vice-Presidência do Egito em protesto contra repressão. G1, São Paulo, 14 ago. 2013b. Disponível em: <https://g1.globo.com/mundo/noticia/2013/08/elbaradei-renuncia-a-vice-presidencia-do-egito-em-protesto-contra-repressao.html>. Acesso em: 29 mar. 2023.

FALEZ, Nicolas. Dez anos após Primavera Árabe, desilusão dos egípcios da praça Tahrir continua. RFI, 25 jan. 2021. Disponível em: <www.rfi.fr/br/

mundo/20210125-dez-anos-ap%C3%B3s-primavera-%C3%A1rabe-desilus%C3%A3o-dos-eg%C3%ADpcios-da-pra%C3%A7a-tahrir-continua>. Acesso em: 28 mar. 2023.

FELLET, João. Tumulto marca abertura da Copa das Confederações. BBC News Brasil, São Paulo, 15 jun. 2013. Disponível em: <www.bbc.com/portuguese/noticias/2013/06/130615_tumulto_copa_confederacoes_jp_jf>. Acesso em: 6 maio 2023.

GAREA, Fernando. Apoyo a la indignación del 15-M. El País, Madrid, 4 jun. 2011. Disponível em: <https://elpais.com/politica/2011/06/05/actualidad/1307231940_787459.html>. Acesso em: 15 mar. 2023.

GLADWELL, Malcolm. Small change: why the revolution will not be tweeted. The New Yorker, New York, September 27, 2010. Disponívelem: <www.newyorker.com/magazine/2010/10/04/small-change-malcolm-gladwell>. Acesso em: 15 abr. 2023.

GONZÁLEZ, Ricard. Irmandade Muçulmana é declarada "organização terrorista" pelo Egito. El País, 25 dez. 2013. Internacional. Disponível em: <https://brasil.elpais.com/brasil/2013/12/25/internacional/1387990292_961947.html>. Acesso em: 30 mar. 2023.

GUIMARÃES, Eduardo. Desigualdade caiu 1,89% com FHC e 9,22% com Lula. Blog da Cidadania, 30 jul. 2013. Disponível em: <www.blogdacidadania.com.br/2013/07/desigualdade-caiu-189-com-fhc-e-918-com-lula>. Acesso em: 4 jun. 2023.

HADDAD, Fernando. Vivi na pele o que aprendi nos livros: um encontro com o patrimonialismo brasileiro. Piauí, n. 129, jun. 2017. Disponível em: <http://piaui.folha.uol.com.br/materia/vivi-na-pele-o-que-aprendi-nos-livros>. Acesso em: 5 jun. 2023.

HALLIDAY, Josh. Hillary Clinton adviser compares internet to Che Guevara. The Guardian, London, June 22, 2011. Disponível em: <www.theguardian.com/media/2011/jun/22/hillary-clinton-adviser-alec-ross>. Acesso em: 30 abr. 2023.

HARDT, Michael. Protestos recusam representação política por uma "democracia real", diz professor dos Estados Unidos. [Entrevista cedida a] Uirá Machado. Folha de S.Paulo, São Paulo, 3 jul. 2013. Disponível em: <www1.folha.uol.com.br/poder/2013/07/1305450-protestos-recusam-representacao-politica-por-uma-democracia-real-diz-professor-dos-Estados Unidos.shtml>. Acesso em: 20 jun. 2023.

Hostilizados, petistas abandonam ato pós-redução de tarifa em SP. Folha de S.Paulo, São Paulo, 21 jun. 2013. Disponível em: <www1.folha.uol.com.br/fsp/cotidiano/115090-hostilizados-petistas-abandonam-ato-pos-reducao-de-tarifa-em-sp.shtml>. Acesso em: 11 jun. 2023.

JABOR, Arnaldo. A declaração e a retratação. Publicado pelo canal Cezar Marques Pimentel. YouTube, 17 jun. 2013a. 1 vídeo (5 min). Disponível em: <www.youtube.com/watch?v=46pFy-nGEGo>. Acesso em: 13 jun. 2023.

______. Arnaldo Jabor fala sobre onda de protestos contra aumento nas tarifas de ônibus. São Paulo: Jornal da Globo, 12 jun. 2013b. 1 vídeo (1 min). Disponível em: <https://globoplay.globo.com/v/2631566/?s=0s>. Acesso em: 10 jun. 2023.

Jornalistas são feridos por disparos de policiais militares. Folha de S.Paulo, São Paulo, 14 jun. 2013. Cotidiano, C2. Disponível em: <www1.folha.uol.com.br/fsp/cotidiano/113960-jornalistas-sao-feridos-por-disparos-de-policiais-militares.shtml>. Acesso em: 15 jun. 2023.

KHASHOGGI, Jamal. The U.S. is wrong about the Muslim Brotherhood: and the Arab world is suffering for it. The Washington Post, Washington, DC, August 28, 2018. Disponível em: <www.washingtonpost.com/news/global-opinions/wp/2018/08/28/the-u-s-is-wrong-about-the-muslim-brotherhood-and-the-arab-world-is-suffering-for-it>. Acesso em: 29 mar. 2023.

KROLL, Andy. Adbusters suggests Occupy Wall Street "declare 'victory'" and head home for winter. Mother Jones, San Francisco, November 15, 2011. Disponível em: <www.motherjones.com/politics/2011/11/adbusters-occupy-wall-street-victory-nypd>. Acesso em: 29 mar. 2023.

LAYL, Farida. Dez anos após revolução, Egito é sinônimo de desesperança. Deutsche Welle, 25 jan. 2021. Disponível em: <www.dw.com/pt-br/opini%C3%A3o-dez-anos-ap%C3%B3s-primavera-%C3%A1rabe-egito-%C3%A9-sin%C3%B4nimo-de-desesperan%C3%A7a/a-56338683>. Acesso em: 28 mar. 2023.

Leia a íntegra do discurso de Obama no Cairo. Folha de S.Paulo, São Paulo, 5 jun. 2009. Disponível em: <https://m.folha.uol.com.br/mundo/2009/06/576604-leia-a-integra-do-discurso-do-obama-no-cairo.shtml>. Acesso em: 31 mar. 2023.

LOCATELLI, Pedro. David Harvey: ser zapatista não é endeusar Marcos. Outras Palavras, São Paulo, 3 jan. 2014. Disponível em: <https://outraspalavras.net/outrasmidias/david-harvey-ser-zapatista-nao-e-endeusar-marcos>. Acesso em: 29 mar. 2023.

LOPES, Pedro; SEGALLA, Vinícius. Áudios mostram que partidos financiaram MBL em atos pró-impeachment. UOL, São Paulo, 27 maio 2016. Disponível em: <http://noticias.uol.com.br/politica/ultimas-noticias/2016/05/27/maquina-de-partidos-foi-utilizada-em-atos-pro-impeachment-diz-lider-do-mbl.htm>. Acesso em: 13 jun. 2023.

MACEDO, Danilo. Dilma diz que é preciso traduzir as vozes das ruas em ações de governo. EBC, Brasília, 17 jul. 2013. Disponível em: <https://memoria.ebc.com.br/noticias/politica/2013/07/dilma-diz-que-e-preciso-traduzir-as-vozes-das-ruas-em-acoes-de-governo>. Acesso em: 11 jun. 2023.

MAIA, Gustavo. Professores da rede municipal ocupam plenário da Câmara no Rio. UOL, São Paulo, 26 set. 2013. Disponível em: <https://educacao.uol.com.br/noticias/2013/09/26/professores-da-rede-municipal-ocupam-plenario-da-camara-no-rio.htm>. Acesso em: 4 maio 2023.

Manifestantes invadem cobertura do Congresso Nacional. G1, Brasília, 17 jun. 2013a. Distrito Federal. Disponível em: <https://g1.globo.com/distrito-federal/noticia/2013/06/manifestantes-invadem-cobertura-do-congresso-nacional.html>. Acesso em: 31 maio 2023.

Manifestantes votariam em Barbosa para presidente. Folha de S.Paulo, São Paulo, 22 jun. 2013b. Cotidiano, C6.

MANJUANO, Isaín. A misteriosa desaparição de Marcos. Outras Palavras, São Paulo, 26 maio 2014. Disponível em: <https://outraspalavras.net/sem-categoria/a-misteriosa-desaparicao-do-subcomandante-marcos>. Acesso em: 29 mar. 2023.

MOLINA, Antonio Muñoz. Irmãos Koch, os donos do mundo. El País, 23 set. 2019. Disponível em: <https://brasil.elpais.com/brasil/2019/09/17/cultura/1568729920_158582.html>. Acesso em: 14 jun. 2023.

MOROZOV, Evgeny. The brave new world of slacktivism. Foreign Policy, Washington, DC, May 19, 2009. Disponível em: <https://foreignpolicy.com/2009/05/19/the-brave-new-world-of-slacktivism>. Acesso em: 19 maio 2023.

Movimento Passe Livre repudia violência contra partidos políticos. Folha de S.Paulo, São Paulo, 21 jun. 2013. Disponível em: <https://m.folha.uol.com.br/cotidiano/2013/06/1298841-movimento-passe-livre-repudia-violencia-contra-partidos-politicos.shtml?mobile>. Acesso em: 11 jun. 2023.

Mundo se aproxima da marca de 5 bilhões de usuários de internet, 63% da população. Insper, São Paulo, 15 fev. 2022. Disponível em: <www.insper.edu.br/noticias/mundo-se-aproxima-da-marca-de-5-bilhoes-de-usuarios-de-internet-63-da-populacao>. Acesso em: 13 maio 2023.

NADDEO, André; CIRILO JUNIOR. RJ: manifestante teria sido baleado em frente à Alerj. Terra, São Paulo, 17 jun. 2013. Disponível em: <www.terra.com.br/noticias/brasil/cidades/rj-manifestante-teria-sido-baleado-em-frente-a-alerj,1dec47206f45f310VgnVCM20000099cceb0aRCRD.html>. Acesso em: 4 maio 2023.

Niche no longer: Thatcherism is winning adherents. The Economist, London, February 26, 2015. Disponível em: <www.economist.com/the-americas/2015/02/26/niche-no-longer>. Acesso em: 14 jun. 2023.

No Copacabana Palace, casamento de "Dona Baratinha" teve protestos e dinheiro jogado. O Globo, Rio de Janeiro, 3 jul. 2017. Disponível em: <https://oglobo.globo.com/politica/no-copacabana-palace-casamento-de-dona-baratinha-teve-protestos-dinheiro-jogado-21546517>. Acesso em: 20 abr. 2023.

O que está acontecendo na Tunísia?: os pontos-chave de uma crise que desafia a única democracia árabe. El País, Madri, 28 jul. 2021. Disponível em: <https://brasil.elpais.com/internacional/2021-07-28/o-que-esta-acontecendo-na-tunisia-os-pontos-chave-de-uma-crise-que-desafia-a-unica-democracia-arabe.html>. Acesso em: 28 mar. 2023.

"Ocupa Cabral" promete outra noite em frente à casa do governador do RJ. G1, Rio de Janeiro, 29 jul. 2013. Disponível em: <https://g1.globo.com/rio-de-janeiro/noticia/2013/07/ocupa-cabral-promete-outra-noite-em-frente-casa-do-governador-do-rj.html>. Acesso em: 3 maio 2023.

PAVARIN, Guilherme. O ostracismo do maior revoltado online. Piauí, São Paulo, 26 maio 2017. Disponível em: <https://piaui.folha.uol.com.br/o-ostracismo-do-maior-revoltado-online>. Acesso em: 13 jun. 2023.

PEAR, Robert. Top earners doubled share of nation's income, study finds. The New York Times, New York, October 25, 2011. Disponível em:<www.nytimes.com/2011/10/26/us/politics/top-earners-doubled-share-of-nations-income-cbo-says.html>. Acesso em: 29 mar. 2023.

PHILLIPS, Dom. Brazil's new hero is a nerdy judge who is tough on official corruption. The Washington Post, Washington, December 23, 2015. Disponível em: <www.washingtonpost.com/world/the_americas/brazils-new-hero-is-a-nerdy-judge-who-is-tough-on-official-corruption/2015/12/23/54287604-7bf1-11e5-bfb6-65300a5ff562_story.html>. Acesso em: 14 jun. 2023.

Protesto contra aumento de ônibus tem confronto e vandalismo em SP. Folha de S.Paulo, São Paulo, 7 jun. 2013a. Cotidiano, C1. Disponível em: <www1.folha.uol.com.br/fsp/cotidiano/112751-protesto-contra-aumento-de-onibus-tem-confronto-e-vandalismo-em-sp.shtml>. Acesso em: 15jun. 2023.

Protesto mais violento contra tarifa tem confrontos em série e vandalismo em SP. Folha de S.Paulo, São Paulo, 12 jun. 2013b. Cotidiano, C1. Disponível em: <www1.folha.uol.com.br/fsp/cotidiano/113648-protesto-mais-violento-contra-tarifa-tem-confrontos-em-serie-e-vandalismo-em-sp.shtml>. Acesso em: 15 jun. 2023.

Protestos e tumulto marcam 7 de Setembro pelo país. BBC News Brasil, 7 set. 2013a. Disponível em: <www.bbc.com/portuguese/noticias/2013/09/130907_sete_setembro_mm>. Acesso em: 2 jun. 2023.

Protestos pelo país reúnem mais de 250 mil pessoas. G1, São Paulo, 18 jun. 2013b. Brasil. Disponível em: <https://g1.globo.com/brasil/noticia/2013/06/protestos-pelo-pais-reunem-mais-de-250-mil-pessoas.html>. Acesso em: 30 maio 2023.

Protestos pelo país têm 1,25 milhão de pessoas, um morto e confrontos. G1, São Paulo, 21 jun. 2013c. Brasil. Disponível em: <https://g1.globo.com/brasil/noticia/2013/06/protestos-pelo-pais-tem-125-milhao-de-pessoas-um-morto-e-confrontos.html>. Acesso em: 31 maio 2013.

Rio tem confronto de manifestantes e PMs. Folha de S.Paulo, São Paulo, 11 jun. 2013. Cotidiano, C4.

RODRIGUES, Fernando. Descrença nos Três Poderes subiu em 10 anos. Folha de S.Paulo, São Paulo, 19 jun. 2013. Cotidiano, C8. Disponível em: <https://m.folha.uol.com.br/cotidiano/2013/06/1297484-descrenca-nos-tres-poderes-e-a-maior-em-dez-anos-em-sp.shtml>. Acesso em: 16jun. 2023.

Taxa de desemprego juvenil é o triplo da de adultos na América Latina. G1, São Paulo, 13 fev. 2014. Disponível em: <https://g1.globo.com/economia/noticia/2014/02/taxa-de-desemprego-juvenil-e-o-triplo-da-de-adultos-na-america-latina.html>. Acesso em: 29 mar. 2023.

Tunísia: perfil do país que deu o pontapé inicial da Primavera Árabe. BBC News Brasil, 14 nov. 2022. Disponível em: <www.bbc.com/portuguese/internacional-63602554>. Acesso em: 29 mar. 2023.

Veja pesquisa completa do Ibope sobre os manifestantes. G1, São Paulo, 24 jun. 2013. Disponível em: <https://g1.globo.com/brasil/noticia/2013/06/veja-integra-da-pesquisa-do-ibope-sobre-os-manifestantes.html>. Acesso em: 6 maio 2023.

ZELENY, Jeff; THEE-BRENAN, Megan. New poll finds a deep distrust of government. The New York Times, New York, October 25, 2011. Disponível em: <www.nytimes.com/2011/10/26/us/politics/poll-finds-anxiety-on-the-economy-fuels-volatility-in-the-2012-race.html>. Acesso em: 30 mar. 2023.

Este livro foi composto em Adobe Caslon Pro e
Neue Haas Grotesk Display Pro.